中经"精品课程"系列
中经新文科·经管类系列规划教材

数字化运营管理

主　编：雷勤颖　周艺　张议芳
副主编：于泽琪　张樾　唐一鸣　牟景涛　向燕燕　田丽琪

中国经济出版社　中国石化出版社

·北京·

图书在版编目（CIP）数据

数字化运营管理 / 雷勤颖，周艺，张议芳主编．
北京：中国经济出版社：中国石化出版社，2025.2.
ISBN 978 − 7 − 5136 − 8041 − 7

Ⅰ.F273 − 39

中国国家版本馆 CIP 数据核字第 2025BD3476 号

选题策划	雷　生
责任编辑	彭　欣
责任印制	李　伟
封面设计	任燕飞

出版发行	中国经济出版社
印 刷 者	宝蕾元仁浩（天津）印刷有限公司
经 销 者	各地新华书店
开　　本	889mm×1194mm　1/16
印　　张	13.5
字　　数	328 千字
版　　次	2025 年 2 月第 1 版
印　　次	2025 年 2 月第 1 次
定　　价	53.00 元
广告经营许可证	京西工商广字第 8179 号

中国经济出版社 网址 http://epc.sinopec.com/epc/ 社址 北京市东城区安定门外大街 58 号 邮编 100011
本版图书如存在印装质量问题，请与本社销售中心联系调换（联系电话：010 − 57512564）

版权所有　盗版必究（举报电话：010 − 57512600）
国家版权局反盗版举报中心　（举报电话：12390）　　服务热线：010 − 57512564

PREFACE 序言

在数字化浪潮推动下,全球经济正经历着前所未有的变革,深刻改变了社会经济的发展格局,重塑了企业的竞争生态,开启了人类社会发展的新篇章。信息技术的飞速发展,尤其是互联网、大数据、云计算和人工智能等技术的广泛应用,正在深刻地影响着各行各业的发展模式和竞争格局。《数字化运营管理》一书,在这样的背景下应运而生,旨在为应用型大学相关专业的学生提供一本系统、全面且实用的教材。

本书紧密围绕应用型大学的办学特色与学生的实际需求,致力于培养适应数字经济时代要求的高素质运营管理人才。书中不仅深入剖析了数字经济背景下企业运营管理的核心理念、前沿方法及实用工具,更着重强调了数字化转型所需的核心知识与技能,旨在帮助学生深入理解数字经济时代企业运营管理的新理念、新方法和新工具,掌握数字化转型所需的核心知识与技能,以更好地适应未来职场的需求。

本书共分为8章,从不同角度深入探讨了数字经济时代企业运营管理的各个方面。第1章概述了数字经济、数字化的支持技术、数字化运营为后续章节的展开奠定了坚实的理论基础。第2章聚焦于数字化商业模式创新,分析了数字化商业模式的类型,探讨了平台经济与生态系统、共享经济与众包模式的特点及发展趋势,并通过新兴数字化商业模式案例深入剖析了企业如何在数字经济时代实现商业模式的创新与突破。第3章围绕数字化营销管理,对数字化营销进行了概述,详细介绍了社交媒体营销、内容营销与搜索引擎优化、数据驱动的客户关系管理等方面的策略与方法,帮助企业更好地利用数字技术提升品牌影响力、拓展市场份额。第4章深入探讨了数字化人力资源管理,对人力资源管理进行了概述,详细介绍了数字化组织管理、数据驱动的绩效管理和面向未来的数字化人才管理,为企业在数字化时代打造高效的人力资源管理体系提供了指导。第5章聚焦于数字化财务管理,对数字化财务管理进行了概述,详细介绍了财务信息系统与企业资源规划系统、数字化支付与结算、数据分析在财务决策中的应用等内容,助力企业实现财务管理的数字化转型。第6章探讨了数字化旅游管理,对数字化旅游进行了概述,介绍了数字化技术在旅游管理中的应用、数字化旅游安全与风险管理以及数字化旅游的未来发展趋势,为旅游行业的数字化发展提供了有益参考。第7章详细介绍了人工智能工具的使用,对人工智能的发展历程和现状、人工智能工具在企业数字化管理中的作用、常见人工智能工具的功能和使用方法进行阐述,并对人工智能在企业数字化运营管理中的应用案例进行了分析,展示了人工智能技术如何为企业带来创新与变革。第8章重点关注数字化运营风险与安全,包括数字化运营风险管理、网络安全与数据保护、危机管理与应急响应等方面,帮助企业识别、评估和应对数字化运营过程中面临的各种风险,确保企业的稳定发展。

全书由雷勤颖、周艺、张议芳老师担任主编,于泽琪、张橄、唐一鸣、牟景涛、向燕燕、田丽琪担任副主编。参与审核校对的有陈密密、姜彩霞、张凯婕、余淼晶、张媛、高丽莉、于晓霞、叶倩。

在本书的编写过程中,我们得到了众多师生的大力支持。他们以严谨认真的态度仔细审阅书稿,提出了许多宝贵的意见和建议,为提高教材的质量付出了辛勤努力。同时,在编写过程中,我们广泛参考了大量文献资料,在此向这些文献资料的创作者和提供者表示衷心的感谢。正是他们的研究成果和实践经验,为本书的编写提供了坚实的理论基础和丰富的实践案例,使我们能够站在巨人的肩膀上,为读者呈现更丰富、更有价值的内容。

由于编写时间较为仓促,且编者水平有限,书中难免存在一些疏漏之处。我们真诚地希望使用本书的教师和同学能够不吝指正,您的反馈将是我们不断完善教材的重要动力。我们将认真对待每一条意见和建议,持续改进教材内容,使其更加符合教学需求和学生的学习实际。

编者

CONTENTS 目录

第1章　概述　001

1.1　数字经济　002
1.2　数字化的支持技术　006
1.3　数字化运营　014

第2章　数字化商业模式创新　024

2.1　数字化商业模式的类型　025
2.2　平台经济与生态系统　029
2.3　共享经济与众包模式　033
2.4　新兴数字化商业模式案例分析　037

第3章　数字化营销管理　045

3.1　数字化营销概述　046
3.2　社交媒体营销　050
3.3　内容营销与搜索引擎优化　055
3.4　数据驱动的客户关系管理　066

第4章　数字化人力资源管理　078

4.1　数字化人力资源管理概述　079
4.2　数字化组织管理　085

4.3　数据驱动的绩效管理 …………………………………………………………… 090
4.4　面向未来的数字化人才管理 …………………………………………………… 095

第5章　数字化财务管理　103

5.1　数字化财务管理概述 …………………………………………………………… 104
5.2　财务信息系统与企业资源规划系统 …………………………………………… 110
5.3　数字化支付与结算 ……………………………………………………………… 118
5.4　数据分析在财务决策中的应用 ………………………………………………… 124

第6章　数字化旅游管理　134

6.1　数字化旅游概述 ………………………………………………………………… 135
6.2　数字化技术在旅游管理中的应用 ……………………………………………… 141
6.3　数字化旅游安全与风险管理 …………………………………………………… 148
6.4　数字化旅游的未来发展趋势 …………………………………………………… 157

第7章　人工智能工具的使用　162

7.1　人工智能的发展历程和现状 …………………………………………………… 163
7.2　人工智能工具在企业数字化运营管理中的作用 ……………………………… 165
7.3　常见人工智能工具的功能和使用方法 ………………………………………… 168
7.4　人工智能在企业数字化运营管理中的应用案例分析 ………………………… 175

第8章　数字化运营风险与安全　185

8.1　数字化运营风险管理 …………………………………………………………… 186
8.2　网络安全与数据保护 …………………………………………………………… 194
8.3　危机管理与应急响应 …………………………………………………………… 198

参考文献 ……………………………………………………………………………………… 206

第1章

概述

本章引言

党的二十届三中全会通过的《中共中央关于进一步全面深化改革、推进中国式现代化的决定》提出，健全促进实体经济和数字经济深度融合制度，并对加快推进新型工业化，加快构建促进数字经济发展体制机制，完善促进数字产业化和产业数字化政策体系等做出新的部署。数字经济作为信息时代新的经济形态，正在成为全球经济发展的新引擎。中国要以数字化转型整体驱动生产方式、生活方式和治理方式变革，从而加快数字化发展，建设数字中国。

学习目标

1. 掌握数字经济的内涵和特性，数字经济发展的基础、定律与趋势，以及我国发展数字经济的意义和优势。

2. 掌握大数据分析、云计算、人工智能、物联网、区块链等数字化的支持技术。

3. 理解数字化运营的相关概念、环境分析、发展特征和模式分类，及其在现代企业运营管理中的重要性。

4. 能够将数字经济、数字化技术和数字化运营的相关知识综合应用于企业实践，并对企业未来发展趋势进行有前瞻性的思考和分析。

1.1 数字经济

1.1.1 数字经济的内涵和特性

1. 数字经济的内涵

数字经济是继农业经济、工业经济之后更高级的经济形态。国家统计局公布的《数字经济及其核心产业统计分类（2021）》指出，数字经济是指以数据资源作为关键生产要素、以现代信息网络作为重要载体、以信息通信技术的有效使用作为效率提升和经济结构优化的重要推动力的一系列经济活动。基于互联网和数字技术的发展，数字经济不仅已全面渗透到农业、工业、服务业三大产业中，也彻底改变了包括边际收益递减规律在内的经济增长方面的诸多传统定律，表现出与农业经济、工业经济显著的不同特点。

《数字经济及其核心产业统计分类（2021）》从"数字产业化"和"产业数字化"两个方面确定了数字经济的基本范围。

数字产业化是数字经济的基础部分，是指为产业数字化发展提供数字技术、产品、服务、基础设施和解决方案，以及完全依赖数字技术、数据要素的各类经济活动，包括电子信息制造业、电信业、软件、信息技术、互联网行业等。《中华人民共和国国民经济和社会发展第十四个五年规划和2035年远景目标纲要》强调，加快推动数字产业化，培育壮大新兴数字产业，提升产业水平。

产业数字化是指在新一代数字科技支撑和引领下，以数据为关键要素，以价值释放为核心，以数据赋能为主线，对产业链上下游的全要素进行数字化转型、升级和再造的过程。《中华人民共和国国民经济和社会发展第十四个五年规划和2035年远景目标纲要》明确提出，推进产业数字化转型，实施"上云用数赋智"行动，推动数据赋能全产业链协同转型。

2. 数字经济的特性

（1）快捷性

一是数字经济通过高速的网络连接和强大的计算能力，实现了对海量数据的快速处理和分析。例如，5G（Generation，代）技术极大地提高了数据传输速率，为人们提供了更流畅的移动体验。

二是在数字经济背景下，企业能够实时响应市场变化和消费者需求，快速调整生产和营销策略。

三是在数字经济背景下，人们无论身处何地，都能通过各种即时通信工具和在线协作平台实现高效的沟通和工作协同。

（2）高创新性

一是数字经济推动了金融服务模式的创新，如移动支付、在线银行等，使得资金流转更加迅速，提高了金融服务的便捷性和可及性。

二是数字经济激发了现代经济体系的创新活力，创造了新的产品和服务，形成加倍的产出效果。例如，电商平台的兴起使消费者能够在短时间内获得所需商品和服务，极大地提高了购物效率。

(3）强渗透性（广泛融合性）

一是数字技术能广泛渗透到生产的各个环节，通过数据采集全方位深入了解劳动对象的可塑性，提升工业机器人、流水线设计与其形成器物的匹配度。这种深度融合不仅使生产效率得到提升，也促进了生产方式创新。

二是数字经济与实体经济的深度融合，持续赋能和扩展现代经济的增长空间。在交换过程中，数字技术如直播、到家服务等新方式的出现，使得买卖超越时空限制，即端到端的全链路高效、精准匹配成为可能。

三是数字经济背景下，在消费领域，供给方运用大数据技术设计、研发消费者切实需要的产品，使消费体验越来越好。

(4）自我膨胀性

一是根据梅特卡夫定律，网络的价值等于其节点数的平方，即网络的价值与互联网用户数的平方成正比，网络用户的数量越多，网络的总价值就越大。这意味着，随着用户数量增加，网络的价值会呈指数级增长，体现出数字经济的自我膨胀性。

二是在数字经济背景下，数据作为新的生产要素，具有易复制性、非损耗性、非排他性等优势，且数据的存储成本相对较低，边际成本几乎为零。当数据量不断增多、数据总价值迅速攀升时，边际效益递增。这种边际成本减少而边际效益递增的经济特性促进了规模经济的形成，即企业通过扩大生产规模降低长期平均成本，进一步强化了数字经济的自我膨胀性。

(5）可持续性

一是数字经济能通过数字技术的应用提高能源利用效率，减少能源消耗，推动绿色低碳发展。例如，在电力系统中，应用数字技术可以优化电网运行，提高能源使用效率，减少能源浪费，实现绿色低碳的目标。又如，通过数字孪生技术的应用，可以实现大范围互联和调度，进而实现针对风、光等具备间歇随机、海量离散、波动不可控清洁能源的高效开发和利用，提高环境的可持续性。

二是数字经济能通过数据的收集、分析和应用优化资源配置，提高资源利用效率。例如，在供应链管理中，数字化工具可以优化库存管理，减少资源浪费，实现资源的高效利用。

三是数字经济能推动传统产业的数字化转型，提升产业竞争力，实现产业的可持续发展，同时为环境保护和资源节约提供新的可能性。

(6）直接性

一是网络的发展使经济组织结构趋向扁平化，生产者和消费者可以直接联系，减少了中间层级即传统中间商存在的必要性。这种直接性在显著降低交易成本、提高经济效益的同时，增强了市场的透明度和公平性。

二是在数字经济背景下，生产者可根据消费者的直接反馈快速调整生产计划和产品特性，实现按需生产。这种直接性有助于减少库存积压和浪费，提高资源配置效率。

三是在数字经济背景下，服务提供者能够直接向消费者提供服务，而无须通过传统的服务中介机构。例如，在线教育、远程医疗等服务模式可以把专业知识和技能直接传递给用户，提高了服务的可及性和便捷性。

四是数字经济促进了全球贸易直接化，企业可以通过电商平台直接接触全球的客户，而无须经过多层分销商。这不仅加快了交易速度，还降低了国际贸易的门槛和成本。数字经济通过数字货币和在线支付平台，推动了资金转移和金融交易发展，使其更加直接、更加迅速，用户可以即时完成支付和收款，节省了等待银行处理的时间，提高了金融交易效率。

1.1.2 数字经济发展的基础、定律与趋势

1. 数字经济发展的基础

从要素方面来看，数据资源已成为数字经济发展的必要基础。新知识时代，对数据资源进行生产函数转换后产出的知识和信息，与资本、劳动力等传统生产要素一并成为经济发展的基础，同时减少了传统生产要素容量问题对经济发展的限制，为新经济体系发展注入了新生力量。

从平台方面来看，信息通信基础设备和数字化平台是数字要素的载体，是数字经济发展的基础：信息通信基础设备增加了人机交流深度，实现了人与信息之间的智能交互发展；数字化平台又分为创新驱动平台、数据交互平台，承载着数据交换功能，为数据开发提供了充足的空间环境。在平台基础上进行数据存储与传输，进而利用数字技术进行智能化升级，反复循环形成扩大数字经济特有的系统体制。可见，平台发展的力量不可小觑。随着网络效应正向迁移，平台提取炼化数据的正向反馈作用愈加显现。

从技术方面来看，数字技术对数字经济高质量发展起着先导和驱动作用。数字技术催生技术革命，技术革命推动产业变革。可以说，数字技术是数字经济发展的不竭动力，数字技术的突破会对发展数字经济产生极大的促进作用，数字技术的创新会推进数字经济趋向高端化。随着 5G、云计算（cloud computing）、人工智能（artificiar intelligence）等新技术出现，数字经济形成了技术交叉，进而促进了数字经济价值链增值。数字技术的关键在于数据的智能化转换处理，在数字经济价值链中，强大的数据转换处理能力会带来强有力的竞争优势。

从系统方面来看，系统性发展是数字经济发展基础的关键一环。数字经济的整体发展给环境和经济带来了一定的系统性变动，整体系统地应用能够为数字经济发展带来延展与反馈效应，与传统经济发展系统相辅相成，整体系统的融合与扩张发展成为数字经济的支撑，为数字产业提供整合效应环境，进而给数字经济发展提供环境支持。

2. 数字经济发展遵循的定律

数字经济发展遵循三大定律。一是梅特卡夫定律，是由美国经济学家乔治·吉尔德提出的关于网络技术发展和网络价值的规律，最终以 3Com 公司创始人罗伯特·梅特卡夫的姓氏命名。梅特卡夫定律很好地诠释了网络的外部性问题，是指网络收益的涨幅是用户数量的 3 倍，可用的机器数量越多，该产品的附加收益越大，而新加入用户会免费享受产品增加的边际收益，一般每增加一位接触购物软件的用户，便可扩大 3 个单位的现有价值，从而刺激经济增长。在数字经济发展中，网络化信息平台同样具有外部性特质，并遵循梅特卡夫定律。二是摩尔定律，由英特尔创始人戈登·摩尔提出。摩尔定律是指在特定期间，虽然信息计算增长能力翻番，但是其产品价值会相应减少。在数字经济发展过程中，数据资源是基本要素之一，数据增长的速度符合摩尔定律的要求。三是达维多定律，由曾任职英特尔的威廉·H. 达维多提出。达维多定律即网络经济中的马太效应，主要阐述了一家企业要在市场上总是占据主导地位，就必须做到第一个开发新一代产品、第一个淘汰自己

现有产品。数字经济发展历程受上述三个定律的影响，这也是其区别于传统经济发展的特征所在。

3. 数字经济发展的趋势

随着全球经济的深刻变革与创新发展，数字经济作为一种新兴且充满活力的经济形态，正以前所未有的速度重塑着全球经济版图。它不仅是技术进步的最新成果，更是推动我国经济高质量发展的强大引擎。数字经济的崛起，不仅引领着新经济、新业态、新模式的蓬勃发展，还深刻影响着产业结构、生产方式乃至社会生活的每一个角落。

发展数字经济对于我国经济持续健康发展具有不可估量的助推作用，这一判断基于数字经济在提升生产效率、优化资源配置、促进创新等方面具有显著优势。加强数字经济基础设施建设，实现经济的全面数字化转型，已成为我国当前挖掘数字经济潜力的迫切需求和必然选择。这意味着，从高速网络、数据中心到云计算、人工智能等前沿技术的广泛应用，都将是未来数字经济发展的重要基石。

随着互联网技术的不断渗透，传统产业与新兴产业的界限日益模糊，产业融合成为常态。在技术创新方面，人工智能、区块链、5G等前沿技术的突破，正推动数字经济向更高层次迈进。在投资领域，数字经济成为资本追逐的热点，为创业创新提供了充足的资金支持，而服务与市场的不断改造升级，则让消费体验更加个性化、便捷化。在治理层面，随着数字经济的快速发展，加强监管、保障数据安全、维护市场秩序成为新的挑战与机遇。

数字经济的发展趋势是多维度、全方位的。它要求人们既要把握全球数字经济发展的大势，又要立足国情，充分发挥我国在市场规模、技术创新、应用场景等方面的优势，加强顶层设计，优化发展环境，推动数字经济与实体经济深度融合，从而为构建新发展格局、实现高质量发展提供强大支撑。

1.1.3 我国发展数字经济的意义和优势

1. 我国发展数字经济的意义

（1）有利于推动构建新发展格局

构建新发展格局的重要任务是增强经济发展动能、畅通经济循环。数字技术、数字经济可以推动各类资源要素快速流动、各类市场主体加速融合，帮助市场主体重构组织模式实现跨界发展，打破时空限制延伸产业链条，畅通国内外经济循环。

（2）有利于推动建设现代化经济体系

数据作为新型生产要素，对变革传统生产方式具有重大影响。数字经济具有高创新性、强渗透性，既是新的经济增长点，又是改造提升传统产业的支点，更是构建现代化经济体系的重要引擎。

（3）有利于推动构筑国家竞争新优势

当今时代，数字技术、数字经济是世界科技革命和产业变革的先机，是新一轮国际竞争的重点领域，因此中国要抓住先机，抢占未来发展制高点。

2. 我国发展数字经济的优势

（1）政策措施支持

我国政府高度重视数字经济发展，出台了一系列政策措施以推动其发展。党的二十届三中全会提出，健全促进实体经济和数字经济深度融合制度，并对加快推进新型工业化，加快构建促进数字经济发展体制机制，完善促进数字产业化和产业数字化政策体系等做出新的部署，推进数字产业化、产业数字化，全面赋能经济社会发展。

（2）市场规模巨大发展势力强劲

我国数字经济规模连续多年位居世界第二。2023年，我国数字经济规模达到53.9万亿元，占GDP的42.8%；数字经济增长对GDP增长的贡献率达66.45%，显示了我国数字经济的巨大市场规模和强劲发展势头。

（3）技术创新能力

我国在数字技术领域，尤其是5G、人工智能等前沿技术方面取得了显著进步。截至2023年，我国5G基站数量占全球总数的60%以上，数据资源规模保持全球第二位，算力总规模近5年的年均增速近30%。

（4）数据资源丰富

我国是世界上唯一拥有全部工业门类的国家，传统工业经济拥有的海量数据和丰富的应用场景等宝贵资源是数字经济发展的重要保障。数据已成为我国基础性战略资源和关键生产要素，其生产、采集、加工分析和应用蕴藏着巨大的经济价值和社会价值。

（5）国际合作广泛

我国数字经济的国际合作广泛，通过"一带一路"倡议等，积极推动了数字基础设施建设、数字贸易和数字经济国际合作规则化，提升了区域内数字经济核心技术原始创新能力，优化了境外经贸合作区的数字贸易发展。

1.2 数字化的支持技术

1.2.1 大数据分析概述

1. 大数据分析

大数据分析是一种用于收集、处理、分析大量数据的方法、工具和应用。其核心技术体系主要由两部分组成：一是高效且可扩展的数据存储技术；二是深入且快速的数据计算与分析技术。在数据存储方面，大数据分析涉及如何有效地管理海量、异构、高速产生的数据，确保这些数据能够被安全、可靠地保存，并便于后续的高效访问。而在数据计算与分析领域，大数据分析侧重运用各种算法和模型，挖掘数据中有价值的信息、趋势和模式，从而为做出决策提供科学依据。

面对海量的数据处理需求，传统数据库和数据仓库等产品虽在过去提供了相当成熟、完善的解决方案，能很好地处理结构化数据，支持事务处理、查询优化等功能，但在大数据时代，它们开始力不从心。大数据不仅包含了传统的结构化数据，还涵盖了半结构化、非结构化的数据形式，如社交媒体内容、日志文件、图像视频等，这些数据数量之大、类型之多、产生速度之快，远远超出了传统系统的处理能力范围。

大数据的价值往往隐藏在复杂的数据关联和趋势预测中，需要更高级的分析手段，如机器学习、数据挖掘、实时分析等，这对于传统数据库来说实现起来较为困难，且效率低下。大数据技术，如 Hadoop、Spark、NoSQL 数据库等，正是为了解决这些问题而诞生的。它们具有分布式存储和并行计算能力，能够处理 PB 级甚至更大的数据量，同时支持复杂的数据处理和分析任务，使得从海量数据中快速获取洞察成为可能。

传统数据库和数据仓库的底层存储与计算结构基本采用的都是 B+树算法。此算法在数据量较少的情况下性能非常好，一旦数据量超过一定的阈值，其性能就出现断崖式下降，即使通过增加服务器扩展集群存储和计算，也无法从根本上解决问题。因为当数据量非常大时，传统的数据库和数据仓库很难对这些数据进行进一步的统计和分析应用。

大数据技术主要解决的问题就是进行真正意义上的分布式存储和分布式计算。

2. 移动通信技术发展规律及 5G 的定义、功能特点

（1）移动通信技术发展规律

移动通信技术基本保持 10 年一代的发展规律，从 1G 到 5G 经历了 5 个发展阶段：1G（1980—1990 年）是以模拟通信为代表的模拟蜂窝语音通信，实现了移动通话功能；2G（1991—2000 年）是以时分多址和频分多址为主的数字蜂窝语音技术，引入了短信和无线应用协议，实现了大幅降低通话成本；3G（2001—2010 年）是以码分多址为核心的窄带数据多媒体移动通信，实现了视频和互联网业务；4G（2011—2020 年）是以正交频分复用和多入多出为核心的宽带数据移动互联网通信，拉开了移动互联网的序幕；5G（2020 年至今）是以空中接口三大关键技术为核心，多种技术融合与完善的有机数字生态系统，突破了传统带宽的限制，解决了时延性和大量终端接入的问题，实现了人、物、数据的互联互通，并通过进行智能方式传递，具备了软件化、云端化、服务化的特性。

数字经济是经济增长的新引擎，而 5G 则是数字经济时代的新引擎，可以把 5G 网络看作一把钥匙，它能够帮人们解锁原先难以数字化的现实场景，让数字技术以更小的颗粒度重塑现实世界。5G 的商业普及推动了万物互联化与数据泛在化。由此可见，5G 新动能架起了桥梁，消弭了产业鸿沟，成为数字经济时代的加速器。

（2）5G 的定义

5G 是指第五代移动通信技术，又称"5G 技术"，是新一代蜂窝移动通信技术。其性能目标是高数据速率、减少延迟、节省能源、降低成本、提高系统容量和大规模设备连接。

5G 是新一代移动通信技术发展的主要方向，具有"超高速率、超低时延、超大连接"的特性，是未来信息基础设施建设的重要组成部分。5G 可以进一步提升用户的网络体验，满足未来万物互联的应用需求，是各行各业数字化转型与升级的重要途径。

（3）5G 的功能特点

相比 4G，5G 在多个方面展现出显著进步，尤其是在网速和网络容量方面，达到了全新的高度。具体来说，5G 的速度更快，这意味着用户在下载和上传数据时，能够享受到更加流畅的体验。无论是高清视频的观看还是在线游戏的体验，抑或是大文件的传输，5G 都能以更快的速度完成，让人们的移动互联网生活更加便捷。

5G 的功耗更低，这对提升设备的电池续航能力是一个极大的利好。用户可以在使用手机、智能穿戴设备等连接 5G 网络的过程中，延长设备的使用时间，减少频繁充电的烦恼。

5G 的时延更短，这使得实时通信和交互变得更加顺畅。例如，在远程医疗、自动驾驶和智能制造等应用场景中，几乎可以实现无延迟反馈，大大提高了这些领域的工作效率与安全性。

5G的覆盖范围更广，这意味着即便在偏远地区，用户也能享受到优质的网络服务。5G的这一特点不仅促进了城乡之间数字鸿沟的缩小，也为各类物联网应用的发展打下了坚实基础。

3. 大数据与5G的关系

大数据与5G的关系紧密且深远，二者共同塑造着数字时代的格局，推动着各行各业的转型与升级。大数据作为5G时代信息价值化的核心驱动力，正引领着数字经济蓬勃发展。

5G的出现极大地促进了数据的生产和交换，为大数据提供了更加丰富、多维度的数据来源。在5G的赋能下，物联网领域迎来了前所未有的发展机遇，车联网、农业物联网、可穿戴设备、智慧城市等应用场景中的数据采集量显著增长，数据维度更加多元，为大数据的分析和应用打下了坚实基础。5G网络的高速和低时延特性，使海量数据能够实时、高效地被传输至数据中心，打破了传统数据传输的瓶颈，为实时分析、即时决策创造了条件。此外，5G技术体系中的边缘计算，通过在网络边缘进行数据预处理和分析，进一步提升了数据处理的速度和效率，保障了数据的应用边界，使大数据在边缘端的应用成为可能，极大地拓展了大数据的应用场景和范围。

大数据的核心在于数据价值化，而5G技术体系为大数据的价值化应用提供了新的出口和路径。在5G的推动下，人工智能技术得以在更广泛的场景下实现应用，成为大数据价值化的重要手段。通过5G的高速连接，大量数据被实时传输至云端或边缘端，借助机器学习、深度学习等算法，被赋予了预测、优化、决策等智能功能，从而推动了无人驾驶、智能制造、智慧医疗、智慧城市等领域的快速发展。例如，在无人驾驶领域，5G使得车辆能够实时获取并处理来自周围环境的高清视频、雷达、激光雷达（Light Detection and Ranging，LiDAR）等多种类型的数据，通过大数据分析预测路况、障碍物等信息，实现安全、高效的自动驾驶。在智能制造中，5G结合大数据和人工智能技术，可以实时监测生产线的运行状态，预测设备故障，优化生产流程，提高生产效率和产品质量。

5G与大数据的结合，促进了产业互联网的发展，推动了传统产业的数字化转型。通过5G网络，设备、生产线、员工、工厂、仓库、供应商和客户紧密连接，形成一个全球化开放的通信网络平台，实现了工业生产全流程的数字化、网络化、自动化和智能化。在这个平台上，大数据作为核心要素，通过采集、分析、优化生产过程中的数据，帮助企业实现精细化管理和智能化决策，降低了成本，提高了效率，增强了竞争力。

概言之，5G与大数据之间的关系紧密，不仅体现在5G对大数据的采集、传输、处理能力的显著提升上，更体现在两者结合所催生的新应用场景、新业务模式和新经济形态上。5G为大数据提供了强大的技术支持和广阔的应用空间，大数据则通过价值化应用推动了5G技术的落地和普及，两者相辅相成，共同推动着数字经济的繁荣发展，为构建智慧社会、实现可持续发展目标提供了强有力的支撑。

1.2.2 云计算

1. 云计算的内涵

2006年，谷歌首席执行官埃里克·施密特首次提出"云计算"的概念。2007年以来，云计算不仅成为IT领域热门话题之一，也成为大型企业、互联网建设着手投入的重要领域。云计算的兴起，催生了新的技术变革和新的IT服务模式。

目前，全球的云计算技术都呈现出前所未有的发展势头，其相关产品与服务遍地开花，应用于各行各业。然而，云计算技术和策略的不断发展及不同云计算间的差异性结构，导致云计算仍没有统一的概念，各方根据自己的理解分别给出了略有差异的云计算含义。

IBM 在白皮书《"智慧的地球"：IBM 云计算 2.0》中阐述：云计算是一种计算模式，在这种模式中，应用、数据和信息技术资源以服务的方式通过网络提供给用户使用；云计算也是一种基础架构管理的方法论，大量的计算资源组成信息技术资源池，用于动态创建高度虚拟化的资源以供用户使用。可见，IBM 将云计算看作一个虚拟化的计算机资源池。

相对于 IBM、amazom 等云计算服务商业巨头企业，谷歌的商业就是云计算，因此谷歌一直在不遗余力地推广云计算的概念。谷歌前大中华地区总裁李开复将整个互联网比作一朵云，而云计算服务就是以互联网这朵云为中心。在安全可信的标准协议基础上，云计算为客户提供数据存储、网络计算等服务，并允许客户采用任何方式方便快捷地访问和使用相关服务。

目前，受到广泛认同并具有权威性的云计算概念，是由美国国家标准与技术研究院（NIST）于 2009 年提出的："云计算是一种可以通过网络接入虚拟资源池以获取计算资源（如网络、服务器、存储、应用和服务等）的模式，只需要投入较少的管理工作和耗费极少的人为干预就能实现资源的快速获取和释放，且具有随时随地、便利、按需使用等特点。"

不难发现，各专家学者对云计算的看法基本一致，只是在某些范围的界定上有所区别，这是由云计算的表现形式多样造成的。因此，要想用统一的概念概括所有云计算的表现形式，是比较困难且不切实际的。只有通过描述云计算中比较典型的特点及商业模式的特殊性，才能给出一个较为全面的概念。

2. 云计算的特点

作为一种新颖的计算模式，云计算的可扩展、有弹性、按需使用等特点都得到了业界和学术界的认可。

（1）NTST 的观点

NIST 提出了云计算的 5 个基本特性。

①按需使用的自助服务。客户无须直接接触每个云计算服务的开发商，就可以单方面自主获取所需的服务器、网络存储、计算能力等资源，或根据自身情况进行组合。

②广泛的网络访问方式。客户可以使用移动电话、个人计算机（PC）、平板电脑或工作站点等不同类型的客户端，借助网络（主要是互联网）随时随地访问信息技术资源池。

③信息技术资源池。客户无须掌握或了解提供资源的具体位置，就可以从信息技术资源池中按需获得存储及网络带宽等计算资源，且信息技术资源池可以实现动态扩展及分配。

④快速地弹性使用。云计算提供的计算能力可以被弹性地分配和释放，以及自动地根据需求快速伸缩。也就是说，云计算能力的分配常呈现出无限的状态，且可以在任何时间分配任何数量。

⑤可评测的服务。云计算系统不仅可以根据存储、处理、带宽和活跃用户账号的具体情况进行自动控制，优化资源配置，还可以将这些数据提供给客户，实现透明化服务。

（2）国内云计算方面专家的观点

国内云计算方面的专家给出了云计算的 7 个特性，并受到了国内业界的普遍认可。

①超大规模。无论是 IBM、Google、Amazon 等跨国大型企业提供的云计算，还是国内企业私有

"云",都拥有上百台至上百万台服务器,规模巨大,为客户提供了前所未有的计算资源和能力。

②虚拟化。虚拟化是支撑云计算最重要的技术基石,使用户可以随时随地通过各种终端接入"云",获取应用服务。

③高可靠性。相比本地计算机,云计算采取了数据多副本容错等措施,可靠性更高。

④通用性。云计算的架构支持开发各种各样的应用,且一个云计算可以允许多个应用同时运行与操作。

⑤高扩展性。云计算服务的高扩展性实现了云计算资源的动态伸缩,以满足客户不同等级和规格的需求。

⑥按需服务。用户可以像购买公共资源那样从"云"这个庞大的资源池中购买自己所需的应用和资源。

⑦规模经济效应。云计算的自动化集中式管理省去了企业开发、管理及维护数据中心的成本和精力,且可以通过动态配置和再配置大幅提高资源的使用率。

(3)信息技术业专家的观点

信息技术业专家将云计算与网格计算(grid computing)、全局计算(global computing)及互联网计算(internet computing)等多种计算模式进行对比,归纳出云计算的5个特点。

①客户界面友好。使用云计算服务的客户无须改变原有的工作习惯和工作环境,只需要在本地安装比较小的云客户端软件即可,不会占用大量计算机空间和花费较大安装成本。云计算的界面也与客户所在地理位置无关,只要通过诸如Web服务框架和互联网浏览器等成熟的界面访问即可,真正实现随时随地、安全放心、快捷方便地享用云计算提供的服务与资源。

②按需配置服务资源。云计算根据客户需求或购买的权限提供相关资源和服务。客户可以根据自身需求选择普通或个性化的计算环境,并获得管理特权。

③服务质量保证。云计算为客户提供的计算环境都拥有服务质量保证,客户可以放心使用,不必担心底层基础设施的建设与维护、备份与保存等问题。

④独立系统。云计算是一个独立系统,向客户实施透明化的管理模式。"云"中的软件、硬件和数据都可以自动配置、安排和强化,并以单一平台的形象呈现给客户。

⑤可扩展性和灵活性。这是云计算最重要的特征,也是云计算区别于其他效用计算的根本特征。云计算服务可以从地理位置、硬件性能、软件配置等多个方面进行扩展。云计算服务具有足够的灵活性,可以满足大量客户的不同需求。

1.2.3 人工智能

人工智能作为计算机学科的重要分支,被称为"世界三大尖端技术(空间技术、能源技术、人工智能)之一"。人工智能可以理解为用机器不断地感知和模拟人类的思维过程,使机器达到甚至超越人类的智能。随着以深度学习(deep learning,DL)为代表的技术逐渐成熟,人工智能开始应用到数字经济的各个组成部分,促进产业内价值创造方式的智能化变革。

人工智能诞生60多年来,各行业的专家和学者对其进行了大量探索与实践,人工智能的发展也经历了多次起伏。"人工智能"这一术语最早于1956年夏在美国达特茅斯学院的一次学术会议中被提出并获得肯定,标志着人工智能作为一门新兴学科正式诞生。20世纪60年代初,机器定理证明、跳棋程序等研究成果大大提高了人们对人工智能的关注度。但在随后的10年中，对人工智能过高的期待使人们设立了许多不切实际的研发目标，如用机器证明函数问题、依靠机器进行翻译等。这些挑战不出意外地相继落空，使人工智能的发展陷入了低谷。到了70年代末期，专家系统的出现让人工智能成功地从理论研究走向了实际应用。专家系统通过模拟人类专家的知识和经验来解决特定领域的问题，让人们开始在医疗、化学、地质等领域享受人工智能带来的价值。80—90年代，随着美国和日本立项支持人工智能研究，人工智能进入第二个发展高潮期。其间，与人工智能相关的数学模型取得了一系列重大突破，如著名的多层神经网络、反向传播（back propagation，BP）算法等，使算法模型的准确度和专家系统获得了进一步优化。

在新一代信息技术引领下，随着数据的快速积累、运算能力的大幅提升、算法模型的持续演进及行业应用的快速兴起，人工智能的发展环境发生了深刻变化，跨媒体智能、群体智能、自主智能系统、混合型智能逐渐成为新的发展方向。

1.2.4 物联网

物联网被誉为"继个人计算机和互联网之后世界信息产业的第三次浪潮"。随着物联网产业的发展，其应用范围从信息网络向全面感知与智能应用两个方向延伸，形成"云、管、端"的开放式网络架构。当前，信息技术的进步已使互联网与物联网紧密相连，其核心和本质在于业务数据化，这为智能财务提供了新的动能。

1. 物联网的定义

物联网是物与物之间的互联网，利用最新信息技术将物体连接起来，构成新一代网络。相较互联网时代主要连接计算机和手机，在物联网时代几乎任何事物都能被连接，如空调、冰箱、电视、扫地机器人等。

2. 物联网的基本特征

物联网的基本特征有三个。首先，物联网是多种感知技术的集成应用。物联网部署了多种传感器，这些设备获取的信息具有实时性，并能根据环境变化自我更新，从而产生新的知识与信息。其次，物联网是建立在互联网基础上泛在网络的一种形式。"万物皆可联"是其手段，"服务无所不在"是其目标，通过有线、无线与互联网融合，实时准确地传输物体信息。最后，物联网具备智能处理数据的能力。借助传感器与智能处理技术，物联网可以分析、挖掘、加工海量数据，根据用户的不同需求提供定制化的信息服务和应用模式。

3. 物联网的技术组成

物联网的核心技术包括普适网络、下一代网络及普适计算。普适网络意味着无处不在的连接，下一代网络允许在任何时间、任何地点互联任何物品，普适计算是指普遍存在的计算方式。此外，为了提供综合性的智能信息服务，物联网还需要其他技术支持，如无线射频识别（RFID）、传感器网络、信息物理系统、无线通信网络、嵌入式系统及云计算等。

4. 物联网的层次架构

物联网的层次架构涵盖信息感知层、物联接入层、网络传输层、智能处理层及应用接口层5个层级。这些层次既相互独立又紧密联系，共同支持物联网的功能。信息感知层负责实时自动转化数字化信息，物联接入层汇总信息感知层收集的信息，网络传输层通过 IPv6、Wi-Fi 等技术实现无障碍、可靠、安全的信息传输，智能处理层进行信息运营与管理，应用接口层完成最终的服务呈现。物联网融合边缘计算与机器学习，以实现数据的快速响应使预测性计算成为主流。

5. "物联网+智能会计"在物流业的融合应用

2021 年，全球移动连接数量达到 275 亿，其中物联网连接数量为 157 亿。智能物流、智能制造、车联网等领域的连接数量呈指数级增长。物流被视为由制造商通过物料采购和实物配送向供应商与客户延伸的供应链。物联网在现代物流业的应用，体现了集成光机电信息技术的企业物流系统的集成化、自动化、智能化与网络化。

（1）物联网提升了企业物流的信息化水平

物联网技术通过将 RFID 标签嵌入物流设施（如托盘、货架、集装箱）和设备（如仓库门禁、装卸工具），使物流管理系统能够实时掌握物流动态，辅助企业人员做出最佳决策，提高物流、财流、信息流的配置效率。此外，物联网技术增强了运输的智能化管理。现代物流信息技术整合了计算机技术、条码技术、全球定位系统（Global Positioning System，GPS）和地理信息系统（Geographic Information System，GIS），物联网技术则进一步提升了运输的智能化水平。例如，检查点可实现车辆自动感应、货物信息自动获取并上传至企业管理平台，让企业可以随时了解货物状态与位置。

（2）物联网加速了物流配送中心的一体化

货物入库时，感知节点自动读取数据并与订单对比更新库存信息；出库时，货物被送至带有感知节点的传输带上，配送中心按需配货；库存过程中，RFID 阅读器实时监控货物数量及位置，当库存降至阈值时，自动补货；通过二维码技术，贯穿产品生产、仓储、运输、营销、使用全生命周期，实现物流管理、防伪溯源等功能。这样的出入库一体化智能管理提高了企业运营效率，降低了管理和运营成本。物联网融合供应链与智慧生产，创新了开放共享的智慧物流模式。

（3）物联网赋能业务分析平台

物联网与财务处理平台的数据对接，赋能业务分析平台，实现数据管理、处理、分析、任务引擎及平台管理等功能。具体来说，数据管理涉及元数据管理，数据处理提供数据仓库服务，数据分析为平台提供数据挖掘等服务，任务引擎支持任务流程执行与监控，平台管理包括系统配置、用户管理、故障处理及报表统计。物联网的发展经历了"连接—感知—智能"三个阶段，"一库六系统"的物流信息系统日益完善，具备企业内部运输、调度、监控、风控等功能，并能为生产企业提供增值服务。

1.2.5 区块链

区块链的概念起源于 2008 年，见于中本聪撰写的《比特币：一种点对点式的电子现金系统》一文。比特币的推出标志着区块链技术的首次实际应用。区块链技术不仅解决了双重支付问题，还提供了"去中心化"、透明且安全的交易环境。随着时间的推移，人们开始意识到区块链技术的价值，并探索其在数字货币以外的应用场景。

2015 年前后，以太坊（Ethereum）项目启动，它不仅支持数字货币交易，还引入了智能合约的概念，允许开发者在区块链上构建和部署去中心化应用。至此，区块链技术从单一的数字货币平台转变为一个可以承载各类"去中心化"应用的通用平台。此后，区块链技术迅速发展，吸引了来自全球各地的研究者和企业家关注，催生了一系列创新项目和技术突破。

1. 区块链的概念

区块链是一种"去中心化"的分布式账本技术（distributed ledger technology），它通过密码学方法将交易数据组织成一个个区块，然后将这些区块按照时间顺序连接成一条链式结构。每个区块都包含前一个区块的哈希值，形成一个不可篡改的链式数据结构。这种设计使数据一旦被记录，就很难被篡改，从而保证了数据的安全性和完整性。

2. 区块链的基本特征

区块链具有以下3个显著基本特征。

（1）"去中心化"

区块链不是依赖中央机构，而是通过网络中的多个节点共同维护账本数据。这意味着，即使部分节点出现问题，整个网络也可以正常运作。

（2）透明性

虽然所有参与者都可以查看区块链上的信息，但是只有经过授权的参与者才能修改数据。这种透明性增加了系统的可信度，减少了欺诈行为。

（3）不可篡改性

由于每个区块都包含前一个区块的哈希值，数据一旦被记录下来，就无法篡改，所以这种特性保证了数据的真实性。

3. 区块链技术组成

（1）分布式账本技术

分布式账本技术是区块链技术的基础，通过将数据分散存储在网络中的多个节点上，提高系统的容错能力和安全性。

（2）加密算法

区块链使用了如哈希函数等加密算法以保证数据的安全性。每个区块的哈希值都是唯一的，并且与前一个区块的哈希值相关联，形成了一根不可逆的链条。

（3）共识机制

共识机制决定了网络中的节点如何就交易有效性达成一致意见。最著名的共识机制包括工作量证明（PoW）和权益证明（PoS）。PoW要求节点通过解决复杂的数学难题创建新区块，而PoS则根据节点持有的代币数量和时间决定创建新区块的概率。

（4）智能合约

智能合约是在区块链上运行的程序，可以自动执行合同条款。当预设条件被满足时，智能合约就会自动执行相应的操作，无须人工干预。

（5）P2P

区块链网络采用了对等网络（peer-to-peer，P2P）通信模型，使网络中的每个节点都无须通过中央服务器即可直接与其他节点进行交互。

4. 区块链技术的应用

（1）供应链管理

在供应链管理方面，区块链技术可以显著提高其透明度和效率。通过在区块链上记录每一步交易细节，从原料采购到产品交付，企业可以实时追踪商品的流动轨迹，确保产品的质量和安全性。此外，智能合约的应用实现了供应链上的交易自动化，减少了中间环节的成本和时间损耗。

（2）存货管理

在存货管理方面，区块链技术也发挥着重要作用。传统的库存管理系统往往依赖人工记录与定期盘点，容易出现遗漏和错误；而基于区块链的库存管理系统可以实现对每一件商品从生产到销售全过程的跟踪记录，确保库存数据的准确性。同时，利用物联网设备与区块链相结合，可以实时监控货物的状态与位置，及时预警异常情况，降低库存风险。

（3）客户关系管理

在客户关系管理方面，区块链技术可以构建更加安全可信的管理体系。企业可以通过建立基于区块链的身份认证平台保护用户隐私，同时为客户提供个性化的服务；还可以利用区块链记录客户的购买历史与偏好，更好地了解客户需求，制定精准营销策略，提升客户满意度与忠诚度。

（4）财务审计

在财务审计方面，区块链技术的应用也非常广泛。传统的审计过程耗时长且成本高，而区块链技术的不可篡改性可以极大地简化审计流程。通过在区块链上记录每一笔交易，审计人员可以轻松验证财务报表的真实性，提高审计效率。

（5）合同管理

在合同管理方面，智能合约的应用带来了革命性变化。传统的纸质合同不仅容易丢失，还存在被篡改的风险；而在区块链上部署的智能合约，一旦条件达成就会自动执行，减少了人为因素导致的违约风险，同时简化了合同履行的过程。

（6）数据共享与隐私保护

在数据共享与隐私保护方面，区块链技术提供了一种安全的方式进行信息交换。企业可以利用区块链创建多方共享的数据平台，在保证数据安全的前提下，实现合作伙伴之间的信息同步；同时，通过对数据进行加密处理并在区块链上存储哈希值而非实际数据，可以有效保护隐私，避免泄露敏感信息。

1.3 数字化运营

1.3.1 数字化运营概述

1. 数字化和运营的概念

关于数字化有多种解释。维基百科对数字化的解释是，数字化是将信息转换成数字格式的过程，即将物体、图像、声音、文本等信息转换成一系列由数字表达的点或者样本的离散集合表现形式，其结果被称作"数字文件"，或者更具体一点，如数字图像、数字声音等。在现代实践中，数字化的数据格式通常是二进制的，以便计算机处理。但严格来说，任何把模拟源转换为任何形式的数字格式的过程都可以叫作"数字化"。Gartner对数字化的解释是，数字化是通过使用技术手段改变商业模式，为企业提供新的收入和创造价值的机会，向数字化商业转型的过程。

通常认为，数字化是以海量数据为基础，通过数据挖掘、人工智能、云计算、区块链等一系列新兴技术对数据进行深度分析，促使企业的经营管理和业务模式全面变革，并对产业结构、社会生活等多个层面产生积极影响的过程。

"运营"是与产品生产和服务创造密切相关的各项工作的总称，贯穿产品的全生命周期。运营包括企业经营过程中的战略规划、组织架构建设、各项计划的执行和管控。首先，企业通过制定战略规划，明确战略目标和发展方向；其次，企业通过优化组织架构，明确各项职责和分工，以适应日常运营工作；再次，企业制订各项工作计划，包括项目的周期、目标、配合团队、成本和预算等内容；最后，企业通过对各项任务开展定期的检查和汇报工作，把控项目的进度和质量。以上构成了一般企业的运营管理机制，这种机制有利于保持企业的核心竞争力，保证企业的生存和可持续发展。

2. 数字化运营的概念

数字化运营是一种新的企业组织运营模式，通过构建数据与业务双向驱动机制，实现数据赋能业务、数据驱动业务，从而促进业务高速发展和模式变革，为企业带来新的生产经营方式和利润增长点。数字化运营将"以客户为中心"理念贯彻到企业的管理、战略规划和业务运营整体流程中，是企业从粗放经营向精细化管理的必然要求。

数字化运营的过程，首先是将企业生产运营中的各个环节通过各类数据采集和传输设备进行数据化，这个过程称为"业务数据化"；其次是通过各类算法模型，对数据进行深耕探索，进而驱动业务发展实现数据反哺业务，这个过程称为"数据业务化"，也就是"数据+算法"赋能业务的过程。由此循环往复，使企业在现有业务领域不断茁壮成长，同时为企业开拓市场、跨领域发展提供技术和数据支持。

数字化运营的价值在于让管理和决策更科学、更理性、更高效、更敏捷、更符合逻辑，突破企业发展的瓶颈，挖掘和释放企业潜能，促使企业从粗放式经营向精细化经营转变，真正做到降本增效，进一步提高企业盈利能力，从而更好地适应数字化转型带来的新要求和新变革。

3. 数字化运营与传统运营的区别

数字化运营既是传统运营在数字经济下演进的必然结果，又是对传统运营的颠覆，其核心在于将数据作为一种"催化剂"，促进企业进一步压缩成本，拉动新的业务增长，为企业带来质的提升。

具体来看，数字化运营与传统运营的区别主要体现在以下6个方面。

（1）从驱动力来看

传统运营主要是由个人经验和主观判断驱动的，在相同条件下，运营的方式和结果因人而异，变数较大；数字化运营则是由数据驱动的，所有判断和决策过程都是依据客观的数据结果，具体的度量都是可量化的，最大限度地降低了人为经验的不可控性。

（2）从出发点来看

传统运营的出发点主要是内生动力，打通和优化企业生产与经营流程，提高企业生产效率，关注的重点在降低成本；数字化运营则是"内外兼修"，除了利用数据更精准地优化企业内部流程，更重要的是"以市场为导向，以客户为中心"进一步细分市场、拓宽产品渠道，反向驱动产品升级，扩大收益来源，关注的重点在增效。

（3）从生产流程来看

传统运营主要基于流水线，一般是标准化、固化的流程，所有人和所有环节都按部就班，是"以我为主"的生产经营方式；数字化运营更多地要求在标准化流水线的基础上，有定制化的能力，流程是柔性的，因为客户的需求千差万别，所以数字化运营提供的是灵活的、高效的、柔性的、精细化的生产流程。

（4）从范围来看

在传统运营背景下，企业的生产经营是相对独立的、封闭的，主要是在企业范围内解决问题，提升效率，增加效益；在数字化运营背景下，企业的生产经营以数据为纽带，通过数据的流通和融合，将企业的生产经营活动延伸至企业以外，与行业内的其他企业实现共赢，因此数字化运营是开放的、跨域的和生态化的。

（5）从运作方式来看

传统运营是信息化时代的产物，主要通过业务线上承载的方式，解决人员之间、团队之间、部门之间生产协作的问题，实现生产管理；数字化运营是数字化时代的产物，将传统的业务流程打散，依托数据技术的大存储、高运算、智能化构建通用服务，以数据完成流程贯通，从而快速实现业务定制化，满足快速变化的客户需求。

（6）从运营周期来看

传统运营是短链路的，产品售出后便意味着其生命周期结束；数字化运营是长链路的，产品售出后还需要通过产品售后继续对客户进行运营，不断叠加新的产品价值和增值服务，一方面提升客户满意度，另一方面积累运营数据，为下一阶段产品的进一步升级提供数据支持。可以说，数字化运营是没有终点的。

1.3.2　数字化运营的环境分析

1. 数字化运营出现的契机

（1）时代变革推动数字化运营

2013年，德国政府在汉诺威工业博览会上正式提出"工业4.0"的概念，标志着人类进入第四次工业革命。2015年，中国出台"互联网+"行动计划和"中国制造2025"战略，组成了中国版的"工业4.0"，标志着中国正式迈向智慧工业革命时代。对中国来说，第四次工业革命是历史机遇，而数字化转型是迈向"工业4.0"的内生动力。在数字化浪潮中，只有通过数字化运营，运用数字化思维和数字化技术，才能实现柔性制造和智能制造，开拓出通往"工业4.0"的道路。数字化运营是企业"自上而下"的彻底改造，要求企业从战略规划层面到产品服务设计与营销层面实现全面数字化。

（2）经济结构调整需要数字化运营

2016年，G20杭州峰会通过《G20数字经济发展与合作倡议》。该倡议阐述的"数字经济"概念是，使用数字化知识和信息为关键生产要素，以现代信息网络为重要载体，以信息通信技术有效使用为效率提升和经济结构优化的重要推动力的一系列活动。

调查发现，2008年，全球市值前10名的企业都是实体企业；而到了2018年，全球市值前10名的企业多半来自信息技术行业，它们利用数字技术向用户提供产品和服务。

国家一直高度重视数字经济对社会发展贡献的巨大潜力。数字经济以数字化转型为动力正在改变着企业和行业运行规律。无论是数字化原生企业还是传统企业，都在积极探索企业的数字化转型之路。

（3）技术发展助力数字化运营

数字化运营产生的一个重要条件是技术的发展成熟。进入21世纪以来，各种新技术呈现爆发式增长，如很多10年前还属于科幻电影中的技术，在10年后的今天已成为现实。尤其是大数据、智能化、超级算力等方面的技术，客观上为数字化运营提供了实现的可能性，让人们能够想到通过更加精细化、科学化的方式实现生产运营。

在过去10年中，云计算、数据分析和数字体验技术得以深入应用并持续迭代发展，不断颠覆商业运营模式，并重塑企业的核心能力。企业通过云计算技术，快速、大规模地存储和处理业务数据；通过向云端布局，实现降本增效；通过数据挖掘技术，对数据进行分析、计算，进而实现预测分析和"对症下药"；通过数字体验技术，将数字化和场景相结合，使客户、员工、产品能在数字化环境中进行交易和沟通。

现在，5G、区块链、认知和数字现实（增强现实、虚拟现实、混合现实等）等新技术已进入"颠覆者"行列，它们正蓄势待发，成为驱动数字化转型的独特力量。5G将以超高速率、超低时延、超大连接驱动新的应用场景，创造万物互联的新时代，以产生更高的经济价值；区块链技术借助密码学串接并保护内容的串联文字记录（又称"区块"），使得区块内容难以被篡改；认知技术可以帮助人们理解不断增长的数据，处理庞大的数据量，以及人类思维和传统分析技术无法明确的复杂问题；数字现实技术重新定义人类与数据、技术及彼此间的互动方式，提供一种更逼真、更亲密和更自然的体验。

各种新技术在高速发展的同时又相互融合，提高了数字化技术的整体影响力，进一步推动了数字化转型的高速前进。

2. 数字化运营发展格局分析

数字化运营为企业带来了不同以往的经营管理思维，也使社会经济发展呈现出全新的格局。

（1）大数据思维已渗入企业经营的方方面面

数字化时代要求企业拥有大数据思维，简单来说，就是基于获取的大量数据，运用大数据的方法，多维度分析、挖掘数据与数据、数据与业务之间的关系，从而为企业创造价值。

【案例1-1】

全球零售行业巨头沃尔玛，在对消费者购物清单进行梳理的过程中发现，每到星期五，男性顾客的购物篮中总会出现大量啤酒和纸尿裤两样商品。其经过进一步分析发现，原来当地妇女通常会在星期五让丈夫下班后去超市给孩子买些纸尿裤。这些爸爸在购买婴儿纸尿裤时，常常会顺便搭配几瓶啤酒犒劳自己。逐渐地，这样的消费行为成为常态，于是超市便推出了将啤酒和纸尿裤摆放在一起的促销手段。没想到这样一个只需要移动一下商品货架就能完成的营销行为，竟大大提升了纸尿裤和啤酒的销量，为公司带来了巨大的盈利。

在这个案例中，一方面"啤酒"和"纸尿裤"代表着两种看似毫无关系的商品或服务，"星期五"则代表着一个维度或是一种场景。但是，看似没有关联的商品，在某个维度或某种场景下，被联系在了一起，激发出了巨大的市场潜能。由此可见，只要拥有大数据的思维格局，就能发现暗藏的商机，为企业带来新的收益增长点。如今"啤酒＋纸尿裤"的数据分析成果早已成了大数据技术应用的经典案例。

另一方面，沃尔玛不是对货架商品的销量进行分析，而是对顾客的购物篮数据进行分析，表明了数据融合的重要性。大数据分析的前提是，全方位海量数据的收集和存储。顾客的购物篮中不仅有商品列表，还有购物的时间、场景及个人信息。将这些数据融合起来分析，就能发现蕴藏在购物篮中的顾客消费需求、消费水平、消费习惯。对数据越深入地理解、多维度地分析，描绘出的用户画像就越完整。数字化运营强调"以客户为中心"，通过大数据思维和技术手段对用户进行全方位画像，做到比用户更了解他自己，发掘用户的潜在需求，并通过数字化技术使商品最快速地触达用户；通过各类营销手段，触发用户的消费欲望，从而让企业降本增效，提升盈利能力。

大数据为所有企业提供了另一种看市场、看客户的视角，由于能够为企业带来更大的收益，这种思维和视角正在一步步地改变人们原来已固化的思维模式。

资料来源：莱布尼茨．人类理智新论［M］．陈修斋，译．北京：商务印书馆，1982.

（2）个性化和差异化经营正在成为主流

正如世界上没有完全相同的两片树叶，世界上也没有完全相同的两个人。基因决定了人与人之间先天存在着差异，成长和生活环境则让人与人之间的差异不断扩大或缩小，形成各类人群。这种人与人、人群与人群之间的差异不仅是外在的差异，更多的是生理需求、生活习惯、消费习惯上的差异。

在大批量统一生产的年代，人们的差异化和个性化需求被掩盖，以4P［产品（product）、价格（price）、促销（promotion）、渠道（place）］理论为核心的传统营销模式完全契合了那个时代市场发展的需求。企业在遇到营销挑战时，只要使用熟知的营销方案，大批量地向大众投放广告，就可以基本完成营销目标。

在数字化时代，从企业到产品再到消费者，业务全流程的各个环节都被数据化、透明化，传统的粗放式营销模式已不再适用。与此同时，以4C［消费者（customer）、成本（cost）、便利（convenience）、沟通（communication）］理论为依据的精准营销模式完全契合了数字化时代的发展要求。4C理论追求客户满意度，尊重客户的差异化需求，其基本原则是"以客户为中心"进行企业运营活动，这个观点与数字化运营不谋而合。

2005年，"精准营销"的概念被正式提出。精准营销是指在精确定位的基础上，依托现代信息技术手段建立个性化顾客沟通服务体系，实现企业可度量的低成本扩张之路。随着数字化转型的深入发展，企业对数字技术的不断探索和创新，为精准营销赋予了更大的动能。企业通过将产品在合适的时间和地点，以合适的价格和渠道销售给合适的顾客，满足客户个性化、多样化的需求，以实现占领目标市场、节省营销成本、提升市场竞争力的目标。

1.3.3 数字化运营的发展特征

与传统的经验式运营相比，数字化运营主要有以下发展特征。

（1）循数管理

在数字化时代，万物皆为"数"，组织经营者、客户本身、客户行为等均已被数字化。众所周知，企业的管理、战略规划和业务运营等相关活动的开展离不开资金、人力与技术，在数字化时代也必然离不开数据这个重要的生产要素。

循数管理是指企业通过分析所控制的数据，挖掘数据价值，支撑企业决策，引导业务变革的管理模式。不同于传统运营依靠经验做决策，循数管理既是数字化运营的本质特征，也是企业精细化发展的必然要求。

以餐馆选址为例，传统有经验的老板会从周围住户的数量和消费水平、竞争对手分布、意向店址人流量、租金等多维度进行评估，信息来源方式可能是人工调研、现场走访、蹲点计数等，但这种综合评估方式在数字化的今天已经落伍。如今，开店前借助美团、饿了么等平台的数据分析，即可精准获取意向选址的客户量、人均消费水平、同类别店铺订单量、订单均价等数据，依靠这些数据辅助做出决策，能大大提升开店的成功率。如果目标区域的餐馆数量已经很多，导致店均订单量远低于平均水平，那么在获取这些数据后，就可以做出不在该区域投资的决策。开店后，也可通过日均订单量、客单价、访客量与订单增长量等各类数据精准了解店铺运营状况。如果没有各类数据做支撑，就无法准确识别店铺选址及店铺运营中存在的问题，进而准确及时地采取应对措施，店铺的选址、运营成功率也就难以保证。开店前后通过数据分析来挖掘数据价值以辅助做出决策这一过程，就是循数管理。

（2）价值导向

从传统运营转向数字化运营不是一蹴而就的，而是从技术驾驭到业务创新、从组织建设到范围营造、从数字化能力建设到人才培养，涉及企业的方方面面，是一项长期且艰巨的系统工程。这个系统工程需要投入大量的时间和资金，因此企业在漫长的转型建设中，如果没有价值的呈现，那么数字化运营将很难坚持。

价值导向是指以价值为核心，把握方向、聚焦重点，围绕企业数字化转型目标确定运营价值点，通过价值成效给数字化运营正向反馈，让其成果显性化并不断扩大的运营理念。如果不以价值为导向，那么大部分企业是没有战略定力坚持到数字化运营走上正轨的。

价值导向不仅是内部管理的呼声，也是外部环境因素的一种倒逼。当前，国内外政治经济环境日益严峻，全球经济持续下行的压力不断增大，各行业竞争不断加剧，企业只有通过数字化运营挖掘价值，才有可能找到利益增长点。

（3）敏捷迭代

众所周知，数据积累是一个循序渐进的过程。如果数据积累不具备一定的规模，管理机制没有建立，数据应用也未形成，那么数字化运营便无从谈起。但是，数字化运营不能等待数据采集足够多、管理机制足够完善、数据应用百花齐放时才启动，这样往往会错失很多机会，而敏捷迭代可以解决上述问题。

敏捷迭代是指围绕目标进行阶段性分解，采用迭代、循序渐进的方法实现一个个阶段性目标，在调整、优化中形成最终的管理模式。通过敏捷迭代可以快速发现并解决问题，从而有效防范未知的系统性风险，确保整个过程既有序又可控，运营工作既有速度又有质量。以某游戏企业提升营收金额100%为例。首先，把目标分解为若干个阶段性目标，如分解为30%、50%、100%三个阶段性目标；其次，围绕用户运营过程进行拆解设定细化的目标，针对用户数、注册率、付费率、人均消费水平等每个指标的提升，制定实施方案；再次，在完成第一个阶段性目标后，总结分析哪些指标较为容易达成，哪些指标未满足目标值，根据分析结果，在第二个阶段性目标中调整各指标数据；最后，实现营收金额提升目标。

（4）动态平衡

数字化运营是基于数据提供的服务，让业务更好地发展。为了更好地利用数据，数据的采集、传输、存储、处理、交换等各过程都离不开技术作为支撑。但数字化运营的立足点是业务，不是为了数字化而数字化，所以不能一味脱离业务需求而过度追求技术，这就要求实现业务和技术的动态平衡。

动态平衡是指技术与业务存在持续动态的平衡关系。在这个关系中，技术能满足业务连续性需求，并且大部分时候稍稍领先于业务，但不能走得太远，即使个别时候技术稍稍滞后于业务，也要很快调整到可保障业务快速发展的水平。不能保障业务的连续性，远远滞后于业务的技术是不合格的，会阻碍业务的发展。由于业务是持续增长的，技术需要进行适度预判，不能被业务牵着鼻子走。基于此，企业要规划长期的技术发展路线，让技术有效保障业务发展；但技术不能走得太快，因为这意味着企业在技术上投入了过多资金和人力，业务跟不上是企业资源的极大浪费，对企业经营来说是不划算的。

正是这种技术和业务的动态平衡，技术服务业务，发挥数据应有的价值，才能让数字化运营实现可持续健康发展。

1.3.4　数字化运营的模式分类

早期的数字化运营主要聚焦在流量运营上，随着市场环境、理论研究和技术支撑等不断发展，数字化运营模式有了更加细致的分类。从用途角度，数字化运营通常分为用户运营、内容运营、流量运营和策略运营四大类。

（1）用户运营

美团点评上市不到两年，用户数就从 3.1 亿增长到 4.6 亿，市值也随之大幅上升。360 集团董事长周鸿祎对用户价值也有过直接点评："脱离用户谈商业模式，不是要 VC（风险投资），就是要自己。"由此可见用户的重要性。

用户运营是指以用户为中心，遵循用户的需求设置运营活动与规则，制定运营战略与目标，严格控制实施过程与结果，以达到预设的运营目标和任务。用户运营一般包括获取用户、留存用户、用户变现、用户再推荐四个环节。如商家开店时，通过"开店大酬宾"——商品免费赠送、买一送一、开店 5 折优惠等获取用户，通过省钱卡、会员卡、生日礼品等增加用户留存，通过各种饥饿营销、排队营造、拼单、好友助力等活动增加用户变现并实现用户再推荐。

在大数据时代，用户运营发生了新变化，有了新发展，即在用户运营中附加数字化的思维，目标是实现对用户的进一步细分，从而精准提供用户想要的产品或服务。因此，有人把这种通过数据开展的用户运营称为"用户精细化运营"，具体是指以海量用户相关数据为基础，以统计分析、数据挖掘为主要手段，根据分析结果精准指导用户运营，实现成效提升。

对于已有一定用户数据积累的企业，数字化用户运营的适用场景包括：通过数据分析精准确定潜在用户，快速发现用户获取、激活等环节中的异常，延长用户生命周期，增加用户使用频次，提升用户输出价值，提高用户再推荐等。

数字化用户运营比较适合面向消费者端的企业，这种企业要想在激烈的竞争中赢得一席之地，就要重视用户、不断满足用户的个性化需求。

（2）内容运营

内容运营是指以满足用户的内容消费需求为前提，以传递品牌价值观念为目的，对各类产品的内容从构思策划到效果呈现的一系列运营管理过程。

内容运营的数字化是从产品提供的内容出发，以内容质量指标设计和量化评估为手段，通过数据分析快速发现消费者所需的内容，精准反馈内容运营的效果，促进内容不断优化的过程。

在没有互联网传媒以前，以报纸为代表的传统媒体提供的内容越精彩，越容易受到用户的喜爱，报纸的阅读量就会越大，发行量也相应增加，广告商接踵而来。但在当时的条件下，读者的反馈不是实时的，也不是全量的，只能通过抽样调查的方式了解读者对报纸内容的意见或建议。

进入互联网时代后，新媒体传播信息的方式越来越多元化。今日头条可以针对每条资讯内容实时统计阅读量、阅读时长、跳出率、转发/分享率，哪条资讯的内容能满足哪种群体的需求都是可以被量化的。不仅是资讯内容，某个产品下载后有多少用户用了一次就删除，用户在某个页面停留的时长、收藏数，某个网站的访问量等，也可以通过各类数据来量化评价内容的好与差。对于差的内容，平台可以很快将其甚至是其背后的产品打入"冷宫"；对于好的内容，平台可以加大宣传推广力度以获取更大的收益。所以，内容运营的首要目的是满足不同用户对不同内容消费的需求。除此之外，内容运营还应将品牌内在的价值导向传递给用户，进而得到用户的认可。

（3）流量运营

"流量为王"，如果没有流量带来用户，就不存在用户运营和内容运营。假设有两个内部布置和商品都一模一样的线下店铺，一个开设在闹市入口，另一个开设在无人经过的角落，可以预见的是，在闹市入口的店铺更容易获取用户进而达成交易。同样的道理，在线上，如果某企业的网页在百度搜索首页的第一条，商品在淘宝搜索结果展示的第一行第一列，文章在今日头条的首页，那么必然会给该企业带来更多的点击量、更多的浏览量和更大的成交量，这就是"流量为王"的直接反映。因此，流量运营的重要性不言而喻。

流量运营是以增加产品展示、提高曝光率为导向，以增加成交量为目的，利用各种流量渠道开展推广、扩散、营销等活动的统称。需要注意的是，流量的价值要通过内容体现，而留住用户要依靠内容。流量运营能带来用户关注，关注度提升能进一步吸引更多用户，从而增加用户消费。流量运营往往与内容运营和用户运营紧密结合在一起，很多时候流量是前提。如果将流量运营独立于产品本身，脱离产品内容，那么除了浪费成本，没有任何意义。

流量运营的数字化是指以流量的获取、转化为核心，通过各类流量指标分析手段，量化流量获取和转化的效果，为流量运营提供数据参考，进而提升流量运营水平。例如，可以采取的措施有通过网页搜索引擎优化（SEO）提高产品流量或网页浏览量，通过付费增加曝光量等，通过提升产品传播力获取流量，等等。

（4）策略运营

当用户量级较大，具有相当规模，且用户群体属性明显时，需要掌握每个用户群体的特征，然后根据不同用户群体的需求制定不同的运营方案。这项工作的工作量很大，依靠人工是无法实现的，而且要在运营过程中动态调整运营模式，更是难上加难。在这个背景下，策略运营应运而生。

策略运营是在数字化运营阶段出现的，是针对海量用户，细分不同用户群体特征，采取差异化运营手段的一种智能化运营模式。以今日头条资讯分发为例，用户在注册账号时，可以选择感兴趣的领域,然后今日头条会根据用户感兴趣的领域形成初步的用户画像并推送相关信息,根据用户的阅读时长、阅读喜好等优化用户画像和推荐信息。此外,今日头条也可以根据与新注册用户有相似行为和兴趣用户的阅读历史,为其推送类似的资讯,并不断持续优化策略,形成个性化推荐。通过策略运营,能有效精准地满足海量用户的个性化内容需求,让用户快速看到自己感兴趣的资讯或清晰地查看感兴趣的商品,节省用户大量时间,辅助用户做出决策。通过智能化的策略调整,今日头条大大提高了运营效率,并降低了投入运营人员成本,解放了劳动力。与此同时,通过设置不同策略,今日头条让更多产品获得了更多机会,在一定程度上规避了马太效应出现。

章节练习题

一、选择题

1. 下列各项中不是数字经济发展趋势的是（　　）。
   A. 技术创新持续加速　　　　　　　　B. 传统产业与新兴产业的界限日益清晰
   C. 数据资源价值凸显　　　　　　　　D. 平台经济崛起

2. 下列各项中不是数字经济特性的是（　　）。
   A. 快捷性　　　B. 可持续性　　　C. 边际成本增加　　　D. 强渗透性

3. 5G时代,大数据分析显著增强,这主要得益于5G的（　　）特性。
   A. 超高速率　　　B. 超低时延　　　C. 超大连接　　　D. 上述所有选项

4. 下列各项中属于数字化相关核心技术的有（　　）。（多选）
   A. 5G　　　B. 云计算　　　C. 人工智能　　　D. 物联网

5. 下列各项中物联网的核心技术不包括（　　）。
   A. 普适网络　　　B. 下一代网络　　　C. 普适计算　　　D. 量子计算

6. 区块链技术在供应链管理中的应用不包括（　　）。
   A. 提高供应链透明度　　　　　　　　B. 实现实时追踪商品流动轨迹
   C. 确保产品质量和安全性　　　　　　D. 降低人力资源管理成本

7. 物联网的基本特征包括（　　）。（多选）
   A. 是多种感知技术的集成应用　　　　B. 建立在互联网基础上的泛在网络
   C. 具备智能处理数据的能力　　　　　D. 可以完全替代现有互联网

8. 区块链技术的基本特征不包括（　　）。
   A. "去中心化"　　　B. 透明性　　　C. 不可篡改性　　　D. 数据共享与隐私保护

9. 在大批量统一生产的年代,人们的差异化和个性化需求被掩盖,以4P理论为核心的传统营销模式完全契合了那个时代市场发展的需求,那么4P理论包含（　　）。（多选）
   A. 产品　　　B. 价格　　　C. 促销　　　D. 渠道

10. 数字化运营敏捷迭代特征体现了（　　）。
    A. 确保数据收集完成后再做决策　　　B. 快速发现并解决问题,有序实现阶段性目标
    C. 将企业的技术投入最大化　　　　　D. 保持技术完全领先于业务

二、判断题（正确的打"√"，错误的打"×"）

1. 数字经济发展完全依赖数据资源的积累，而不需要传统生产要素的支持。（   ）
2. 数字经济的整体发展给环境和经济带来的系统性变动，是数字经济发展基础的关键一环。（   ）
3. 数据资源是数字经济的关键核心要素。（   ）
4. 数字经济的发展会导致边际效益降低。（   ）
5. 5G 的引入使大数据分析只能依赖云端处理，边缘计算在大数据分析中不再扮演重要角色。（   ）
6. 大数据分析在 5G 时代仅局限于提升数据处理的速度和效率，对于创新商业模式和推动产业变革没有实质性影响。（   ）
7. 数字经济以现代信息网络为重要载体。（   ）
8. 边缘计算属于一种分布式计算：在网络边缘侧的智能开关上就近处理采集到的数据，而不需要将大量数据上传到远端的核心管理平台。（   ）
9. 区块链的概念起源于 2008 年，见于由比特币发明者中本聪撰写的比特币白皮书。（   ）
10. 区块链技术只能应用于数字货币领域。（   ）
11. "运营"是与产品生产和服务创造密切相关的各项工作的总称，贯穿产品的全生命周期。（   ）
12. 2016 年，G20 杭州峰会通过了《G20 数字经济发展与合作倡议》，倡议阐述的"数字经济"概念，是指使用数字化知识和信息为关键生产要素，以现代信息网络为重要载体，以信息通信技术有效使用为效率提升和经济结构优化的重要推动力的一系列活动。（   ）
13. 数字化运营中，循数管理是指通过人工调研辅助企业做出决策的管理模式。（   ）
14. 在数字化运营中，价值导向是指以短期利益为目标，快速提升运营成效的管理理念。（   ）

三、简答题

1. 简述数字经济发展的基础与遵循的定律。
2. 从"产业数字化、数字产业化"两个方面简述数字经济的基本范围。
3. 5G 如何促进大数据分析在智慧城市构建中的应用？
4. 简述云计算与边缘技术的区别与联系。
5. 物联网是如何提升企业物流信息化水平的？
6. 简述数字化运营中动态平衡的含义，以及动态平衡中技术与业务的关系。

第2章
数字化商业模式创新

本章引言

在数字化浪潮的席卷下,商业模式不再是一成不变的框架,而是成为企业创新、竞争成长的关键驱动力。数字化商业模式创新,不仅是技术层面的革新,更是思维方式的转变,打破了传统商业模式的束缚,让企业以前所未有的灵活性和创新性应对市场的快速变化。从订阅经济到按需服务,从平台生态到共享经济,数字化商业模式创新正引领着企业走向更加高效、智能和可持续发展的道路。

学习目标

1. 了解数字化商业模式的类型。
2. 掌握平台经济的定义与特点、平台生态系统的构建与管理、平台治理与竞争策略等。
3. 掌握共享经济的概念与应用、众包模式的定义与分类、共享经济与众包模式面临的挑战与前景等。
4. 分析新兴数字化技术(如大数据、人工智能、云计算、物联网等)在商业模式上的创新。
5. 掌握数字化商业模式创新的策略和方法。

2.1 数字化商业模式的类型

2.1.1 电子商务模式

人类迈入信息时代后，信息技术、互联网的发展对传统商业模式产生了巨大影响。从信息的提供和获取、交易的磋商、交易的达成、配送、支付到售后等一系列环节，信息技术、互联网都在引领着传统商务模式的革新，而由此产生的电子商务，既是信息时代的特色反映，又是商业领域对信息时代的诠释和创新。

作为 21 世纪最具活力的经济形态之一，电子商务正在以前所未有的速度改变着全球商业格局。它利用互联网及相关技术，实现了商品或服务的在线交易，极大地拓展了市场边界，提高了交易效率。电子商务的主要交易模式包括企业对企业（business–to–business，B2B）、企业对消费者（business–to–consumer，B2C）、顾客对企业（consumer–to–business，C2B）、顾客对顾客（customer–to–costomer，C2C）、线上线下商务（online–to–offline，O2O）、企业对政府（business–to–government，B2G）、顾客对政府（consumer–to–government，C2G）、政府对政府（government–to–government，G2G）、供应方与采购方通过运营者达成产品或服务交易（business–operator–business，BOB）、供应商通过电子商务平台向最终消费者提供产品或服务（business–to–business–to–cosumer，B2B2C）。

1. B2B

B2B 交易模式的批量交易，是目前电子商务交易额中的绝对主体。交易的双方均是企业，无论是原料采购中的供货商对采购商，还是半成品的供货商对中间商或中间商对制造商，抑或是制成品贸易中的制造商对批发商、批发商对批发商、批发商对零售商，主体双方都是合法注册的企业，交易额一般较大。B2B 是较早使用线上线下结合的一种贸易方式，属于大金额、大批量的交易，从询盘、发盘、还盘到接受 4 个交易磋商环节，电子化手段均被较好地引入其中。

2. B2C

在 B2C 交易模式下，交易主体中的卖方需要在工商部门注册，以正规企业的形象为消费者提供产品和服务，这与现实中的企业运营、店铺管理基本一致。在这种模式下，企业参与市场交易的可信度更高，如果长期坚持，就会产生较高的品牌效益，但税收、运营成本和交易成本也会上升，且可追溯性较强。在目前的网络购物中，从消费导向的发展趋势来看，随着消费水平的提升，消费者会更加关注产品的质量和内涵，而拥有企业经营身份、自己的品牌、可追溯性强，能照章纳税的 B2C 交易会更有市场。

3. C2B

C2B 的交易模式体现了 Web 2.0 时代互动性、个性化需求的特色。20 世纪三四十年代，卖方市场开始向买方市场过渡，逐步形成了延续至今的买方市场，但是买卖双方信息不对称问题一直未得到圆满解决。在买方市场下供大于求，由买方掌握市场交易的主动权。由卖方市场向买方市场过渡，是市场营销观念形成的里程碑阶段。正是自这一阶段起，充分发现并挖掘消费者的需求，提供相应的产品和服务来满足这一需求，成为企业的价值主张。顾客的真实需求如何表达、如何向企业传递，企业如何应对获得的顾客需求信息并使之变成企业的盈利点等问题，成为工业时代企业市场工作的重心。首先，企业通过市场调研样本获得客户需求资料；其次，根据获得的资料分析客户需求，进行标准化处理，得出主要客户群体的一般性需求；最后，根据这一需求生产产品和提供服务。这样，得到的是标准化的产品和服务，满足的是一般性的消费者需求，而消费者的个性化需求没有得到满足。因此，在传统的技术和市场条件下，私人定制、个性化服务只能是富裕阶层和特殊群体的专利，有生产和提供服务能力的供货商与有个性化需求的消费者不能进行对接。而买方市场形成至今，个体买方个性化产品和服务需求得到满足，才是真正意义上买方市场形成的标志。在C2B模式下，消费者可以把自身需求信息提供给供应商，并参与产品的设计、定价、生产等环节，而供应商提供柔性化的生产。可以说，伴随着信息化的高度发展，满足消费者的个性化需求将是未来商务关注的焦点。

4. C2C

C2C的交易模式实际上是传统"地摊"模式、"农贸市场"模式的数字化商业模式，即基于免费或者较低的摊位成本，个体不需要在工商部门注册登记，而是以卖方的身份进入交易市场，买方也多为个体，享受税收优惠。传统的地摊、农贸市场因为议价空间较大，商品种类繁多，且进出自由度较高，有着广泛的群众基础。但是，传统的地摊、农贸市场由于鱼龙混杂，很多商品真假难辨，又有不法商贩参与其中，浑水摸鱼的情况时有发生；由于没有在工商部门注册登记，商贩地址难以查询，且没有正规发票，所以在发生事故后可追溯性差。在C2C交易中，关键是要控制好交易主体的身份合法性、交易商品的质量标准和事后的可追溯渠道三个方面。这是一项系统工程，缺一不可，应采取针对性措施净化网络环境。因此，既然允许"地摊"模式、"农贸市场"模式的C2C交易模式存在，就要承认其合法性，但是对其进行规范和治理确实需要包括政府、网络平台、社会监管和广大消费者"多位一体"的多方努力。

5. O2O

O2O是目前电子商务的主体交易模式。由于数字化商业崛起时间短、速度快，在很多早期介入数字化商业的企业获得"首期红利"气氛烘托下，企业的电子商务化蔚然成风，不仅成为新兴电子商务企业的发展方向，也成为传统企业转型升级的重要抓手。但是，随着大批电子商务企业纷纷落马或陷入勉强维持状态，很多企业开始重新思考如何开展电子商务的问题，最终形成了线上线下相结合的思路。数字化商业是一种商业行为，离不开生产和消费两大领域，只有更好地衔接二者，才能体现其真正的存在价值。生产和消费一直是在线下进行的，甚至商务的多数环节也是在线下进行的，不存在"纯粹"的互联网化、电子商务化。O2O的提出是理念上电子商务本质的回归，电子商务一直是O2O模式，线上和线下从来没有分离过。传统企业开展电子商务，通过电子商务进行渠道扩展和价值提升，需要结合自身产品特点和原有渠道基础，如专卖店、商场等进行系统思考和整合，以免发生渠道冲突。新兴电子商务企业，即只提供网络销售而没有传统线下渠道的企业，也考虑通过开设实体店的方式，让顾客拥有更直观的体验。毕竟"纸上得来终觉浅"，产品的真实特色、手感、设计的合体性等问题，仅靠网络上的图片和说明是不能完全满足消费者的个性化需求的。

6. B2G/C2G/G2G

目前，B2G、C2G、G2G 交易模式针对的主要是与政府有关的报关、报税、检验及采购等行为。对此，有观点认为这是电子商务的业务类型；也有观点认为，这是针对参与主体不同而加以区分的电子政务的几种分类。这两种观点并无对错之分，只是立足角度不同。从政府办公的角度来看，与政府有关的公共事务处理，都可以被纳入电子政务范畴，那么 C2G、B2G、G2G 作为根据参与主体不同划分的电子政务类型也是可以的。同样地，从企业商务的角度来看，政府是商务活动的主体之一，它以直接参与者或间接参与者的身份参与商务活动。一方面，作为交易中的买方，政府是世界上最大的买家，它通过政府采购的方式介入商务市场，作为平等的交易主体直接参与商贸活动。另一方面，政府以管理者和服务者的身份间接介入商务活动。例如，纳税及外贸当中的报关、报检等，是商务活动的必备环节。从这个角度来看，政府相关部门以管理者和服务者的角色参与商务活动，是完成整个商务活动的必备环节，故政府也是商务活动的参与者。从这个意义上说，C2G、B2G、G2G 也可以作为电子商务的类型。

7. BOB

BOB 交易模式是一种较为特殊的电子商务模式，涉及一个或多个运营者在供应链中起到中介或平台作用，连接不同的企业进行交易。BOB 交易模式强调对供应链的整合和优化，以提高供应链的透明度和效率。例如，一些专注特定行业（如化工、农产品）的 B2B 平台，通过提供专业的信息服务、物流解决方案等，促进了产业链上下游企业的紧密合作。

8. B2B2C

B2B2C 交易模式结合了 B2B 交易模式和 B2C 交易模式的特点，形成了一条包含多个企业（供应商、分销商、零售商等）共同参与的价值链，最终服务终端消费者。在这种模式下，通过共享资源、协同作业，企业能够提供更丰富、更个性化的产品和服务。例如，电商平台上的品牌旗舰店，其背后往往有多家供应商和物流服务商的支持，共同为消费者提供优质的购物体验。

数字化商业模式的多样性不仅丰富了市场形态，也推动了商业模式的不断创新。随着信息技术、互联网的不断进步和消费者需求的日益多样化，电子商务的未来将更加精彩纷呈。

2.1.2 订阅与即服务模式

1. 订阅模式

订阅模式是指客户定期（如每月、每季、每年）支付固定费用获得产品或服务的一种商业模式。在这种模式下，客户通过定期付费方式获得对特定内容、服务或产品的持续访问权。

2. 即服务模式

即服务模式也称"按需服务模式"，是指客户在需要时立即购买并使用服务，而无须提前订阅或支付固定费用。这种模式通常适用于那些可以即时交付和使用的服务，如出租车服务、外卖送餐等。软件即服务（SaaS）、平台即服务（PaaS）和基础设施即服务（IaaS）是云计算的三大主要服务模式，它们在商业运营中扮演着至关重要的角色。

（1）SaaS

SaaS 模式的作用体现在以下 4 个方面。

①SaaS 模式使企业无须购买昂贵的软件系统和硬件设备，也无须承担后续的维护和升级费用，只需要按需支付服务费用，即可享受到高质量的软件服务，从而大幅降低运营成本。

②SaaS 系统通常具有易使用、功能强大、高度集成等特点，能帮助企业快速实现业务流程自动化、信息共享和协同工作，进而提升员工的工作效率。

③SaaS 系统的灵活性和可扩展性使企业能根据自身需求进行定制和开发，快速响应市场变化，满足客户的个性化需求，从而推动企业不断创新，提升市场竞争力。

④专业的 SaaS 服务商通常具备先进的数据安全技术和严格的数据管理制度，能够确保企业数据的安全性和隐私性。

（2）PaaS

PaaS 模式的作用体现在以下 4 个方面。

①PaaS 模式提供了完整的开发、运行和管理应用程序平台，免去了企业建立和维护基础设施的复杂工作，从而加快了应用的部署和上市时间。

②PaaS 模式通常包括数据库管理、开发工具、计算资源等，并支持多种编程语言、框架和服务，使开发者可以专注应用程序的创造，而不是底层基础设施的管理，从而提高开发效率。

③通过 PaaS 模式，企业可以缩短应用程序的交付时间，提高应用程度的开发和交付质量，进而降低信息技术成本。

④PaaS 模式通常支持多用户协作，便于团队合作开发应用，提升团队协作效率。

（3）IaaS

IaaS 模式的作用体现在以下 4 个方面。

①IaaS 模式允许企业根据需求随时增加或减少资源，实现了资源的高度弹性和可扩展性。这对于需要快速扩展资源的场景，如启动新项目、季节性工作负载等尤为重要。

②IaaS 模式免除了企业购买、管理服务器的需要，企业可以通过网络租赁或使用全套基础设施资源，如服务器、存储和网络等方式，实现对信息技术环境的快速搭建和管理。

③云服务提供商提供的专业运维服务能确保企业业务的高可用性，降低企业的运维难度和成本。

④IaaS 模式的应用场景广泛，不仅适用于云计算行业本身，还适用于物联网、大数据等领域，为企业提供了更多的选择和可能性。

2.1.3 创新型数字商业模式

伴随着数字化的迅猛发展，传统商业模式正在经历前所未有的变革。创新型数字商业模式，如免费增值（freemium）模式、基于数据的定制化服务模式及按需经济等，正逐渐成为市场主流。创新型数字商业模式不仅为客户带来了全新的体验，也为企业创造了可观的商业价值。

1. 免费增值模式

免费增值模式是一种让用户免费使用基础产品或服务，并通过提供高级功能或虚拟物品收费的商业形态。这种模式允许企业在吸引大量用户的同时，通过少数付费用户实现盈利。在免费增值模式下，用户可以根据自己的需求选择是否消费，这一灵活性大大提升了用户的满意度和参与度。其盈利的关键在于，平衡免费与付费服务的质量，确保付费用户感到物有所值。

以热门手游《王者荣耀》为例，玩家可以免费下载并体验，但游戏内提供了众多付费英雄和皮肤，不仅提升了游戏的趣味性，也为开发者带来了可观的收益。通过这种模式，游戏开发者既能保持庞大的用户基数，又能从愿意付费的玩家身上获得收益，实现双赢。

2. 基于数据的定制化服务模式

基于数据的定制化服务模式是一种依赖大数据分析和人工智能技术，通过对用户行为、偏好和需求进行精准分析，提供个性化的产品和服务的商业形态。其盈利模式包括个性化推荐带来的商品销售、广告收入及增值服务。这种模式不仅提升了用户体验，还极大地提高了营销效率和客户忠诚度。

在电商领域，许多平台通过分析用户的购买历史和浏览行为，为用户提供个性化的商品推荐，显著提升了转化率。同时，这种模式能帮助企业更好地理解用户需求，优化产品和服务。例如，亚马逊的"订购省"计划允许用户个性化定制重复购买和配送服务，不仅提升了用户体验，还为平台上的商家创造了稳定的收入流。

3. 按需经济

按需经济即以用户需求为核心，通过灵活的商业模式和先进的科技手段，即时满足用户需求的商业形态。其盈利模式包括服务费、佣金、广告收入及数据销售等。按需经济的关键在于优化平台效率，提升用户体验，同时确保供需双方利益平衡。这一模式的典型代表是共享经济和即时服务平台，如 Airbnb 和 Uber。

Airbnb 通过搭建平台，将第三方房源整合在一起，让用户可以轻松对比不同房源并进行预订，提升了用户的使用体验。这种模式不仅为用户提供了便捷的住宿选择，还为房东创造了额外的收入。Uber 通过平台连接司机和乘客，实现了高效的出行服务，为乘客提供了便捷、灵活的出行方式，同时为司机创造了增加收入的机会。

2.2 平台经济与生态系统

2.2.1 平台经济的定义与特点

1. 平台经济的定义

平台经济是一种基于数字技术，由数据驱动、平台支撑、网络协同的经济活动单元构成的新经济系统，是基于数字平台的各种经济关系总称。平台本质上是市场的具化，是一种虚拟或真实的交易场所。平台虽然不生产产品，但可以促成双方或多方供求之间的交易，通过收取恰当的费用或赚取差价获得收益。

2. 平台经济的特点

（1）平台是典型的双边市场

平台企业一面对消费者，另一面对商家，平台上的众多参与者有着明确的分工。平台运营商负责聚集社会资源和合作伙伴,通过聚集交易扩大用户规模,使参与各方受益,达到平台价值、客户价值和服务价值最大化。但是,平台企业可能利用在双边市场中的优势地位,产生垄断定价、捆绑销售等行为。

(2) 平台企业具有较强的规模经济性

当某一平台企业率先进入某个领域,或者由于技术、营销优势占据这一领域较大市场份额时,因为存在交叉网络外部效应和锚定效应,该平台企业会越来越强大,出现强者愈强的局面。市场集中度高有利于降低商家和消费者之间的交易成本,这对于平台企业往往具有较强的规模经济性。

(3) 平台企业具有显著的公共属性

当前,平台经济涉及的多为关乎人们衣食住行的民生领域,公共服务提供者的属性特征突出。并且,平台具有非排他性和非竞争性的特征,呈现出一定的公共基础设施属性。因此,平台企业虽然大多由私人资本建设运营,但具有较为显著的公共属性。

(4) 数据要素对平台经济有重要意义

平台经济根植于互联网,是在新一代信息技术高速发展的基础上,以数据作为生产要素或有价值的资产进行资源配置的新的经济模式,其运行天然会产生大量数据。与此同时,平台企业之间的竞争越来越多地表现为数据资源与算力算法的竞争。

2.2.2 平台生态系统的构建与管理

1. 平台生态系统的定义

平台生态系统是指由平台企业、第三方开发者、供应商、用户及其他相关利益方共同构成的复杂网络。在这个网络中,各方通过平台提供的资源和服务进行交互,形成价值共创、利益共享的商业生态。平台生态系统不仅关注平台自身的利益,更注重整个生态系统的繁荣和可持续发展。

2. 平台生态系统的构建策略

(1) 明确平台定位与核心价值

平台企业在构建生态系统前,需要明确自身的定位与核心价值,包括确定平台的服务范围、目标用户群体及提供的核心价值主张。通过精准定位,平台企业能够吸引具有共同兴趣和需求的用户及合作伙伴,为生态系统的构建奠定基础。

(2) 建立开放合作机制

开放合作是构建平台生态系统的关键。平台企业应积极与第三方开发者、供应商等合作伙伴建立合作关系,共同开发新产品、新服务。通过开放应用程序接口(API)、提供开发工具和支持,降低合作伙伴的进入门槛,激发企业创新活力。

(3) 优化资源配置与合理分配利益

平台企业在构建生态系统时,需要注重资源的优化配置和利益的合理分配,通过制定公平、透明的利益分配机制,确保各方在合作中均能获得合理的回报;同时,需要关注资源的有效利用,避免资源浪费和重复建设。

(4) 强化用户参与与体验

用户是平台生态系统的核心。平台企业应注重提升用户体验,通过个性化服务、优质内容等吸引用户参与；同时，鼓励用户提供反馈和意见，从而不断优化平台的功能和服务，满足用户需求。

3. 平台生态系统的管理要点

（1）维护生态平衡与多样性

平台企业在管理生态系统时，需要注重维护平台的生态平衡和多样性，通过制定合理的规则和政策，防止某一方过度扩张或垄断资源，确保生态系统的健康发展；同时，鼓励企业多样性和差异化发展，激发其创新活力。

（2）加强风险管理与合规性

平台生态系统涉及多方利益，存在较高的风险。平台企业应建立完善的风险管理机制，对潜在风险进行识别和评估，制定应对措施；同时，遵守相关法律法规，确保合规经营。

（3）推动持续创新与升级

创新是平台生态系统持续发展的关键。平台企业应鼓励内外部创新，通过设立创新基金、举办创新大赛等方式激发创新活力；同时，关注技术发展趋势，推动平台技术和服务的持续升级。

（4）强化品牌建设与信任关系

品牌建设和信任关系是平台生态系统成功的重要保障。平台企业应注重品牌建设，提升品牌的知名度和美誉度；同时，加强与用户的沟通和互动，建立信任关系，提高用户的忠诚度和满意度。

2.2.3 平台治理与竞争策略

进入数字化时代后，平台企业成为全球经济的核心驱动力。从社交媒体到电子商务，从在线支付到云计算服务，平台企业不仅改变了人们的日常生活，还深刻影响了全球经济格局。然而，随着平台企业的迅猛发展，一系列治理和竞争问题逐渐浮现，包括制定有效的平台规则、处理网络效应和应对平台经济的激烈竞争问题。

1. 平台治理的基础：制定有效的平台规则

平台治理的首要任务是制定并执行一套公平、透明、合理的平台规则。这套规则不仅关乎平台自身的健康发展，更影响到平台所有参与者的权益。

（1）规则制定原则

①公平性。平台规则应确保所有参与者都能在平等的条件下进行竞争和合作。这意味着规则应避免对特定参与者提供不正当的优惠或限制。

②透明度。平台规则应公开、透明，确保所有参与者都能了解并遵守。这有助于建立信任关系，减少不确定性。

③合理性。平台规则应基于合理的商业逻辑和市场需求，确保既能保护平台利益，又能促进平台生态系统的健康发展。

（2）规则制定的内容

①明确用户在平台上的行为规范，包括发布内容、交易行为、隐私保护等方面的要求。

②制定与合作伙伴（如第三方开发者、供应商）的合作政策和分成机制，确保公平合理的利益分配。

③明确平台数据的收集、使用、存储和保护政策，确保用户数据的隐私安全。

④建立有效的争议解决机制，包括投诉处理、仲裁、法律救济等，以应对平台上发生的纠纷和冲突。

（3）规则的执行与监督

①平台应设立专门的监管机构，负责规则的执行和监督。这一机构应具备独立性和权威性，以确保规则的公正执行。

②应利用大数据、人工智能等技术手段，对平台上的各种行为进行实时监控和分析，及时发现并处理违规行为。

③应鼓励用户积极举报违规行为，及时对举报内容进行调查和处理，形成有效的社会监督。

2. 平台发展的关键驱动力：处理网络效应

网络效应是平台经济的重要特征之一，是指随着平台用户数量的增加，平台的价值和吸引力逐渐提升。处理网络效应是平台治理的重要组成部分，关乎平台的长期发展和竞争力。

（1）利用网络效应提升平台价值

①通过营销策略、合作伙伴关系等手段，吸引更多用户加入平台，形成规模优势。

②不断优化平台功能和服务，提高用户体验，增强用户黏性。

③通过引入第三方开发者、供应商等合作伙伴，丰富平台内容和服务，满足用户多样化需求。

（2）应对网络效应带来的挑战

①随着平台用户数量的增加，可能会出现过度集中的问题，导致部分用户或合作伙伴的利益受损。平台应通过制定合理的规则和政策，防止过度集中，确保生态系统多样性。

②随着平台数据的增加，用户的隐私保护成为重要问题。平台应建立完善的隐私保护机制，确保用户数据的安全。

③网络效应可能导致部分用户或合作伙伴采取恶意行为，如虚假交易、恶意评价等。平台应加强对这些行为的监测和处理，维护平台的公平和秩序。

3. 竞争策略：应对平台经济的激烈竞争

（1）注重差异化

①平台通过不断创新和改进产品的功能和服务，形成独特的竞争优势。例如，通过引入新技术、开发新功能、提供个性化服务等手段，提升用户体验感和满意度。

②通过塑造独特的品牌形象和企业文化，提高平台品牌的影响力和忠诚度。例如，通过社交媒体营销、线下活动等方式，提升平台品牌知名度和美誉度。

（2）合作与共赢

①平台与产业链上下游合作伙伴建立紧密的合作关系，共同开发新产品、新市场。通过资源共享、优势互补等方式，实现共赢发展。

②平台通过制定合理的规则和政策，鼓励生态系统中的各方共同参与创新和价值创造。例如，通过设立创新基金、举办创新大赛等方式，激发企业创新活力。

（3）应对监管和垄断问题

①平台企业应严格遵守相关法律法规和监管要求，确保合规经营。这有助于维护平台的稳定性

和可信度，降低法律风险。

②随着平台经济的快速发展，反垄断问题日益凸显。平台企业应积极应对反垄断调查和政策制定，通过调整业务模式、优化市场结构等方式，降低垄断风险。

③平台企业应积极参与监管治理过程，与政府部门保持密切沟通和合作，通过提供行业数据、政策建议等方式，为监管政策的制定提供有力支持。

4. 案例分析：平台治理与竞争策略的实践

以阿里巴巴集团为例。

①平台规则制定。阿里巴巴集团制定了严格的平台规则和政策，包括用户行为准则、商家入驻标准、交易纠纷解决机制等。这些规则和政策确保了平台的公平和秩序，保护了用户和商家的权益。

②网络效应利用。阿里巴巴集团通过不断扩大用户基础和提升用户体验感，形成了强大的网络效应。同时，阿里巴巴集团通过引入第三方开发者、供应商等合作伙伴，丰富了平台内容和服务，满足了用户的多样化需求。

③竞争策略。阿里巴巴集团通过差异化竞争、合作与共赢策略，保持了竞争优势。例如，通过开发新的电商平台、提供智能物流服务等手段，不断提升用户的体验感和满意度，同时与产业链上下游合作伙伴建立紧密的合作关系，共同开发新产品、新市场。

随着平台经济的不断发展和变革，平台治理与竞争策略将面临更多的挑战和机遇。平台企业需要不断创新和改进治理方式与竞争策略，以适应新的市场环境和发展趋势。同时，政府部门也应加强对平台企业的监管和治理，推动平台经济健康发展。政府可以通过制定相关法律法规和政策措施，规范平台企业的行为和市场秩序；同时，加强与平台企业的沟通和合作，共同推动平台经济的创新发展和社会福祉的提升。

此外，随着全球化程度日益加深，平台企业还需要关注国际市场的竞争和合作，通过积极参与拓展海外市场和资源；同时，加强与国际组织和其他国家的沟通与协调，共同推动全球平台经济的治理和发展。

总而言之，平台企业在发展过程中，必须重视平台治理与竞争策略。通过不断优化和改进治理方式和竞争策略，平台企业可以实现可持续发展并保持竞争优势；同时，为全球平台经济的健康发展和社会福祉的提升做出积极贡献。

2.3 共享经济与众包模式

2.3.1 共享经济的概念与应用

1. 共享经济的概念

"共享经济"这一术语最早由美国得克萨斯州立大学社会学教授马科斯·费尔逊和伊利诺伊大学社会学教授琼·斯潘思于1978年提出，但共享经济作为一种现象是在近几年才开始流行的。

共享经济又称"分享经济"或"协同消费"，是一种基于互联网和现代信息技术的新型经济模式。其核心在于拥有闲置资源（或技能和服务）的机构或个人，通过技术平台将这些资源（或技能和服务）有偿提供给资源的需求方使用，实现资源使用权的暂时转移，让渡者获取回报，共享者则利用自己分享的闲置资源创造价值。这一模式优化了资源配置，促进了社会高效治理，是新经济的重要组成部分。

2. 共享经济的特点

①共享经济依赖互联网、物联网、大数据、云计算、人工智能等现代信息技术。
②共享经济平台通过收集和分析大量数据，精准匹配供需双方，提高了资源利用效率。
③共享经济实现了海量、分散、闲置资源的优化配置，提高了资源利用效率。
④共享经济通过市场化方式高效提供社会服务，满足了多样化的社会需求。
⑤共享经济产品具有一定的公共性，有助于提升社会福利。

3. 共享经济的应用

共享经济被广泛应用于各个领域，以下是共享经济几个典型的应用场景。

（1）共享出行

共享出行是共享经济中最为人熟知的一个领域。以共享单车和网约车为代表，通过平台整合车辆资源，为公众提供便捷、低成本的出行服务。用户只需通过 App 就能快速找到附近的车辆，完成租车或叫车服务。这种共享模式不仅降低了个人使用车辆的门槛，还有效缓解了城市交通拥堵问题。

（2）共享住宿

共享住宿领域以 Airbnb 和途家为代表，通过互联网平台将房东的空置房间与旅行者连接起来，为旅行者提供个性化的住宿体验。这种模式不仅降低了旅行者的旅行成本，还为房东带来了额外收入。同时，共享住宿促进了旅游业的多元化发展，提升了旅游服务质量。

（3）共享办公

共享办公是共享经济在办公领域的应用。以 WeWork 和 Liquid Space 为代表，通过提供灵活、高效的办公空间，降低创业公司和自由职业者的办公成本。这些共享办公空间通常配有完善的设施和服务，如会议室、高速网络、咖啡机等，为创业者提供了理想的办公环境。

（4）共享技能

共享技能是共享经济在人力资源（human resources）领域的应用。以猪八戒网和 Upwork 为代表，这些平台连接了技能提供者和需求者，为双方提供了公平、透明的交易环境。技能提供者可以根据自己的专业知识和技能水平提供服务，如设计、编程、翻译等，而技能需求者可以根据自己的需求选择合适的技能提供者，降低了招聘和人力成本。

（5）共享金融

共享金融是共享经济在金融领域的应用。以 P2P 借贷和众筹为代表，这些平台通过互联网技术将投资者和融资者连接起来，为双方提供了便捷的融资渠道。投资者可以根据自己的风险承受能力和投资偏好选择合适的投资项目，而融资者可以通过这些平台快速获得所需的资金支持。

2.3.2 众包模式的定义与分类

1. 众包模式的定义

众包（crowdsourcing）是指一个企业、机构或组织把过去由员工执行的工作任务，以自由自愿的形式外包给非特定的（且通常是大型的）大众网络的做法。众包任务通常由个人承担，但在涉及需要多人协作完成的任务时，也可以依靠开源的个体生产形式出现。众包是基于互联网和现代信息技术的新型协作模式，通过开放的网络平台征集大量志愿者参与到任务中，利用大众的智慧和资源解决问题。

2. 众包模式的分类

（1）按照任务内容分类

按照任务类型，众包可分为知识众包、设计众包和劳动力众包。

①知识众包是指寻求具备特定知识或技能的人完成某项任务。这类任务通常要求参与者具备较高的专业素养，如科学研究、数据分析等。

②设计众包是指公开征集设计方案或创意，然后由评审团或公众投票选择最佳方案。这类任务通常用于产品设计、广告创意等领域。

③劳动力众包是指将琐碎或重复性的工作任务外包给大众完成。这类任务通常不需要太高的专业素养，如数据录入、图片标注等。

（2）按照任务性质分类

按照任务性质，众包可分为捐赠式众包、技能式众包、微任务式众包、竞赛式众包和雇用式众包。

①捐赠式众包是指公开寻求捐款或物资，以帮助完成某项任务或项目。这类任务通常涉及公益性质的活动，如慈善募捐、环保行动等。

②技能式众包与知识众包类似，但更侧重技能方面的需求，如编程、翻译、摄影等。

③微任务式众包是指将一项大任务分解成许多小任务，然后分发给不同的个体来完成。这类任务通常用于数据处理、市场调研等领域。

④竞赛式众包是指公开征集解决方案，然后由评审团或公众投票选择最佳解决方案。这类任务通常用于创意征集、技术创新等领域。

⑤雇用式众包是指通过平台雇用自由职业者完成短期任务。这类任务通常涉及具体的服务或产品交付，如设计、写作、编程等。

（3）按照参与方式分类

按照参与方式，众包可分为自发式众包和有偿式众包。

①自发式众包是指参与者自愿加入并完成任务，通常没有明确的报酬或奖励机制。这类任务通常依赖参与者的兴趣和热情完成。

②有偿式众包是指参与者通过完成任务获得报酬或奖励。这类任务通常具有明确的报酬标准和奖励机制，能吸引更多的参与者。

2.3.3 共享经济与众包模式面临的挑战与前景

1. 共享经济面临的挑战

①在共享经济中,资源的提供者和使用者通常是陌生人,因此建立信任关系至关重要。然而,由于信息不对称和缺乏有效的监管机制,信任问题成为共享经济面临的一大挑战。例如,在共享住宿中,可能出现房屋损坏、卫生不达标等问题;在共享出行中,可能存在安全隐患和服务质量不稳定等情况。

②共享经济的兴起对传统监管体系提出了挑战。由于共享经济具有跨地域、跨行业的特性,监管难度较大。同时,共享经济平台的法律地位、责任界定、税收征管等问题尚待明确。例如,一些共享经济平台可能存在无牌照经营、税务违规等问题,给监管部门带来了巨大挑战。

③共享经济虽然能优化资源配置,但在某些情况下可能导致资源分配不均。例如,热门地区的共享资源可能供过于求,而偏远地区的可能面临匮乏。此外,共享经济平台在分配利益时也可能存在不公平现象,导致部分参与者的利益受损。

2. 众包模式面临的挑战

①众包模式依赖大众的智慧和资源,但参与者的专业素养和质量控制成为其面临的一大挑战。由于参与者背景各异,任务完成的质量可能参差不齐。同时,缺乏有效的监管和评估机制可能导致信任问题。

②在众包模式中,知识产权和数据安全成为重要问题。参与者可能利用众包平台获取他人的创意或数据,导致面临知识产权侵权和数据泄露等风险。此外,众包平台也可能因数据保护不力而面临法律纠纷和声誉损失。

③在众包模式中,任务分配和激励机制是一大挑战。如何确保任务公平、高效地分配给合适的参与者,并激发参与者的积极性和创造力,是众包平台需要解决的问题。

3. 共享经济与众包模式的发展前景

①随着数字化经济的不断发展,共享经济和众包模式将迎来更多机遇。数字化技术如大数据、人工智能、区块链等,将为共享经济和众包模式提供更加高效、透明的解决方案。例如,区块链技术可以用于建立信任机制和数据共享平台,提高资源利用效率和监管效率。

②随着共享经济和众包模式的不断发展,监管体系将逐步完善。政府将加大对这些模式的监管力度,推动相关法律法规的制定和完善。同时,共享经济平台和众包平台将加强自律和合规管理,提升服务质量和用户体验。

③共享经济和众包模式将推动技术创新和产业升级。通过整合和优化资源,共享经济和众包模式将促进新兴产业的发展和壮大。例如,共享经济将推动绿色出行、智能家居等领域的创新和发展,众包模式将促进创意设计、软件开发等领域的产业升级和转型。

④共享经济和众包模式将对社会产生深远影响。共享经济和众包模式将促进资源的有效利用和环境保护,推动社会可持续发展。例如,共享经济可以减少资源浪费和环境污染,众包模式则可以激发社会创新活力,推动社会进步和发展。

2.4 新兴数字化商业模式案例分析

2.4.1 数字平台型企业案例

典型数字平台型企业，如亚马逊、阿里巴巴和腾讯，通过数字化技术和平台运营模式，实现了商业成功。

1. 亚马逊

作为电商平台的佼佼者，亚马逊数据化运营的实现是其商业成功的重要驱动力。亚马逊的数据化运营主要体现在以下 3 个方面。

①亚马逊利用数据化方法选品，通过爬虫工具对站内近期的款式进行搜索，并利用数据分析软件或程序评估商品的爆款潜力。这种方法提高了爆款命中率，使亚马逊能够迅速抢占市场份额。

②商品上架后，亚马逊通过数据化方法对标题、关键词、图片及广告进行优化。通过对关键词搜索页面的结果分析，获取实时市场信息，从而选取更有效的关键词，提高流量和转化率。

③亚马逊采用数据化运营的方法如经济订货批量公式（EOQ），进行库存控制。通过该公式，亚马逊可以确定企业一次订货的数量，实现订货成本和储存成本之和最小化。

2. 阿里巴巴

作为国际知名 B2B 电商平台，阿里巴巴的数字化平台运营模式同样值得借鉴。

①阿里巴巴平台针对特定国家和定向人群增加流量引入，针对行业定向品（蓝海品）提供专属的流量和场景曝光资源。同时，阿里巴巴根据需求将快速交易赛道（RTS）细分成不同类别，如 RTS 小单快定、一件代发等，以满足不同客户的需求。

②阿里巴巴对搜索引擎进行升级，对符合一级引擎的橱窗品、实力优品、新品进行优先展示，对二级引擎的产品做补充展示。这种策略提高了搜索效率，使优质商品能够更快地被买家发现。

③阿里巴巴注重战略规划与执行，通过"看五年、想三年、干一年"的策略，结合 PEST 分析模型、SWOT 分析模型等经典模型进行辅助分析。同时，阿里巴巴上下保持同频，最大限度发挥企业的能力。

④阿里巴巴通过提供重点客户（key account，KA）、高级重点客户（Super key account，SKA）、集团型超级重点客户（group super key account，GSK）等不同的方案包，满足不同客户的需求。同时，阿里巴巴鼓励商家根据自己的行业特性选择赛道，通过数据参谋等工具进行市场分析，以确定适合的赛道。

3. 腾讯

作为互联网巨头，腾讯在数字化技术和平台运营模式方面同样有着卓越的表现。

①腾讯为进口电商平台提供微信支付"跨境收付通""一站式"解决方案，降低了资金出境后再入境的成本，提升了平台的运营效率。同时，腾讯面向出口电商场景提供收、付、管、兑"一站式"跨境资金解决方案，助力海外电商平台构建平台金融服务生态。

②腾讯以微信生态为基础，借助全方位覆盖华人群体的微信平台，连接全球主要金融机构和重要合作伙伴，提升用户体验。这种"1+1+1"模式助力腾讯构建了新型、开放、包容、普惠的数字化跨境支付网络。

③在跨境消费方面，腾讯聚焦提升境外来华人士和中国游客出境游的支付便利度，通过微信支付外卡服务的持续升级和WeChat港币钱包跨境方案等措施，提升了支付便利度和用户体验。

2.4.2 共享经济企业案例

1. Uber

（1）运营逻辑

Uber的运营逻辑是基于共享出行的理念，通过构建一个连接司机和乘客的平台，实现资源的优化配置和价值的最大化。乘客可以通过App叫车，司机则通过平台接收订单并提供服务。这种平台模式不仅降低了双方的交易成本，还提高了出行效率和便利性。

（2）盈利模式

Uber的盈利模式主要有以下4种。

①乘车费用分成。这是Uber最主要的收入来源。当乘客使用Uber叫车并支付费用时，Uber会从每一笔订单中抽取一定比例的分成。

②溢价策略。在高峰时段或需求旺盛的区域，Uber会采用动态定价，即提高乘车价格来增加收入。

③广告与合作推广。Uber与各类品牌合作，在其App内展示品牌广告，或者开展联合推广活动获取广告费用。

④数据销售。Uber通过收集、分析、处理大量的用户出行数据，向相关企业出售有价值的数据洞察。

（3）全球市场扩展策略

Uber在全球市场中的扩展策略主要有以下3个。

①本地化运营策略。Uber根据不同国家和地区的文化、法律和市场环境，制定差异化的运营策略，以满足当地用户的需求。

②合作伙伴关系策略。Uber与当地的出租车公司、汽车租赁公司等建立合作关系，共同开拓市场。

③技术创新策略。Uber不断投入研发，提升平台的技术水平和用户体验，以吸引更多用户。

2. Airbnb

（1）运营逻辑

Airbnb的运营逻辑是基于共享住宿的理念，通过构建一个连接房东和租客的平台，实现资源的优化配置和价值的最大化。房东可以在平台上发布房源信息，租客则可以通过平台搜索并预订合适的房源。这种平台模式不仅降低了双方的交易成本，还通过提供丰富的房源选择和个性化的服务体验吸引了大量用户。

(2) 盈利模式

Airbnb 的盈利模式主要是向房东和租客收取服务费用。对于房东来说，平台会根据房源的预订金额收取一定比例的服务费；对于租客来说，需要支付预订金额的一定比例作为手续费。这种服务模式不仅为 Airbnb 带来了稳定的收入流，还通过提高服务质量增强了用户黏性。

(3) 全球市场扩展策略

Airbnb 在全球市场中的扩展策略主要包括以下 4 个。

①本地化策略。Airbnb 根据不同国家和地区的文化、法律和市场环境，制定差异化的运营策略，以满足当地用户的需求。例如，Airbnb 在中国市场推出了"爱彼迎"品牌，并推出了符合中国用户习惯的支付方式和客户服务。

②社交网络连接策略。Airbnb 允许用户接入其脸书账号和领英等社交网络，通过社交关系增强用户对平台的信任感和归属感。

③差异化产品开发。Airbnb 不断推出新的房源类型和服务，如民宿体验、文化交流活动等，以满足不同用户的需求。

④增长黑客策略。Airbnb 在发展过程中，运用了多种增长黑客的方法和技巧，成功地在全球范围内扩大了其市场占有率和品牌影响力。例如，Airbnb 通过技术黑客从 Craigslist 抢占客户，利用 Craigslist 的邮件系统向潜在房东发送邀请邮件，并提供专业的拍照服务等优惠条件。

2.4.3 新兴技术驱动的商业模式创新案例

1. 区块链技术驱动的新兴商业模式案例

(1) 加密货币交易所

案例：Coinbase、Binance 等。

创新点：为用户提供买卖加密货币的平台，利用区块链技术确保交易的安全性和透明度。

商业价值：创造了全新的金融市场，为投资者提供了多样化的投资选择，同时推动了加密货币市场的繁荣。

(2) "去中心化"金融（DeFi）应用

案例：Uniswap、Aave 等。

创新点：利用区块链技术提供无须传统金融机构参与的金融服务，如借贷、交易等。

商业价值：降低了金融服务的门槛，提高了金融交易的效率，为全球用户提供了更加便捷和安全的金融服务。

(3) 非同质化代币（NFT）市场

案例：OpenSea、Rarible 等。

创新点：利用区块链技术为数字艺术品、音乐、游戏道具等提供独特的所有权证明和交易方式。

商业价值：为数字内容的创作者和投资者提供了新的盈利渠道，推动了数字艺术和数字经济的发展。

(4) 基于区块链的供应链管理

案例：Everledger、Provenance 等。

创新点：利用区块链技术记录产品的生产、运输、销售等全过程，确保信息的真实性和可追溯性。

商业价值：提高了供应链的透明度和效率，降低了欺诈和假冒伪劣产品的风险，为消费者提供了更加可靠的产品来源。

（5）加密硬件业务

案例：Ledger、Trezor 等。

创新点：生产和销售加密货币硬件钱包等物理产品，用于安全存储和交易加密货币。

商业价值：满足了用户对加密货币安全存储和交易的需求，推动了加密货币市场的健康发展。

综合以上案例来看，区块链技术通过以下几个方面来改变传统行业并创造全新商业价值。

① 区块链技术通过"去中心化"的分布式账本和智能合约机制，实现了点对点的交易和信息传递。

② 区块链技术的账本是公开的、不可篡改的，所有参与者都可以查看和验证交易记录，确保了数据的透明度和可追溯性。

③ 加密货币和 DeFi 应用的兴起为投资者提供了全新的投资选择和市场机会。这些市场不仅为投资者提供了更高的收益率和更便捷的交易方式，还推动了全球金融市场的创新和发展。

④ NFT 市场的兴起为数字内容的创作者和投资者提供了新的盈利渠道与商业模式。这不仅推动了数字艺术的创作和传播，还促进了数字经济的繁荣和发展。

⑤ 区块链技术可以记录产品的全过程信息，确保信息的真实性和可追溯性。这不仅提高了供应链的透明度和效率，还降低了欺诈和假冒伪劣产品的风险。

2. 人工智能技术驱动的新兴商业模式案例

（1）个性化推荐系统

应用行业：电子商务、社交媒体、视频分享平台等。

案例：亚马逊、淘宝、抖音、优兔（YouTube）等平台利用人工智能技术创建推荐引擎，根据用户的浏览历史、偏好和兴趣生成个性化推荐内容。

创新点：通过深度学习等技术分析用户行为，实现精准推荐，提高用户的满意度和参与度。

商业价值：增加用户黏性，提高转化率，为平台带来更高的广告收入和销售额。

（2）智能客服系统

应用行业：金融、电信、电商、教育等。

案例：各大银行、电信运营商、电商平台等纷纷推出智能客服机器人，提供 24 小时不间断的客户服务。

创新点：利用自然语言处理技术实现人机交互，提高客服效率，降低运营成本。

商业价值：提升客户满意度，降低客服成本，为企业创造更多价值。

（3）自动驾驶技术

应用行业：汽车制造、物流运输等。

案例：丰田、奥迪、沃尔沃、特斯拉等汽车制造商正在利用机器学习等技术训练自动驾驶汽车。

创新点：通过摄像头、雷达、云服务、GPS 和控制信号等技术实现自动操控车辆，提高驾驶安全性和效率。

商业价值：推动汽车行业的智能化转型，降低交通事故率，提高物流运输效率。

（4）智能医疗设备

应用行业：医疗保健。

案例：人工智能技术在医学影像识别、疾病诊断、治疗方案制定等方面展现出巨大的潜力，如IBM的沃森工具使用人工智能帮助厨师和餐馆开发食谱。

创新点：利用深度学习等技术辅助医生进行更准确的诊断，提高医疗服务的效率和质量。

商业价值：推动医疗行业的智能化发展，降低医疗成本，提高患者满意度。

（5）金融科技

应用行业：金融。

案例：Betterment等机器人顾问公司利用人工智能技术提供个性化的理财建议。

创新点：通过大数据分析和机器学习算法精准评估信贷风险，提供个性化的投资建议和资产配置方案。

商业价值：降低金融风险，提高金融服务的效率和准确性，为投资者创造更多价值。

综合以上案例来看，人工智能技术通过以下几个方面来改变传统行业并创造全新商业价值。

① 人工智能技术可以自动化处理大量数据和信息，提高生产效率和质量。例如，在制造业中，智能机器人可以执行复杂和多样化的任务，提高生产线的自动化程度。

② 人工智能技术可以通过大数据分析和机器学习算法为企业提供精准的决策支持。例如，在金融行业中，人工智能技术可以精准评估信贷风险，帮助银行降低不良贷款率。

③ 人工智能技术可以根据用户的偏好和需求提供个性化的服务与产品。例如，在电子商务中，人工智能技术可以根据用户的浏览历史和购买记录向其推荐符合需求的商品。

④ 人工智能技术可以推动传统行业的创新和发展。例如，在医疗行业中，人工智能技术可以辅助医生进行更准确的诊断，推动医疗技术的创新和发展。

⑤ 人工智能技术可以创造全新的商业模式和盈利渠道。例如，在金融科技行业中，人工智能技术可以推动智能投顾、智能风控等新型金融服务的兴起和发展。

3. 物联网技术驱动的新兴商业模式案例

（1）车联网与智能交通

应用：车联网技术通过将车辆与互联网连接，实现车辆间的通信和数据共享，从而优化交通流量、提高行车安全。

案例：行车卫士等产品利用物联网技术为车辆提供实时监控、定位追踪、故障诊断等功能，提高了车辆的安全性和运营效率。

创新点：物联网技术使车辆成为互联网的一部分，能够实时传输和接收数据，从而实现了对车辆的智能化管理。

商业价值：车联网技术为汽车行业带来了全新的商业模式，如基于数据的车辆保险、智能导航服务、车辆远程维护等，为汽车制造商和服务提供商创造了新的收入来源。

（2）智慧园区与智慧社区

应用：智慧园区与智慧社区通过物联网技术实现园区和社区各种设备的互联互通，提供智能化的管理和服务。

案例：智慧园区内集成烟感、门禁、摄像头等智能硬件，通过物联网技术进行实时监控和管理，提高了园区的安全性和运营效率；智慧社区通过物联网技术为居民提供智能家居、智能安防、智能停车等服务。

创新点：物联网技术使园区和社区内的设备能够实时传输数据，实现了对园区和社区的智能化管理与服务。

商业价值：智慧园区和智慧社区的建设，为物业管理公司、房地产开发商等带来了全新的商业模式，如基于数据的物业管理、智能家居服务、社区电商等，提高了企业的盈利能力和市场竞争力。

（3）物联网在农业领域的应用

应用：物联网技术通过传感器等设备实时监测农田环境、作物生长状况等，为农业生产提供智能化决策支持。

案例：通过物联网设备可以自动采集农业"四情"（墒情、苗情、虫情、灾情）数据、感知环境变化、识别作物生长情况，结合自研种植模型进行智能决策，为农作物营造更适宜、更健康的生长环境。

创新点：通过物联网技术能够实时获取农业数据，实现了对农业生产过程的精准管理和控制。

商业价值：物联网技术在农业领域的应用提高了农业生产效率和产品质量，降低了生产成本，为农民和农业企业带来了更高的收益。

（4）物联网在康养领域的应用

应用：物联网技术通过智能设备实时监测老年人的健康状况和生活环境，为老年人提供智能化的照护服务。

案例：通过物联网和大数据技术加持，能满足老年人在安全照护、紧急求助、健康管理、生活照料、康复理疗、精神慰藉、人文关怀等多方面的需求。

创新点：通过物联网技术，能够实时获取老年人的健康数据和生活环境数据，实现了对老年人的精准照护和管理。

商业价值：物联网技术在康养领域的应用提高了康养服务的效率和质量，降低了服务成本，为康养机构和服务提供商带来了更高的收益。

（5）物联网在零售业的应用

应用：物联网技术通过传感器、RFID等技术实现对商品的实时追踪和管理，提高了零售业的运营效率和客户满意度。

案例：超市利用传感器和摄像头对产品数量进行计算，并且将其同步反映在用户的虚拟购物车里。

创新点：通过物联网技术，能够实时获取零售业商品的库存和销售数据，实现了对商品的精准管理和营销。

商业价值：物联网技术在零售业的应用提高了其运营效率和客户满意度，为零售商带来了更高的销售额和利润。

综合以上案例来看，物联网技术通过以下几个方面来改变传统行业并创造全新商业价值。

① 物联网技术通过将各种设备连接到互联网，实现了设备间的实时通信和数据共享。这使传统

行业能够实时获取设备的运行状态和数据，从而实现了对设备的智能化管理和控制。

② 物联网技术可以实时监测生产流程中的各个环节，及时发现和解决生产中的问题。同时，物联网技术可以实现对设备的远程监控和维护，降低了运维成本。这些优化措施提高了传统行业的运营效率和质量。

③ 物联网技术可以根据客户的需求和偏好提供个性化的服务与产品。例如，在零售业中，通过物联网技术可以了解客户的购物历史和偏好，推荐符合其需求的商品；在康养领域中，通过物联网技术可以了解老年人的健康状况和生活习惯，为其提供定制化的照护服务。这些个性化服务都增强了客户的满意度和忠诚度。

④ 物联网技术为传统行业带来了新的商业模式和盈利渠道。例如，在农业领域中，物联网技术推动了智慧农业的发展；在康养领域中，物联网技术推动了智能化康养服务的发展。这些创新举措都推动了传统行业的产业升级和转型。

章节练习题

一、选择题

1. 数字化商业模式创新的核心驱动力是（　　）。
   A. 技术进步　　　　B. 市场需求变化　　　C. 政府政策支持　　　D. 竞争对手压力

2. 下列各项中不是数字化商业模式创新可能带来的好处是（　　）。
   A. 提高生产效率　　B. 降低成本　　　　　C. 扩大市场份额　　　D. 无须投入额外资金

3. 在数字化商业模式创新中，企业利用数字技术的方式是（　　）。
   A. 仅用于提升内部运营效率
   B. 仅用于改进产品或服务质量
   C. 整合内外部资源，打造全新的价值创造和传递体系
   D. 仅关注技术创新，忽略市场需求

4. 下列各项中不属于数字化商业模式创新范畴的是（　　）。
   A. 某电商平台通过大数据分析优化商品推荐算法，提高用户购买转化率
   B. 某传统零售企业转型为线上线下融合的新零售模式
   C. 某制造企业引入自动化生产线，提高生产效率
   D. 某金融公司利用区块链技术实现供应链金融的透明度和可追溯性

5. 在数字化商业模式创新过程中，企业面临的最大挑战是（　　）。
   A. 技术难度高　　　B. 资金投入大　　　　C. 人才短缺　　　　　D. 组织文化和变革阻力

二、填空题

1. 数字化商业模式创新是通过运用_____、大数据、云计算等现代信息技术，对商业模式进行重塑和升级，以适应数字化时代的需求。

2. 在数字化商业模式创新中，企业需要以_____为出发点，通过数字化手段推动产品、服务、渠道等方面的创新。

3. 数字化商业模式创新不仅能提高生产效率和降低成本，还能通过_____的方式拓展市场，

增加收入来源。

4. 企业在进行数字化商业模式创新时，需要关注_____的整合与协同，以实现价值创造的最大化。

5. 面对数字化时代的挑战，企业需要构建_____的组织文化，鼓励员工积极参与数字化商业模式创新，共同推动企业的转型升级。

三、判断题（正确的打"√"，错误的打"×"）

1. B2B 这种企业与政府之间的批量交易，是目前电子商业交易额中的绝对主体。（　　）
2. SaaS 模式的作用主要体现在降低企业成本、提高工作效率、促进企业创新、保障数据安全 4 个方面。（　　）
3. 按需经济即以用户需求为核心，通过灵活的商业模式和先进的科技手段，即时满足用户需求的商业形态。（　　）
4. 平台是典型的多边市场，一边面对消费者，一边面对商家，一边面对政府等。这个平台上的众多参与者有着明确的分工。（　　）
5. 数字化时代、平台企业已成为全球经济的核心驱动力。（　　）

四、案例分析题

阿里巴巴的数字化商业模式创新之路

阿里巴巴集团作为全球领先的电子商务公司，自 1999 年成立以来，经历了从传统 B2B 平台向多元化数字商业生态系统的转型。通过不断的数字化商业模式创新，阿里巴巴集团成功地将线上交易与线下服务相结合，打造了包括淘宝、天猫、支付宝、阿里云等多个业务板块在内的庞大商业帝国。特别是在新零售领域，阿里巴巴集团通过数字化转型，推动了线上线下融合的新零售模式，为全球商业领域树立了新的标杆。

资料来源：王政. 阿里巴巴：商业模式创新引领者［EB/OL］.（2013-01-28）. http://cpc. people. com. cn/n/2013/0128/c83083-20345403. html.

具体问题

1. 简述阿里巴巴集团是如何通过数字化商业模式创新实现业务多元化和生态系统构建的。
2. 探讨阿里巴巴集团在新零售领域的数字化商业模式创新实践及其对企业和行业的影响。

第3章
数字化营销管理

本章引言

随着数字化技术的迅猛发展，消费者愈加依赖互联网获取信息和做出购买决策，使营销领域发生了翻天覆地的变化，数字化营销管理逐渐成为企业获取竞争优势、满足客户需求的核心手段。进入数字化时代，企业必须调整营销策略，通过社交媒体、内容营销、SEO等方式接触目标客户。与此同时，数据的广泛应用使个性化营销成为现实，通过大数据分析、客户关系管理系统，企业可以实现精准营销，提升用户体验。数字化营销不仅提升了品牌的曝光率，更有效优化了客户的生命周期价值。

学习目标

1. 了解数字化营销的定义与发展历程，以及主要渠道和平台。
2. 了解不同社交媒体平台的营销特点、社交媒体营销策略，以及社交媒体广告的投放与优化。
3. 掌握内容营销的实施策略、内容创作与分发渠道，以及SEO的种类、关键词策略、数据分析与效果跟踪。
4. 掌握客户关系管理的应用。

3.1 数字化营销概述

3.1.1 数字化营销的定义与发展历程

1. 数字化营销的定义

数字化营销（Digital Marketing）是指利用互联网和数据驱动的技术手段，实现品牌推广、客户关系维护与个性化互动，提升企业市场触达能力的营销活动。其核心是利用数字技术和平台实现营销目标。具体来说，从营销学视角来看，数字化营销是基于数字技术支持，以促进产品和服务销售为目的的营销活动；从传播学视角来看，数字化营销是使用数字媒体推广产品和服务的营销传播方式；从企业数字化变革的角度来看，数字化营销是企业实现数字化转型的第一步，有助于指导企业研发、生产等业务环节。

数字技术是企业数字化营销创新和发展最重要的推动力，促进了企业各环节的变革。数字化营销的本质在于通过数据驱动和自动化技术，与目标客户进行个性化互动，实现营销精准化和客户体验优化。与传统营销相比，数字化营销更注重信息的实时性、效果的可追踪性，以及对客户需求的动态适应。进入数字化时代，企业营销不再局限于营销活动的开展，各部门都是营销环节的一部分。

数字化营销主要有社交媒体营销、内容营销、SEO（Search Engine Optimization，搜索引擎优化）、数据分析等工具。企业通过这些工具能更深入地了解客户偏好，更精准地捕捉市场变化，从而灵活调整营销策略。

2. 数字化营销的发展历程

（1）电子邮件与门户网站广告兴起（20世纪90年代至2000年）

数字化营销起源于20世纪90年代初期互联网的普及。最初，电子邮件成了重要的营销工具，企业通过电子邮件推送产品信息、新闻资讯等，以低成本接触广泛的用户群体。同时，新兴的门户网站为展示广告（如横幅广告）提供了平台，广告内容借助大流量网站提升曝光率。然而，早期的数字化营销手段较为简单，缺乏精准的用户定位和个性化的营销策略。

（2）搜索引擎和社交媒体引领（2001—2010年）

进入21世纪后，搜索引擎逐渐成为互联网的重要入口，搜索引擎营销（Search Engine Marketing，SEM）与搜索引擎优化成为数字化营销的核心策略。通过优化关键词和广告投放，企业能够有效吸引目标用户。与此同时，社交媒体的崛起进一步推动了数字化营销的发展。社交平台如脸书、推特和后来的照片墙等，改变了品牌与客户的互动方式，使营销内容更加个性化和互动化。

（3）大数据与人工智能应用（2011—2020年）

随着大数据和人工智能技术逐渐成熟，数字化营销进入数据驱动和智能化新时代。企业利用数据分析技术深入挖掘客户的行为、偏好和购买决策，进行更加精准的用户细分和目标市场定位。同时，人工智能的应用使自动化营销和个性化推荐成为可能。例如，通过机器学习算法推荐产品和内容，大幅提升了营销效果和客户满意度。客户关系管理系统和数据管理平台（DMP）帮助企业集中管理和分析用户数据，实现了跨渠道的个性化沟通。

（4）以全渠道整合与用户体验为中心（2021年至今）

如今，数字化营销正在向全渠道整合方向发展，即在多个平台、设备和渠道上无缝对接用户体验。通过整合社交媒体、搜索引擎、内容营销和电商平台等渠道，企业能够提供一致、顺畅的用户体验。此外，以用户体验为核心的策略越来越受到重视，如在用户体验设计（UX）、客户生命周期管理和客户成功（customer success）方面的投入不断增加。数字化营销已不再局限于单一渠道的营销效果，而是围绕客户的整体体验进行战略布局。

以上发展历程展示了数字化营销从简单的线上推广工具演变为高度智能化、数据驱动的全渠道营销体系。

3.1.2 数字化营销的重要性

1. 数字化营销最显著的优势在于能够实现精准的用户定位与个性化互动

借助大数据分析和用户画像技术，企业可以根据用户的兴趣、行为和购买历史等信息，细分市场并定制个性化内容。例如，通过社交媒体和搜索引擎将广告定向投放特定的受众群体，或通过电子邮件和移动推送进行个性化推荐，从而提升用户的参与度和购买率。这种精准化的互动不仅提高了营销效果，还提升了用户体验，使品牌在消费者心中更具亲和力。

2. 数字化营销依托大量的数据收集和分析，为企业提供了决策支持

通过数据分析工具，企业可以实时监控营销活动的效果，包括广告点击率、用户转化率、网站访问数据等，从而快速调整营销策略。这种基于数据的快速反应机制，有助于企业灵活地应对市场变化和消费者需求。同时，通过对用户数据的深度挖掘，企业还能发现潜在的市场机会，优化产品和服务，增强市场竞争力。

3. 在数字化环境下，品牌能更便捷地在全球范围传播信息，扩大影响力

数字化营销不仅通过社交媒体和内容营销帮助品牌接触更多受众，而且通过真实、透明的沟通方式增加客户的信任感。企业可以通过品牌故事、客户见证和互动内容塑造品牌形象，增强品牌的可信度和忠诚度。例如，社交媒体上用户的生成内容和口碑分享能影响潜在客户的购买决策，同时增强现有客户的忠诚度。

4. 与传统营销相比，数字化营销更具成本效益

传统广告（如电视广告、户外广告）通常费用高昂且难以精确评估效果，而数字广告可以精准计量每次点击、展示或转化的费用。数字化营销手段（如按点击付费的广告和再营销）能帮助企业最大化营销预算的效果，避免无效的广告支出。此外，自动化工具的应用也降低了运营成本，如通过自动化营销工具实现个性化电子邮件推送和社交媒体内容发布，有助于节省人力资源和时间。

5. 数字化营销通过数据分析和客户关系管理系统

数字化营销有助于提升客户忠诚度与生命周期价值，实现了对客户生命周期的精细化管理。通过持续的互动和个性化沟通，企业能够提高客户的品牌忠诚度，延长客户的生命周期，从而增加每位客户的价值。例如，通过个性化的推荐和会员优惠活动，企业能够鼓励客户的重复购买行为。同时，基

于用户反馈和数据分析，企业可以持续改进产品和服务，满足客户期望，进一步提高客户忠诚度。

6. 数字化营销的一大优势在于具有实时监控和持续优化的能力

营销团队可以在营销活动上线后即时获得反馈，了解用户行为和市场反应。借助数据分析工具和 A/B 测试（也称"分割测试"或"桶测试"），企业能够迅速调整内容、渠道和投放策略，以获得最佳营销效果。这样的实时优化能使企业在激烈的市场竞争中保持灵活性，确保资源利用的最大化并实现投资回报率（ROI）最大化。

7. 数字化营销支持全球化与跨文化传播

在全球化背景下，数字化营销为企业提供了跨越地理界线进行全球市场推广的机会。数字化平台（如社交媒体和电商平台）使品牌能够轻松触达全球用户，同时支持多语言、多文化的内容定制。例如，通过定位不同地区的受众，企业可以针对不同文化习惯和消费偏好进行本地化营销，从而在全球市场上建立品牌影响力并增加市场份额。

总而言之，数字化营销的重要性在于，其不仅改变了企业接触客户的方式，还提升了整个营销体系的效率和客户体验，为企业在数字化时代保持竞争力提供了坚实的支持。

3.1.3　主要的数字化营销渠道与平台

在激烈的市场竞争中，企业要提高自己品牌的声誉，就要借助不同的营销渠道和平台，因为不同的营销渠道和平台为品牌提供了多样化的客户触达方式，每种渠道和平台不仅具备独特的用户群体与交互特点，也在广告形式、互动模式和效果监控等方面各具优势。了解这些数字化营销渠道和平台的特点，对于制定精准的营销策略、优化资源配置至关重要。数字化营销渠道与平台主要包括搜索引擎营销、社交媒体营销、内容营销平台、电商平台和直播平台等。

1. 搜索引擎营销

搜索引擎是用户获取信息的重要入口，常见的搜索引擎有谷歌、微软必应、百度、搜狗、360等。企业通过搜索引擎营销和搜索引擎优化，能有效提高品牌的在线曝光度。

搜索引擎营销是根据用户使用搜索引擎的方式，利用用户检索信息的机会尽可能地将营销信息传递给目标用户。简单来说，搜索引擎营销就是基于搜索引擎平台的网络营销，利用人们对搜索引擎的依赖和使用习惯，在人们检索信息的时候将信息传递给目标客户。

搜索引擎营销的基本思想是让用户发现信息，并通过点击进入网站或网页进一步了解所需信息。搜索引擎营销的目的是，在搜索结果页面将信息排在让网民容易发现的位置，让网民发现信息并进入网站进行咨询和购买。

搜索引擎营销是一种见效快的引流手段，适用特定时间段的活动推广和精准客户定位。搜索引擎营销包括点击付费广告（pay per click）、SEO 两种形式。

（1）点击付费广告即竞价推广，是指网站付费后才能被搜索引擎收录并靠前排名，付费越高排名越靠前。例如，通过谷歌推广、百度推广等平台，在搜索结果页面购买广告位。如图 3-1 所示，排在搜索结果首页、带有"广告"字样的搜索结果就是通过竞价推广的方式实现的。

（2）搜索引擎优化（SEO）主要通过优化网站结构、关键词密度和内容质量等方式，提升网站在搜索引擎自然排名中的位置。搜索引擎优化是一项长期的投入，通常适用于打造权威品牌和提高网站可信度。高质量的搜索引擎优化不仅能吸引目标客户，还能带来可持续的有机流量。

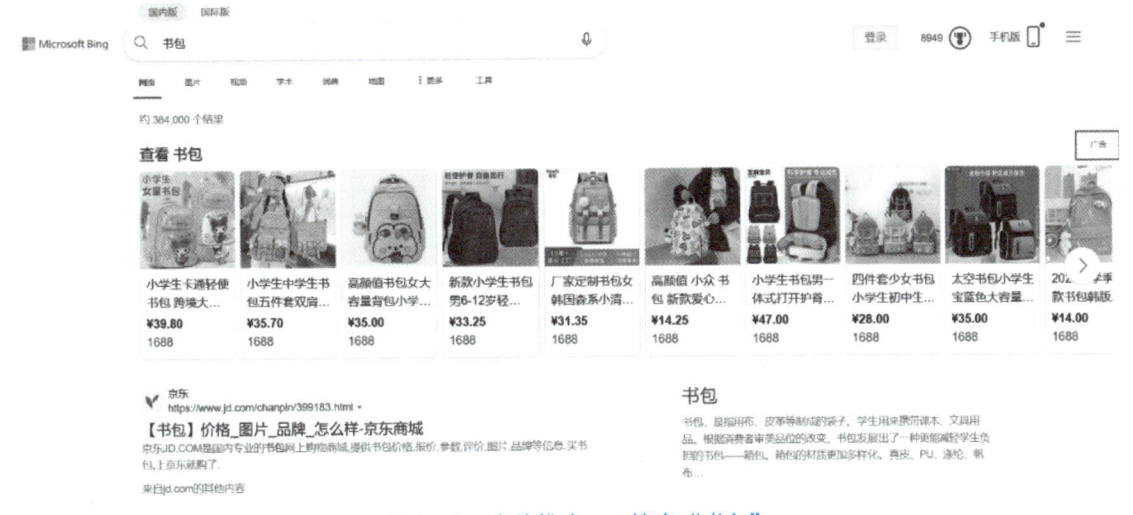

图3-1 竞价推广——搜索"书包"

2. 社交媒体营销

社交媒体营销是指企业为了达到营销目的，在社交媒体平台创造特定的信息或内容以吸引用户的注意，引起用户的讨论，并鼓励用户通过个人社交账号传播这些营销内容，进而拉近品牌与用户之间的关系，提高用户对品牌满意度的营销策略。社交媒体平台如微博、微信、小红书、抖音、脸书、推特等，已成为品牌与用户直接互动的重要渠道。

【案例3-1】

瑞幸咖啡"3元畅饮计划"

瑞幸咖啡，这家在2018年才崭露头角的咖啡品牌，以独特的市场策略和社交媒体营销手段，迅速在竞争激烈的市场中崛起。在品牌推广策略上，瑞幸咖啡并没有采取传统的广告投放方式，而是将目光转向了社交媒体，利用病毒式传播效应，成功地吸引了大量消费者的关注。

瑞幸咖啡在刚刚进入市场时，首先在微信公众号上推出了"3元畅饮计划"。消费者只需要花费极低的价格，就可以享受到瑞幸咖啡的美味。由于价格低廉，这一活动迅速引发了消费者的热烈反响，人们纷纷在朋友圈分享这一优惠，吸引了更多人的关注和参与。

在"3元畅饮计划"成功的基础上，瑞幸咖啡又接连推出了更多活动和奖励。通过不断创新的营销策略，其为消费者提供了更多优惠和福利，进一步提高了消费者的满意度和忠诚度。这些活动不仅吸引了更多用户前来体验，也为瑞幸咖啡的品牌形象塑造和口碑传播打下了坚实基础。

资料来源：品牌大讲堂. 瑞幸咖啡，突破传统瓶颈的社交媒体营销案例［EB/OL］.（2023-11-17）. https：//baijiahao. baidu. com/s? id = 1782712494251596695.

3. 内容营销平台

内容营销是指企业以图片、文字、视频等形式向用户传达品牌的相关信息，使用户对品牌形成认知，并产生购买产品的意愿，从而实现营销的目的。内容营销的核心是持续生产优质的营销内容，同时建立传播渠道，以便让内容精准触达每一位目标客户。常见的内容营销平台包括论坛、B站、微信公众号、知乎、优兔等。

企业可以通过论坛、博客、新闻栏目等形式发布专业内容，吸引对特定主题感兴趣的用户。高质量的内容不仅能提升品牌的权威性，还能提升搜索引擎优化的效果。

B站、优兔等视频平台为企业提供了展示产品和服务的机会，通过视频内容展示品牌故事、使用案例或教育性内容，能显著提升用户的理解度和认可度。

知乎等问答与知识平台适合通过回答用户问题、发布专业见解来提升品牌的影响力，参与这些平台的讨论有助于塑造品牌和建立用户信任。

4. 电商平台和直播平台

电商平台（如淘宝、京东、亚马逊）和直播平台（如抖音、快手）为直接销售和品牌曝光提供了便利。品牌可以通过电商平台的搜索优化、活动策划和用户评价管理提升销量。电商平台的优势在于用户的购买意图明确，有助于提升转化率。

近年来，直播带货模式在电商平台和社交平台上迅速崛起。通过直播互动，品牌能直观地展示产品，实时回答用户问题，提升用户信任度并直接促成购买决策。

概言之，数字化营销渠道和平台的多样性为品牌提供了多方位的营销机会，每种渠道和平台都各有特色和优势，企业可以根据品牌特性、市场目标和预算选择最合适的组合，以实现最佳的营销效果。

3.2 社交媒体营销

进入数字化营销时代后，社交媒体成为品牌与消费者互动的重要桥梁。无论是分享内容、创建品牌故事，还是直接开展用户参与活动，社交媒体都为品牌提供了直接触达目标受众的高效平台。相较传统媒介，社交媒体营销具备实时互动和强大的数据分析功能，使品牌能够即时获得反馈信息，了解消费者的需求与偏好，精准确定目标用户。随着平台多元化发展，不同的社交媒体适应了不同的用户群体和市场定位，品牌可以借助其优势实现精准营销、提高客户忠诚度，进而提升品牌影响力与市场竞争力，在数字生态中站稳脚跟。

3.2.1 常用的社交媒体平台及其特点

不同的社交媒体平台由于功能和用户群体的差异，形成了独特的使用场景和互动方式。了解每个平台的特点，可以帮助品牌选择更适合自己的推广渠道，实现精准营销。在选择平台时，企业只有综合考虑目标用户的年龄、兴趣、互动习惯及内容形式，才能有效提升品牌曝光度和用户参与度。常用的社交媒体平台有微信、微博、小红书、抖音、B站、推特、脸书等。

1. 微信

微信集社交、支付、内容发布等多功能于一体，是一种"超级应用"。其用户群体广泛，覆盖各个年龄阶段，具有一定的私密性。

内容形式：微信朋友圈支持文字、图片、音频、视频等多种形式的内容发布，适合不同的需求和目标受众；微信公众号能发布系统性和深度文章，适合发布较详尽的内容；微信视频号能快速传递信息和概念，适合发布短视频内容。

互动方式：微信提供了好友聊天、朋友圈点赞评论、公众号互动等多种社交方式；在公众号文章中，可以嵌入投票、问卷、抽奖等互动；在小程序中，可以开发趣味H5游戏，引导用户参与；在视频号直播中，可以与用户实时互动；企业微信还能做个性化互动运营。品牌可以通过公众号、社交分享及小程序等实现营销闭环。

2. 微博

微博是一个为大众提供娱乐休闲、生活服务的信息分享和交流平台，适合热点营销和快速传播，用户以年轻人居多，偏好关注娱乐、时尚等内容。不同年龄段的微博用户，在生活消费、兴趣关注上呈现出明显的代际特征。

内容形式：支持文字、图片、视频、音频等多媒体形式，能实现信息的即时分享、传播互动。

互动方式：微博包括评论、转发、点赞、私信等功能。其中，转发功能使信息传播变得更加迅速，用户可以轻松分享自己喜欢的内容；微博热搜、超话社区等特色板块提高了用户的参与度和黏性。微博的开放性和转发机制让其内容更易传播，适合品牌活动推广。

3. 小红书

小红书是一个集社区和电商于一体的平台，其用户群体以18～34岁的女性为主，约占总用户数的77.34%。

内容形式：主要采用经典的笔记形式，覆盖美妆、美食、母婴、家居、服饰穿搭、宠物、减肥健身等多个领域。笔记风格包括高级感、校园风、韩系、氛围感、日系、中性风、复古、甜酷、纯欲、欧美风等。

互动方式：主要为评论互动和直播互动，通过评论留言、点赞、直播打赏等形式，增加用户与品牌、创作者、主播之间的互动，达到营销的目的。

小红书作为一个高度活跃的社区平台，其用户群体、内容形式和互动方式共同构成了独特的营销环境，为品牌提供了多样化的营销机会。

4. 抖音

抖音作为短视频平台，拥有强大的用户黏性和创意内容形式，是品牌触达年轻用户的有效渠道。抖音的用户群体以年轻人为主，尤其是24岁以下的"Z世代"（Generation Z，也称"网生代"）和小镇青年。这两个群体规模大，活跃度高，偏好新颖、有趣的短视频内容。

内容形式：支持短视频、挑战赛和直播，品牌可以通过创意视频吸引用户参与。内容多样化、娱乐化，视频时长通常以秒为单位，制作成本低，背景音乐多截取高潮部分，短小精悍，常带动相关音乐爆火。

互动方式：主要为评论互动、直播间点赞互动、礼物互动、粉丝团队互动及用户参与挑战赛的形式参与互动，能提高用户与主播之间的互动性、主播与粉丝的黏性等。

抖音以独特的用户群体、丰富的内容形式和多样的互动方式构成了极具吸引力的社交媒体平台。

5. B站

B站是一个围绕用户、创作者和内容的文化社区与视频分享网站，构建了一个源源不断产生优质内容的生态系统。B站的用户群体主要是"Z世代"，即"90后"和"00后"。截至2023年，这

部分用户占比高达 78.67%，其中 18~24 岁用户占比 60.28%，25~30 岁用户占比 16.71%。

内容形式：以专业用户生产内容（professional user generated content，PUGC）视频为主，同时发力专业机构生成视频（occupationally generated video，OGV），包括动漫、网剧、纪录片等长视频内容。内容品类包含生活、游戏、娱乐、动漫、科技和知识等众多领域。

互动方式："一键三连"机制，即点赞、投币和收藏，加强了用户互动；弹幕互动，加深了用户彼此间的情感联系，给观众一种"实时互动"的错觉；直播互动，如语音聊天室、连麦连线、视频 PK 等功能，能够增强观众的参与感，提升直播的互动性和娱乐性；社区互动，社区氛围来自视频上传者与用户紧密连接构成的以兴趣为导向的内容生态网络，形成了小众文化圈，并通过内容的产出与互动形成了良性循环。

6. 推特

推特是一个强调短文本内容的全球性社交平台，适合实时信息传播和新闻分享。品牌可以通过推文快速传递信息，与用户保持高频互动。推特的用户群体中，有 61.2% 的受访者不仅是偏爱快速获取信息的用户，也是推特获取全球新闻和实时事件的主要来源。

内容形式：以简洁的内容形式著称，用户被限制在 280 个字符内表达观点，鼓励了简洁而有影响力的内容创作；支持文字、图片、视频和链接等多种内容形式，尤其是视频内容，可以显著提高用户参与度。

互动方式：用户可以转发、评论和点赞，设置提问和投票，激发用户的参与和讨论热情；企业可以通过热门标签（hashtags）参与热点话题，提高品牌曝光度。

7. 脸书

脸书是全球用户数量最多的社交平台，主要面向成年用户，其功能涵盖了个人主页、群组、事件创建、直播等多种形式，适合广泛的品牌推广与客户互动。脸书拥有超过 30 亿的月活跃用户（MAU），覆盖全球各个年龄段、性别和地区的人群，触达不同市场的用户。

内容形式：支持多种广告形式，包括图片、视频、链接、轮播广告等多媒体内容的上传和分享，方便企业根据需求灵活选择。

互动方式：用户可以通过点赞、评论和分享的方式进行互动，通过发布帖子、即时聊天、创建群组等方式进行讨论和交流；品牌可以借助平台的算法提高曝光率，增强用户黏性。

概言之，每个平台的独特性都决定了其在社交媒体营销中的作用。选择适合的平台、结合平台特点发布内容，能够帮助品牌高效地实现营销目标，构建更紧密的用户关系。

3.2.2　社交媒体营销策略

社交媒体营销策略是指企业在社交媒体平台上进行品牌推广、产品营销和客户互动的一系列计划和行动。关键的社交媒体营销策略有以下 6 个。

1. 明确营销目标

在启动社交媒体营销活动之前，首先要明确营销目标。营销目标主要有 3 个方面：一是目标受众，要深入了解目标受众的兴趣、需求和偏好，以便制定更具针对性的营销策略；二是品牌定位，要制定明确的品牌定位和品牌故事，使消费者能够与品牌产生情感共鸣；三是具体的绩效目标，要明确包括品牌曝光、网站流量、销售量、转化率等具体的绩效目标。明确营销目标有助于制定有针对性的营销策略，选择合适的平台和内容形式。

2. 选择合适的社交媒体平台

根据目标受众的用户群体特征、喜好、需求等信息，选择与之相匹配的社交媒体平台。同时，利用社交媒体平台精准投放广告，提高广告的转化率和效果。

3. 创建多样化的内容形式

针对不同的社交媒体平台，品牌应灵活选择内容形式，满足用户对信息的多元化需求。一方面，采用文字、图像、视频等多种内容形式，提高内容的吸引力和互动性；另一方面，制订内容发布计划，确保定期更新，使用户保持兴趣和关注度。

4. 与受众互动

互动是社交媒体的核心特点，品牌应利用互动内容提升用户的参与度和忠诚度。常见的互动方式有3种。一是回复评论和投票。通过问答、投票等互动方式，品牌可以了解用户的需求和偏好，增强用户的参与感。另外，投票结果还可以用于市场调研，为品牌决策提供数据支持。二是用户生成内容。企业通过鼓励用户分享与品牌相关的内容，如使用产品的体验，能够增加品牌的真实性和用户的信任感。品牌可以通过创建话题标签（如用户故事）或举办活动鼓励用户投稿。三是实时互动与直播。品牌可以利用直播或实时问答的形式与用户直接互动，适合产品发布、活动推广等场景。企业在直播中演示产品功能、回答用户问题，有助于增强品牌的透明度和亲和力。

5. 持续数据分析与优化

品牌可以利用社交媒体平台的分析工具，跟踪和分析用户信息，了解用户的兴趣、行为和反应，以便更精准地满足用户的个性化需求。例如，利用用户的浏览、点赞和互动记录，推送符合用户兴趣的内容；通过客户关系管理系统的分析，品牌可以对不同用户群体进行内容分层推荐，实现千人千面的效果。

同时，品牌可以通过A/B测试，定期测试不同内容形式、发布时间和标题，找出用户最感兴趣的内容组合，以持续优化内容策略，提高营销效果。

6. 制定发布频率与最佳时间

内容发布的频率和时间会直接影响用户的观看与互动情况。品牌应根据用户活跃时间和平台算法进行内容发布。一方面，设置合理的发布频率，避免过高频率导致用户反感，过低频率导致用户关注度下降。品牌可以根据平台推荐或用户习惯制定发布频率。另一方面，通过分析目标受众的在线活跃时间，选择适合的时间发布内容。例如，在工作日的午餐时间或晚间，用户可能有更多空闲时间浏览内容。

3.2.3 社交媒体广告的投放与优化

社交媒体广告为品牌提供了精准触达目标受众的机会，通过数据驱动的策略和灵活的广告形式，品牌能够有效提升曝光率、引导用户行为并实现销售转化。然而，成功的社交媒体广告投放不仅依赖预算和创意，更需要系统性的规划和执行。

1. 社交媒体广告投放的策略

（1）内容为王

制作富有创意、引人入胜的广告内容，如故事化营销、功能演示、关键意见领袖（KOL）/网红合作等，以激发用户的兴趣和参与度。

（2）互动引导

通过引导用户的参与、评论、点赞、分享等互动行为，增加品牌的曝光度，提升品牌的口碑传播力。同时，及时回复用户评论和私信，建立良好的用户关系。

（3）数据分析与优化

利用社交媒体平台提供的广告数据和分析工具，深入了解用户行为和广告效果，进行 A/B 测试，调整广告内容和定位，以获得更好的广告效果和回报。

（4）跨平台联动

与其他社交平台进行跨平台联动，如微信、微博等，通过内容共享、活动联动等方式，扩大品牌影响力和用户覆盖范围。

2. 社交媒体广告投放的步骤

广告投放是一个完整的活动过程，一般可划分为 3 个阶段，即投放前准备、开户与投放、数据监测和优化调整。

（1）投放前准备

① 明确广告目标。在投放广告前，广告主需要明确广告目标，如品牌曝光、产品推广、用户增长、销售转化等。该目标将指导整个广告投放过程，并作为评估广告效果的标准。

② 精准定位目标受众。利用社交媒体平台提供的用户数据，深入了解目标受众的年龄、性别、精准兴趣、行为习惯、地域等特征，以便进行定位。利用社交媒体平台提供的用户画像工具，进一步细化目标受众。

③ 选择社交媒体平台。根据目标受众的活跃平台和广告目标，选择合适的社交媒体平台进行广告投放，确保广告能够精准触达潜在客户。常见的社交媒体平台有微信、微博、抖音、快手、小红书等。广告主主要了解各社交媒体平台的特点、用户群体和广告形式，以便制定更有效的广告策略。

④ 制定广告策略。设计具有创意且多样的广告内容，包括文案、图片、视频等，确保内容吸引目标受众并符合平台规范。同时，注重广告的创意和差异化，避免同质化竞争。根据平台特点和目标受众选择合适的广告形式，如信息流广告、视频广告、图文广告等。除设定广告预算、投放时间、地域等以外，还要考虑竞价策略和出价方式，以确保广告效果最大化。

（2）开户与投放

① 开设广告账户。在选定的社交媒体平台上注册广告账户，并进行实名认证和资质审核。填写账户信息，设置支付方式，并充值广告预算。

② 创建广告计划。在账户中创建广告计划，包括设置广告目标、受众定向、投放位置等。上传广告素材，并填写广告文案和链接。根据平台要求填写广告审核信息，确保广告内容合法合规。

③ 广告审核。提交广告计划，等待平台审核通过。在审核过程中，平台会对广告内容进行严格审查，以确保广告内容合法合规，符合平台要求。

④ 广告投放。审核通过后，广告将按照设定的时间和策略进行投放。广告主可以在广告账户中实时监控广告数据，包括曝光量、点击量、转化率等关键指标。在广告投放和运营过程中，广告主要注意保护用户隐私，避免使用虚假宣传、侵犯用户隐私等行为发生。

（3）数据监测和优化调整

① 数据监测。实时监测广告数据，了解广告效果和用户反馈。分析数据指标，如点击率、转化率、投资回报率等，评估广告效果。

② 优化调整。根据数据反馈和广告效果及时调整广告策略，优化广告素材和受众定向。尝试不同的广告形式和投放时间，以达到最佳的广告效果。

③ 持续优化。社交媒体广告投放是一个持续优化的过程，企业要将社交媒体广告效果与品牌长期目标相结合，持续分析用户反馈和市场趋势，及时调整整体营销策略。

【案例3-2】

荣耀在今日头条上的广告投放

2016年7月11日，华为召开荣耀8新机发布会，并随即发起荣耀8的新机预约活动。新机定位年轻人群，在短期建立新品知名度，并在当下手机市场竞争如此激烈的环境下，挖掘潜在购买力。

在营销目标上，荣耀将用户群体尽可能地扩大，广泛覆盖受众，形成影响力，引导用户参与，将潜在用户转化成购买力。

在营销策略上，荣耀首先洞察用户群体，通过今日头条大数据洞察荣耀8目标消费群体特征：年轻人群，追求高颜值，时尚、潮流、创新，并集中搜索目标人群画像。

在投放策略上，荣耀采用"开屏+推荐信息流"双拳组合出击，营造荣耀8新机发布会热度，启动今日头条App第一入口开机大屏资源；同时，联动推荐信息流，将荣耀8广告原生化展现在用户阅读第一屏，以"头条王牌资源+路径覆盖"的双重配合提高用户认知。

与此同时，荣耀还进行创意优化，优化用户终端操作步骤，在用户选择同意的情况下可由系统一键自动提取电话号码，无须再手动输入，减少转化流失，在"最后一公里"为广告主留存意向用户群体。

最终，荣耀8在今日头条上全程投放广告5天，总曝光量为24369万次，总点击量为1070万次，留资数为1008229个。荣耀锁定明星粉丝群体，通过递进式的策略转化客户，最终促成对产品的购买行为。

资料来源：巨量引擎. 华为荣耀［EB/OL］. 2016. https：//www.oceanengine.com/case/69.

3.3 内容营销与搜索引擎优化

在数字营销环境下，内容营销与搜索引擎优化已成为企业吸引和维系客户的重要战略。内容营销通过创建有价值、有吸引力的内容，与目标受众建立信任与互动，从而提升品牌忠诚度，促进销售转化。而搜索引擎优化则通过优化网站内容和结构，提高在搜索结果中的可见性，确保潜在客户能够更轻松地找到相关信息。这两者的有效结合，不仅能提升品牌的在线存在感，还能增加流量、优化用户体验，从而为企业带来可持续的竞争优势。通过深入分析内容营销与搜索引擎优化的最佳实践，企业能更好地制定营销战略，以实现营销目标。

3.3.1 内容营销的特征与实施策略

内容营销本质上是企业通过创造和分享有价值的内容来吸引、保留客户的销售策略。

1. 内容营销的特征

（1）活动具有连续性、持续性和长期性

内容营销是由企业一系列相关业务活动紧密衔接组成的，而不是单次的市场活动。内容营销贯穿吸引客户到客户产生购买行为的全过程，具有连续性、持续性和长期性的特征。因此，内容营销不同于广告、公关活动或单次宣传活动。

（2）内容具有高度相关性、价值性

内容营销不是大众营销，而是针对有清晰界定且被企业充分理解的客户的营销活动。因此，内容营销的内容设计是客户导向的，是针对特定目标群的兴趣、需求定制的内容。不同客户类型的购买历程有所不同，关注的重点也会有所不同，因此针对不同类型客户设计的内容系列也会有差异。内容营销可以结合用户画像进行前期研究，作为内容设计的重要参考。

（3）目的指向商业目的

内容营销的目的是围绕客户购买行为，提升企业营收。因此，内容营销的企划者在前期会对目标客户进行充分了解。从目的的角度出发，内容营销因为提供内容的价值性、友好性与趣味性，有机地将品牌和产品融入内容，减少了违和感，所以在获得相同品牌传播目的的同时，仍能保持很好的接受度和传播度。

（4）需要打造自有媒体资产

内容营销的内容发布基本都是在自有媒体上，而不像广告类的传播内容会发布在付费媒体上。因此，内容营销需要将自有媒体当作资产经营。这样不仅能大幅降低营销成本，而且能通过客户线上对内容的评论和反馈，更及时、更精准地了解客户对内容的反应，并及时通过互动强化企业与客户的关系，这些都是广告做不到的。从这一层面来看，内容营销对自有媒体的使用更能提升投资回报率，增加用户黏性。

2. 内容营销的实施策略

（1）确定目标受众

确定目标受众是内容营销的第一步。了解受众的需求、兴趣和偏好，有助于企业创建更具针对性的内容，从而提高用户的参与度和满意度。

确定目标受众涉及用户数据的收集，并对用户进行细分，创建相应的用户画像，以便据此制定个性化的内容策略，更好地满足客户需求。

（2）提供有价值的内容

内容具有价值是吸引和留住用户的关键，因此企业需要根据品牌或产品做好定位，并根据目标客户的实际需求形成自己的内容及表述风格,以适应不同场合下客户的内容偏好和价值需求。与此同时,企业需要明确内容的生产方式,确定企业、专业服务机构、外部合作资源及客户在内容原创、二次开发及传播扩散过程中扮演的角色。

(3)保持一致性与连贯性

在内容营销中,一致性和连贯性是关键。品牌需要确保所有内容在风格、语调和主题上保持一致,以提升品牌形象和用户信任感。

企业应制订详细的内容计划,明确发布频率和主题,保持定期更新并增强用户期待感。同时,企业应保持品牌的语调和风格一致,无论是在社交媒体、博客,还是其他渠道,都要传达统一的品牌形象。

(4)注重多样化内容形式

不同类型的用户对内容形式的偏好各异,因此品牌应采用多样化的内容形式,以最大限度地触达目标受众。

文字内容如文章、博客和电子书等,可以深入探讨主题和提供详细信息。视觉内容如图片、视频和信息图表等,可以更直观地传达信息并提高用户的参与感。互动内容如问卷、测验和在线活动等,可以激发用户参与和互动,增强品牌与用户之间的联系。

(5)关注内容的传播和推广

内容与传播和推广渠道是相辅相成的,优秀的内容需要匹配有效的传播和推广策略,才可能被更多目标受众看到。企业应针对不同社交媒体的用户群体和平台特点推广内容,利用社交网络的广泛影响力提高内容的曝光率。

(6)数据分析与持续优化

内容营销的目的是促进业务增长,因此企业应定期分析内容营销的效果,根据数据反馈结果持续优化。企业应结合品牌或业务场景设定行之有效的关键绩效指标(key performance indicator),如网站流量、用户参与度和转化率,以评估内容的效果;企业还应根据数据分析的结果,调整内容策略和形式,以更好地满足用户需求和偏好。

3.3.2 内容创作与分发渠道

1. 内容创作

如果说内容营销的本质是讲故事,那么创作出主题明确、立意深刻的故事便是成功的关键。因此,比较有效的内容创作应包含以下4个方面。

(1)持续性内容

持续性内容是指时间和热点更替影响,长期有效、有价值的内容。持续性内容是企业内容营销中最常规的内容类型,通常占整体内容产出的70%左右。

创建持续性内容,归根结底是希望通过提供有价值的信息实现用户教育,让这些内容帮助企业创建顾客对品牌的忠诚度,留住老客户、开发新客户,并打造出强势品牌,在未来促进其购买。

创建持续性内容的第一原则是对现有客户及潜在客户有价值,因此内容必须是与客户相关的、可以让人相信的,最好还是有趣的。这些内容必须能持续生产和提供,从而维系或改变消费者行为。持续性内容的选题一般可以从以下6个方面着手。

① 产品故事。产品是品牌的承载物，也是用户体验最核心的部分。产品内容可以围绕其特性、卖点、解决了消费者的痛点入手。如果产品不断有迭代，则可以持续更新产品升级的亮点，为产品带来新的功能或改进。产品故事适用于大多数产品主导型企业，不断地通过推陈出新，吸引老顾客持续关注和消费，同时吸引一批又一批新顾客。

② 品牌故事。如果产品是快消品类的，每年没有太大变化，那么可以通过讲述品牌故事，打造强势的品牌文化。例如，可口可乐、百事可乐的产品百年不变，它们就是靠品牌故事的更新实现品牌保鲜，因此"红蓝大战"给消费者创造了数不清的经典广告。对于普通消费者来说，细微的口感差别可能大多数人喝不出来，但"红蓝可乐"倡导的不同品牌文化、代言的明星阵营，是其吸引消费者持续喜爱的原因。

③ 活动。活动是鼓励用户和消费者参与、提升品牌黏度必不可少的手段，也是帮助产品和品牌讲故事的形式。与单纯的内容推送相比，活动最大的魅力在于有助于增加与消费者深入互动和接触的机会。

④ IP合作。IP合作是丰富品牌内涵很好的方式，借助IP的影响力能增加用户对品牌和产品的好感度，提升品牌和产品的渗透率。例如，贵州茅台与瑞幸的联名咖啡"酱香拿铁"，一经推出就在社交媒体平台上创造了持续的热度，有效刺激了需求，增加了品牌的曝光度。

⑤ 用户故事。企业通过挖掘、包装来展现典型用户，尤其是明星的使用场景，帮助品牌讲故事，也是常见的内容营销手段。通过对用户使用场景的展现，可以形成更好的代入感，增加宣传的真实感和可信度。

⑥ 服务故事。包装服务人员的故事，成为服务行业一个不错的选择，不仅凸显了行业特性，而且通过打动人的服务背后的故事，可以增加用户对该项服务的理解和认可程度，以及会有更多口碑传播，如靠服务出圈的海底捞、京东物流等。

持续性内容最大的意义在于，它是企业吸引和维系用户的日常内容，一旦制造和发布出来，就不会随着热点的更替和时间的流逝失去价值，而是会留在互联网上，继续发挥对长尾用户的价值。虽然有的潜在用户在几款同类产品的不同品牌之间苦苦比较、难以做出选择，却会因为在百度、微信或知乎上搜索到企业很久以前发布的一篇内容做出最终选择。

（2）促销性内容

促销性内容是指为企业促销活动服务的时效性内容。所有零售、百货及电商公司基本上都是以全年不间断的促销活动和内容吸引客户、促进消费的。例如，线下的商场，线上的天猫、京东和苏宁易购等电商平台，无不是利用每个节日，包括每年的"6·18"和"双11"主题促销活动，持续刺激消费者的购买欲望。

（3）热点性内容

热点性内容是指基于社会热点产出的内容，主要是为了获取短期的关注度和流量。但由于热点事件通常具有突发性，且持续时间较短，很多企业短时间内无法准确找到自身品牌与热点事件的关联性，导致"蹭热点"失败。

（4）即时性内容

即时性内容是实时营销，是指对热门话题、事件表达态度的实时内容。这类内容与热点内容比较相近，最大的不同是即时性。热点内容的跟进虽有时效性，但从热点话题发酵到内容产出有一个相对较长的时间差；而即时性内容要求内容营销团队的反应更加迅速，甚至是实时表达态度和观点。

即时性内容的典型案例是围绕类似奥运会或世界杯等大事件进行的实时营销。比如，在2008年北京奥运会上，耐克著名的"活出你的伟大"的实时营销战役。这次营销战役的成功，很大程度上在于耐克团队在刘翔摔倒退赛时迅速做出的机智反应，被媒体称为"有生命的广告"。

2. 分发渠道

分发渠道的选择对于内容的成功传播至关重要。常见的内容分发渠道有社交媒体平台、电子邮件、公司网站或博客、视频分享平台等。不同的渠道具有不同的用户特征和传播效果，企业需要根据目标受众活跃的平台选择适合的渠道进行内容分发。

通过多渠道整合可以实现覆盖效果最大化。例如，企业可以通过社交媒体平台发布引人注目的内容，吸引用户点击进入企业官方网站或博客，进而引导用户订阅电子邮件资讯。此外，通过合作推广、付费广告等方式进行内容分发，可以提高内容的影响力和覆盖面。为了提高内容创作和分发的效果，企业还需要定期分析和评估内容的表现，包括用户的参与度、分享次数、转化率等关键指标。通过数据分析，企业能够识别哪些内容和渠道最有效，从而持续优化内容策略和分发渠道，确保内容营销活动的成功实施。

3.3.3 搜索引擎优化的种类与关键词策略

搜索引擎优化的主要任务是通过使用搜索引擎优化技术（包括如何抓取互联网页面、如何索引及如何确定对某一特定关键词的搜索结果排名等）让网站的关键词在百度、谷歌等搜索引擎中排到较好的位置，从而自然地为企业网站吸引更多的流量（IP量），提高品牌曝光率和转化率。通过搜索引擎优化可以为企业网站带来人气，使企业网站盈利。关键词策略是搜索引擎优化的核心组成部分，不仅能帮助搜索引擎理解网站内容，而且能指导用户找到所需信息，直接影响网站的排名和流量。

1. 搜索引擎优化的种类

搜索引擎优化是目前最流行的网络营销方式之一，其主要目的是增加特定关键词的曝光率，以提高网站的能见度，进而增加销售机会。搜索引擎优化分为站外搜索引擎优化和站内搜索引擎优化两种。

（1）站外搜索引擎优化

站外搜索引擎优化是脱离自身网站的搜索引擎优化技术，其命名来自外部站点对自身网站在搜索引擎、自然排名上的影响。这些外部因素都是超出自身网站控制的，最有用、最强大的外部站点因素是反向链接，亦即外部链接。因此，外部链接对站点被收录进搜索引擎结果页面起到了重要作用。要想产生高质量的反向链接，可以从以下6个方面着手。

① 获取高质量外部链接最有效的办法就是通过博客发布高质量的文章，使读者产生阅读欲望或对文章进行转载。

② 与合作伙伴互相推荐链接，与行业网站、相关性网站交换链接。

③ 将网站提交到DMOZ、ODP等专业目录网站上。

④ 将网站加入百度收藏、Google 书签、QQ 书签等社会化书签中。

⑤ 在论坛中发布含有链接的原创帖或在编写的签名档中插入网址。

⑥ 需要注意的是，如果被搜索引擎发现使用了不建议使用的方法，则会被降权。

（2）站内搜索引擎优化

站内搜索引擎优化是指通过对网站内部的调整，达到对搜索引擎优化的目的。网站要想提高关键词排名，就要做好内部工作，因为站内搜索引擎优化是一个系统工程，不是一蹴而就的，需要积累大量资源和尝试修改。站内搜索引擎优化主要包括以下 5 个方面。

① 尽量改变网站内部原来的图像链接和 Flash 链接，使用纯文本链接，并定义全局统一的链接位置。

② 对标题要重新定位。标题中需要包含优化关键词的内容，同时网站中的多个页面标题不能雷同，至少能显示"关键词、网站首页及一段简单的含关键词的描述"类型。标题一经确定就不要再做修改。

③ 每个页面都要包含关键词并保持一定的频率。对内容结构做了简单调整后，要立即到搜索引擎登录，以期尽早收录新标题和新描述。

④ 对网站结构做细节调整。假设原网站是形象页面，运用了较多的 Flash 和图像，这些页面元素不利于搜索引擎的收录，需在该网页下方加入 3 栏内容，分别是相关的企业简介、关键词产品、新闻与企业的关键词产品列表，并对这 3 栏内容添加统一源定位符（URL）。当然，最好的方法是借助新闻或资讯栏目更新关键词产品新闻。可以制作一个从首页链接跳转至单页面作为关键词的详细描述，该页面的描述内容包含企业关键词产品列表链接。这些都是为了形成企业站点内的网状结构。

⑤ 在大致调整好网站结构之后，就可以利用资源进行外部链接的扩展了。可以先使用百度空间，空间的域名可使用企业产品的关键词，同时进行企业原网站信息的转载，并附带企业网址，让百度机器人（robot）在第一时间访问本站点。有一个技巧：可以使用该空间账号随机访问百度空间内的其他用户，以获得回访，这样百度蜘蛛（spider）到达的效果会更好。

2. 关键词分类

关键词是给网站设定的方便用户通过搜索引擎搜索到本网站的词汇，也就是在搜索引擎中被输入搜索框中的文字。关键词可以是一个词语、一个短语或一句话，搜索引擎会自动将较长的关键词分割为多个短的关键词。以微软的搜索引擎为例，在微软必应搜索框中输入"笔记本电脑推荐"这一关键词进行搜索，结果如图 3-2 所示。

关键词是搜索引擎优化的基础，在选择关键词之前要先明确其分类，这样才能根据网站的特性筛选、布局和优化关键词。关键词的分类方式有多种，不同性质的网站使用的关键词分类方式不同。当前，普遍采用的分类方式有以下 3 种。

（1）按照热度进行分类

关键词的热度主要是指关键词近期的综合搜索量。一般来说，关键词的搜索量越大，热度越高；反之，则热度越低。按照热度，可以将关键词分为热门关键词、冷门关键词和普通关键词。

①热门关键词是指近期搜索量较大的关键词，如"热播电视剧"、"当红明星"和"热门事件"等词语。通常情况下，热门关键词的竞争非常激烈，许多大型知名网站也会竞争这部分关键词。如

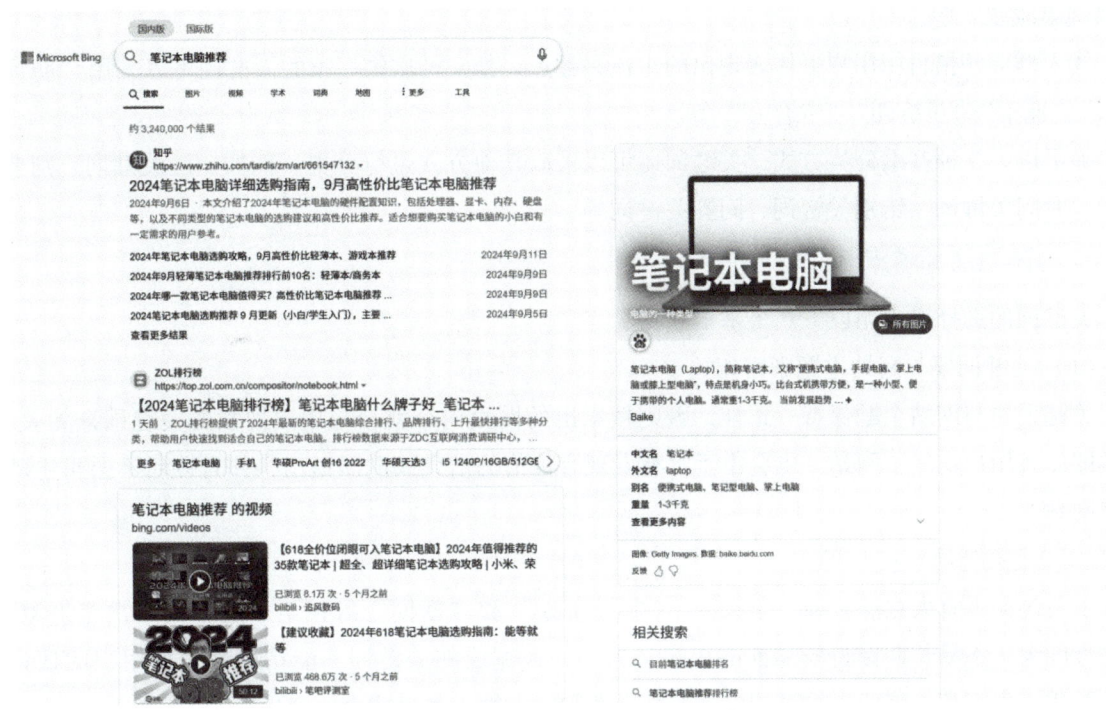

图3-2　微软必应关键词搜索结果示例

果通过关键词优化获得较靠前的位置，网站就能获得非常可观的流量。

②冷门关键词是指近期搜索量较小的关键词。这类关键词的搜索量偏低，可能每隔几天才会为网站带来流量，但是如果网站的信息丰富全面，那么综合下来也可以为网站带来较可观的流量。

③普通关键词是指具有一定搜索量，且搜索量介于热门关键词和冷门关键词之间的关键词。这类关键词的竞争力不大，且细分程度和精确度高，涵盖面广。通常情况下，优化普通关键词也能为网站带来大量的流量。

（2）按照重要程度进行分类

按照关键词的重要程度，可以将其分为核心关键词、次要关键词和长尾关键词。

①核心关键词是指能直接表现网站主题的关键词，且网站内容是围绕这些关键词展开的，一般由2~4个字构成，如"形象设计""时尚彩妆"等词语。这类关键词的竞争较激烈，带来的流量也很大。

②次要关键词是核心关键词的扩展词，重要程度仅次于核心关键词。

③长尾关键词是指字数较多、描述具体的关键词，一般由多个关键词组合而成，如"2024轻音无线便携办公家用女生用可爱鼠标"等。这类关键词的搜索量相对较小，但是搜索很精准，用户目的性很强，且竞争度很小。

（3）按照与企业相关度进行分类

按照与企业相关度，可以将关键词分为品牌词、品类词和人群词。

①品牌词是指网站的专有品牌名称或企业名称。每个网站都需要创建一个属于自己的品牌词，以便网站后期的品牌推广。

②品类词是指企业主营产品或主营服务的关键词，如"化妆品"、"数码相机"、"婚纱摄影"

和"健康减肥"等。

③人群词是指目标用户群体表现出的主流兴趣点,如户外服饰厂家的人群词可以采用"防风防泼水""速干""可拆卸""三合一"等。

除了以上 3 种基本分类方式,关键词还可以采取其他方式进行分类。例如,泛关键词、别名关键词、时间关键词、错别关键词、问答关键词等。

3. 关键词的选择原则

关键词的选择应遵循以下 6 个基本原则。

(1)关键词要与网站主题紧密相关

关键词要与网站主题保持一致性,否则搜索出的网页内容就会与用户搜索的关键词毫无关联。这样即使有用户访问了网站,也会由于没有发现有价值的信息而立即退出,并且以后不会再主动访问该网站。

(2)主关键词不宜太宽泛

主关键词不宜太宽泛,如"学校"、"电子商务"和"新闻"等词语。这些词通常竞争激烈,优化难度大,不易长期保持较靠前的排名。另外,太宽泛的关键词不能精确地把握用户的搜索目的,转化率也不高。因此,关键词应具有精准性和针对性,并且能直接突出网站的主题。

(3)关键词不要太特殊

选择主关键词时不能太特殊,因为太特殊的关键词虽然竞争度很小,但搜索的用户也很少,甚至可能没有用户搜索。

(4)站在用户的角度思考

很多搜索引擎优化人员根据自己的主观想法选择关键词,导致选择出来的关键词过于专业,不太符合用户的搜索习惯。因此,搜索引擎优化人员应站在用户的角度思考,借助网站数据调查熟悉用户的搜索习惯,最终确定关键词。

(5)选择搜索量较大、竞争度较小的关键词

有些关键词的含义虽然相同或相似,但具有不同的搜索量和竞争度,搜索引擎优化人员可以通过关键词挖掘、扩展工具,查询关键词搜索量和竞争度数据,从中筛选出搜索量较大、竞争度较小的关键词。

(6)选择商业价值高的关键词

不同的关键词有不同的商业价值。例如,搜索"××原理""××成因"关键词的用户,购买意愿很低,商业价值也不高,因为用户很可能只是想获取知识。而搜索"××价格"关键词的用户,购买意愿很高,商业价值也很高,如果网站能适时推出一些促销活动,就有可能促成用户购买。

4. 关键词优化

网站要想盈利,就要拥有大量的流量,而很多网站的大部分流量都来自搜索引擎。运用关键词优化策略可以使网站在搜索引擎中获得较靠前的排名,进而提升网站的流量。影响关键词优化的主要因素有网站权重、关键词密度、Meta 标签、相似关键词和导入链接的相关性。

(1)网站权重

网站权重(如 Google 的 PR 值、百度权重等)能够直观体现网站在相应搜索引擎中的重要程

度。网站权重越高，网站中网页的权重就越高。在其他条件相同的情况下，权重越高的网页，在搜索引擎搜索结果中的排名就越靠前。因此，提升网站权重可以提升整个网站关键词的优化效果。权重规则见表 3－1，小米官网在不同搜索引擎中的权重表现如图 3－3 所示。

表 3－1　权重规则

权重级别	预估流量值	权重级别	预估流量值
0	无	5	5000～9999
1	1～99	6	10000～49999
2	100～499	7	50000～199999
3	500～999	8	200000～999999
4	1000～4999	9	1000000 以上

综合权重查询 www.mi.com 查询

综合权重概况　使用 实时批量查询 单次可查50000个　获取API　历史数据

综合	权重	关键词数	第一页	第二页	第三页	第四页	第五页	预估流量
百度PC	6	7169 (-14)	2538 (+28)	736 (+6)	1751 (-29)	1026 (-3)	1118 (-16)	21783~34795
百度移动	7	5065 (-542)	1322 (-98)	617 (-87)	1207 (-118)	1222 (-141)	697 (-98)	72996~116604
搜狗PC	6	2502 (-131)	1164 (-27)	516 (-29)	246 (-15)	293 (-53)	283 (-7)	22356~35712
搜狗移动	7	2248 (+597)	1050 (+327)	816 (+112)	121 (+49)	114 (+51)	147 (+58)	65720~104981
必应	6	6345 (-280)	1479 (-49)	1593 (-63)	1355 (-51)	1243 (-78)	675 (-39)	37588~60042
360PC	6	1676 (-31)	966 (-13)	443 (-29)	75 (-4)	98 (+7)	94 (+8)	31173~49797
360移动	6	1293 (-43)	725 (-12)	342 (-14)	88 (-3)	97 (-7)	41 (-7)	33171~52987
神马	6	1339 (-9)	443 (-3)	252 (-1)	194 (0)	302 (-4)	148 (-1)	19401~30991

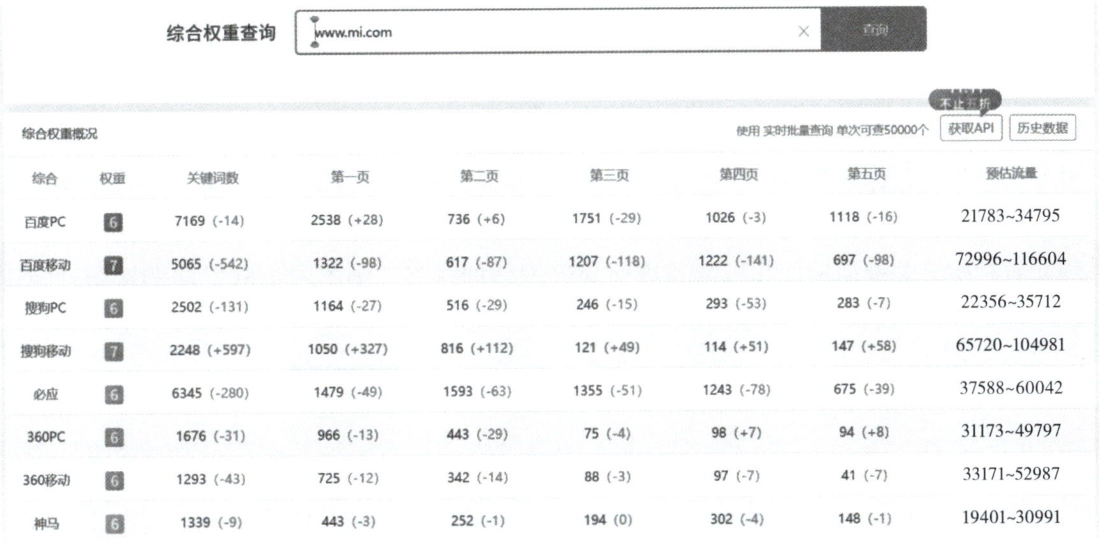

图 3－3　小米官网在不同搜索引擎中的权重表现

（2）关键词密度

关键词密度用于衡量某个关键词在网页上出现的频繁程度，其值为某个关键词总字符数与网页总字符数的比例。2%～8%是关键词密度比较合适的范围，其既有利于关键词的优化，也不会被搜索引擎判定为关键词堆砌。

以华为官网为例，如图 3－4 所示，网页共有 3521 个字符，关键词“华为云”是 3 个字符，且出现了 13 次，那么该关键词的密度为 3×13/3521＝1.1%。

华为云　www.huawei.com/cn/　查询　查询记录

网址 www.huawei.com/cn/ 检测结果

页面文本总长度	3521字符
关键字符串长度	3字符
关键字出现频率	13次
关键字符总长度	39字符
密度结果计算	1.1%
密度建议值	2%≤密度≤8%

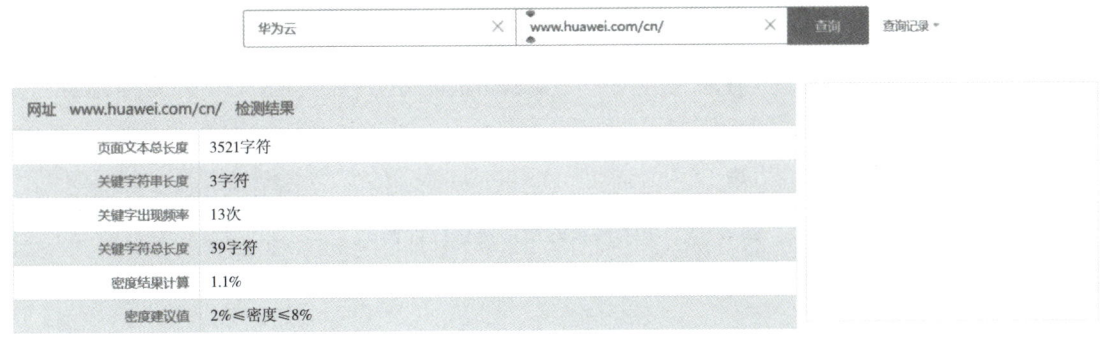

图 3－4　关键词密度

（3）Meta 标签

Meta 标签是网页 HTML 源代码中的一个重要标签。Meta 标签主要用来描述 HTML 网页文件的属性，如作者、网页描述、关键词和页面刷新等。

在关键词的优化过程中，合理地利用 Meta 标签的 description（描述）和 keywords（关键词）属性，并添加相应的关键词，可提升网站的用户体验。

（4）相似关键词

搜索引擎在匹配网页关键词时，会使用相似关键词进一步加强页面的主题相关性。因此，网页中除了内容与完整匹配的目标关键词相关外，还可以加入相似关键词，以提升关键词的优化效果。

例如，对某书法培训机构进行关键词优化。其主要关键词是"书法"，相似关键词可设置为"书法培训""速成书法""硬笔书法""毛笔书法"等。

（5）导入链接的相关性

导入链接（反向链接、外部链接）是指在其他网站中，链接目标是自己网站中网页的超链接。对导入链接进行分析是目前搜索引擎计算网页权重值的一个重要手段。导入链接越多，来源越广泛，对网站排名的提升越有帮助。如果导入链接所在网页的内容与本网页的内容相关性较强，则能直接提升关键词的优化效果，进而提升网站的排名。小米网页的反向链接统计情况如图 3-5 所示。

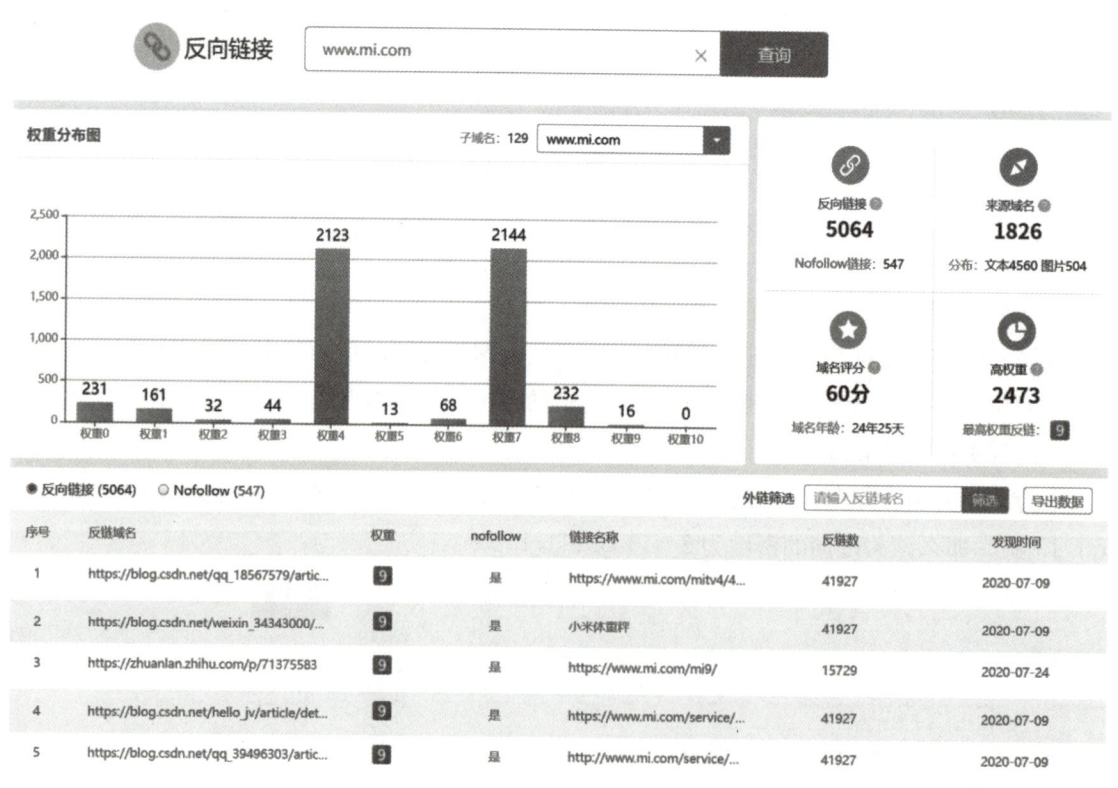

图 3-5　小米网页的反向链接统计情况

5. 持续监测与调整

关键词优化策略并不是一成不变的，而是需要企业定期监测和及时调整，以应对市场变化和竞争环境。

(1) 绩效分析

定期检查网站的排名、流量和转化率等数据，使用分析工具评估搜索引擎优化策略的效果。小米官网的 SEO 综合查询情况如图 3-6 所示。

图 3-6　小米官网的 SEO 综合查询情况

(2) 关键词更新

随着市场趋势和用户需求发生变化，企业应不断更新关键词列表，挖掘新机会并优化旧内容。如图 3-7 所示，关键词"小米 SU7"在四川地区的百度 PC 排名在 50 名以外，因此企业要根据该区域用户需求对关键词进行挖掘和优化。

图 3-7　关键词"小米 SU7"在四川地区的百度 PC 排名

3.3.4　搜索引擎优化数据分析与效果跟踪

在搜索引擎优化过程中，数据分析与效果跟踪是确保优化策略有效性和实现持续改进的重要环节。通过收集和分析相关数据，企业能评估其搜索引擎优化策略的表现，识别潜在问题，并根据实际效果调整策略。这一过程不仅能帮助企业优化网站内容和结构，还能为企业提供宝贵的市场洞察，以便更好地满足用户需求。

首先，企业需要确定关键绩效指标，这些指标将被用于衡量搜索引擎优化活动的效果。常见的关键绩效指标包括流量、页面排名、点击率、跳出率、平均停留时间、转化率等。通过定期监测这些指标，企业可以全面了解其搜索引擎优化策略的效果。

使用分析工具是搜索引擎优化数据分析的基础。谷歌分析（Google Analytics）是最常用的工具之一，企业可以通过它跟踪网站流量来源、用户行为及转化路径。此外，谷歌搜索控制台（Google Search Console）也提供了丰富的数据，帮助企业分析关键词表现、索引状态和潜在的技术问题。这些工具可以提供深入的报告，揭示哪些关键词带来了流量、用户在网站上的行为，以及网站在搜索结果中的表现。

关键词表现分析是搜索引擎优化效果跟踪的重点之一。企业应定期检查排名出现上升和下降的关键词，并分析其搜索量和竞争程度。根据这些数据，企业可以决定是否需要调整现有内容，增加新的关键词，或优化网站结构以提高搜索引擎的抓取效率。定期的关键词审核有助于保持网站内容的相关性，并确保其与市场变化保持同步。

在数据分析基础上，企业需要关注用户体验的影响。跳出率和平均停留时间等指标能够反映用户对网站内容的感兴趣程度和满意度。较高的跳出率可能意味着内容不够吸引人，或者用户在访问页面时遇到了问题。通过分析这些数据，企业可以识别用户在网站上遇到的障碍，并进行相应的优化，如提高页面加载速度、调整内容布局或更新陈旧的信息。

此外，定期进行竞争对手分析也至关重要。通过分析竞争对手的搜索引擎优化表现，企业能够获取宝贵的市场洞察，包括关键词使用、内容策略和反向链接情况。了解竞争对手的优劣势，有助于企业制定更具竞争力的搜索引擎优化策略，抓住市场机会。

搜索引擎优化是一个不断演变的过程，企业应根据数据分析结果和市场变化及时调整优化策略。定期进行效果回顾，评估哪些策略有效，哪些地方需要改进，是企业实现长期成功的关键。通过持续的数据监测与分析，企业不仅能提升网站在搜索引擎中的表现，还能增强品牌的在线影响力，从而推动销售增长、提升客户忠诚度。

3.4 数据驱动的客户关系管理

客户关系管理是指利用现代技术手段，使客户、竞争、品牌等要素协调运作并实现整体优化的自动化管理系统。客户关系管理的目标是帮助企业提升市场竞争力，建立长期优质的客户关系，不断挖掘新的销售机会，从而规避经营风险、获得稳定利润。

客户关系管理的实施以客户数据为基础，强调对客户数据的全面收集、集成、分析与利用，因此数据驱动的客户关系管理已成为企业成功的关键因素之一。通过整合和分析客户数据，企业能深入了解客户的需求和行为，从而为客户提供更加个性化的服务与体验。数据驱动的客户关系管理不仅能帮助企业提升客户满意度和忠诚度，还能优化营销策略和销售流程，促进企业业务增长。随着大数据、人工智能等技术迅猛发展，企业可以借助客户关系管理系统，实时跟踪客户互动，分析市场趋势，并根据数据洞察制定决策，保持竞争优势，实现可持续发展。

3.4.1 客户数据的收集与管理

客户数据是指客户的喜好、需求、联系方式等一些基本资料。客户数据是现代企业与客户沟通的必备条件，是企业提高顾客满意度的基础，也是企业产品及服务定位和发展的基础，所以客户数据是企业可持续发展的必备资源。

1. 客户数据的类型

客户数据主要分为客户描述类数据、客户行为类数据和客户关联类数据3种类型。

（1）客户描述类数据

客户描述类数据主要是指用于理解客户基本属性的数据，如个人客户的联系方式等，企业客户的社会经济统计数据等。这类数据主要来自客户的登记信息，优点是大多数内容都较易采集；缺点是涉及客户隐私的数据，如客户的住所、收入水平等，采集有一定的难度。

（2）客户行为类数据

客户行为类数据主要是指用于帮助企业市场营销人员、客户服务人员在客户分析中掌握和理解客户行为的数据。这类数据一般来源于企业内部交易系统的交易记录、企业呼叫中心的客户服务和客户接触记录，营销活动中采集的客户响应数据，以及与客户接触的其他销售人员、服务人员收集的数据信息。有时企业从外部采集或购买的客户数据，也会包括大量客户行为类数据。例如，客户偏好信息主要描述客户的兴趣和爱好，如有些客户喜欢户外运动，有些客户喜欢旅游，有些客户喜欢打网球，有些客户喜欢读书，等等。这些客户数据有助于企业了解客户的潜在消费需求。

需要指出的是，客户的行为类数据并不完全等同于客户的交易和消费记录，往往需要对客户的交易记录和其他行为数据进行必要的处理与分析、汇总和提炼，才能得出客户的行为特征。客户的行为类数据需要实时记录和采集。

（3）客户关联类数据

客户关联类数据是指与客户行为相关、反映和影响客户行为及心理等因素的相关信息，包括客户满意度、客户忠诚度、客户对产品或服务的偏好或态度等。客户关联类数据经常是客户分析的核心目标。对于高端客户和活跃客户来说，客户关联类数据可以有效反映客户的行为倾向。掌握客户关联类数据，对于企业尤其是服务类企业的客户营销策略和客户服务策略的设计与实施至关重要。

客户关联类数据往往较难采集和获得，常见的方式有专门的数据调研，如市场营销调研、客户研究等；应用复杂的客户关联分析，如客户忠诚度、客户流失倾向、客户终身价值等。

2. 客户数据收集的渠道

一般企业获取客户数据的渠道主要有两条：企业内部数据渠道和企业外部数据渠道。

（1）企业内部数据渠道

企业内部数据渠道是指企业通过与客户的各种接触，包括企业的调研、从客户购买前的咨询到售后服务，以及处理投诉或退换产品等环节收集客户数据的途径。对客户服务的过程是企业深入了解客户、联系客户、收集客户数据的最佳时机。在服务过程中，客户通常能够直接且毫无避讳地讲述自己对产品的看法和期望、对服务的评价和要求、对竞争对手的认识，以及其他客户的意愿和销售机会，其信息量之大、准确性之高在其他条件下难以实现。

另外，企业博览会、展销会、洽谈会等客户群体集中和能达成更多购买意向的场所，也可以成为迅速收集客户数据的平台。

（2）企业外部数据渠道

在如今信息爆炸的时代，通过企业外部的社会渠道也有很多机会能够找到并获取相关客户数据。

① 数据公司。数据公司专门收集、整合和分析各类客户的数据和属性,尤其是专门从事某一领域数据研究的公司,其往往与政府及拥有大量数据的相关行业和机构有着良好而密切的合作关系,可以为企业提供成千上万的客户数据列表。在北京、上海、广州、深圳等大中城市,这类公司发展非常迅速,已成为数据营销领域的重要角色。

② 专业调查公司。在消费品行业、服务行业及其他一些行业中,有许多专注产品调查的公司。这类公司通过长期的积累和合作,拥有大量的客户数据。

③ 消费者研究公司。这类公司往往分析并构建复杂的客户消费行为特征,其需要的数据可以通过购买获取。

④ 杂志和报纸。一些全国性或区域性的杂志和报纸媒体也有大量客户订阅信息及调查信息。

⑤ 政府机构。官方人口普查数据、结合政府资助的调查和消费者研究信息等都有助于丰富客户数据列表。政府的行政机关和研究机构也有大量客户数据,如公安户政部门的户政数据、税务机关的纳税信息、社保部门的社会保险信息等,这类数据一般被用于政府支持的相关项目。

此外,从战略合作伙伴或老客户,以及行业协会、商会等处也可以获取相关的客户数据,还可以通过与相关行业有大量客户数据的公司,如通信公司、航空公司、金融机构、旅行社等,以合作或交换的方式获取客户数据。

总之,客户数据的收集渠道有很多,可以根据自身情况灵活选择,也可以不同渠道综合使用。需要强调的是,企业必须对客户负责,对客户数据严格保密。

3. 客户数据的管理

无论是开发新客户,还是巩固老客户,客户数据管理都是最基础、最重要的工作。当企业的规模较小时,面对的客户数量有限,可以对客户悉心照顾,了解每一个客户的特点。但是,当客户数量增加并达到一个临界点时,采用简单的方法就无法应对了,对客户的掌控能力会急剧减弱。因此,建立客户信息数据库,在处理分析的基础上研究客户的购买倾向,发现适合企业发展的目标客户群体,并且分析好、维护好客户非常重要。

(1) 客户数据的整理

为了实现数据的有效利用,企业需要建立一个集中的数据管理系统,以整合来自不同渠道的数据。通过数据集成,企业能创建全面的客户档案;通过对数据进行清洗和更新,企业能确保数据的准确性和完整性。同时,企业需要定期审核和维护客户数据库,剔除无效数据(如不活跃账户或错误信息),以提升数据质量。在整理客户数据时,应遵序以下 5 个原则。

① 真实性。这是资料整理必须遵循的最基本原则。

② 准确性。事实要准确、数据要准确,事实材料不能含混不清、模棱两可、互相矛盾。

③ 完整性。反映某一社会现象的资料必须尽可能如实地反映该现象全貌,不能残缺不全。

④ 统一性。各个调查指标都要有统一的理解和解释,对调查指标的计算方法和计算单位也要统一。

⑤ 简明性。整理后的资料要以简单、明确、集中的形式反映出来。

(2) 客户数据的分析

客户数据的分析主要是对整理好的数据进行专业性研究,通过统计、对比、分类、聚合等方法对客户具有的不同特征进行归纳和总结,可以精准把握客户需求、挖掘潜在市场、完善售后服务,为制定有效的营销方案提供指导。

客户数据包括客户的历史互动、购买行为和偏好等信息。通过分析这些数据，企业可以识别客户的需求变化，预测其潜在的购买行为，并制定相应的市场营销策略。此外，利用机器学习和人工智能技术，企业能够实现更高效的数据分析，自动化识别重要的客户趋势和模式。这种数据驱动的方法能够为企业提供更深入的客户洞察，帮助其制定更加精准的营销策略。

客户关系管理中的客户数据分析包括客户商业行为分析、客户特征分析、客户忠诚分析、客户价值分析等内容。

①客户商业行为分析是指通过客户的资金分布情况、流量情况、历史交易记录等方面的数据，分析客户的综合状况。

②客户特征分析是指通过整理并分析客户信息，企业可以了解客户的消费特征，进而针对有不同消费行为表现的客户制定个性化的沟通和营销策略。客户特征分析包括客户的消费心理分析和客户的消费行为分析。网络购物中客户的消费心理见表3-2，基于消费行为分析的客户类型见表3-3。

表3-2 网络购物中客户的消费心理

消费心理	特征	营销策略
求实心理	是客户的普遍心理。注重商品的实用价值，以及商品的质量、性能、价格等方面	在商品描述中，要突出"实惠""耐用"等字眼，以实际案例消除客户疑虑
求名心理	想要彰显地位和威望，注重商品品牌	在商品描述中，要突出品牌的知名度与尊贵性
求美心理	注重商品的欣赏和艺术价值，以及商品对人、环境的美化修饰作用，带给人精神上的享受	在商品描述中，要强调商品的修饰作用，尤其在描述化妆品、服饰、首饰等时
求利心理	注重经济实惠，通常会货比三家，选择物美价廉的商品，或者选择打折或促销商品	在商品描述中，要突出商品的价格优势，并提供一些福利，如打折、赠送礼品等
偏好心理	通常需要满足个人的一些特殊爱好和情趣，这种偏好心理往往与某种专业、知识、生活情趣等有关。通常这类客户的购买行为较为理智，指向性也较为稳定，具有经常性和持续性特点	应在推销商品前了解客户的喜好，并在商品描述中使用"值得收藏"类词语
安全心理	注重商品在使用过程中或使用后的安全性，如食品是否纯天然、药品是否有副作用、电器是否漏电（爆炸）等	在商品描述中，要注重商品的安全性，出具相应的检测报告等，体现品质有保障

表3-3 基于消费行为分析的客户类型

客户类型	特征	营销策略
理智型客户	通常受教育程度较高，理智，原则性强，注重自身是否需要及商品优缺点，通常在购买前已心中有数	要利用专业知识，为客户分析商品的优劣势，帮助客户下决心购买
谨小慎微型客户	比较谨慎，在挑选商品时考虑得较多，多方对比，还可能因担心购买后上当而放弃购买	要用热情、真诚的态度打动客户，寻找双方的共同点，中肯地向客户介绍商品，切忌夸大其词
冲动型客户	比较感性，购物时大多以观感为主，喜欢追求一些新商品、新服务项目。一旦接触到合适的商品，就会迅速做出购买决定，不会再反复对比	要做好商品描述和广告宣传

续表

客户类型	特征	营销策略
感情型客户	最大的特点是忠诚,看重个人感情。非常友善、热情,对商家的价值观认同与否是影响其购物的最直接因素	注意打造符合自身特点的品牌文化和情感氛围,做好感情沟通,如发货时赠送小礼物,在特殊的日子送上祝福等
习惯型客户	在第一次选择后,往往会为了方便,凭借以往的习惯和经验购买。这种购买不容易受他人影响,一般也很少和商家沟通,交易迅速	须保持自己商品的特性、品质及良好的服务,以及经常了解客户购买和使用商品的情况
舆论型客户	看重的不仅是商品本身,还关心有多少人购买了这种商品,以及别人对这种商品的评价,购买行为常被他人意见左右	要用积极的态度与客户沟通并做出正面的暗示,不仅要向客户介绍商品的功能、外界的广告宣传,还可以把购买该商品的客户好评展示出来
随意型客户	没有足够的购物经验,缺乏主见,往往是随意购买	要为客户提供专业且中肯的意见,帮助客户做决定
贪婪型客户	喜欢砍价,且砍得非常"狠",对商品非常挑剔,稍有不满意的地方就以差评要挟商家赔偿	应对这样的客户要慎重,如果没有绝对自信的质量和信用,则建议不要接单。因为,时间和人力都是成本,一味地满足客户要求,耗费的精力可能远大于收益
VIP客户	通常非常自信,认为自己的看法都对,自己最重要。购物时,一旦感觉自己受到了轻视,就会产生非常强烈的抵触心理	尽量顺着客户,当客户认为自己很懂行时,要沉住气,让其畅所欲言,并对其意见表示赞同,鼓励其继续发表看法,让其产生满足感,而此时就是商家推销的最佳时机

③客户忠诚分析是指基于客户对商家的信任度、与商家的来往频率、商家的服务效果、对商家的满意程度,以及继续接受同一商家服务的可能性的综合评估,可以根据具体的指标进行量化。留住老客户要比寻求新客户更加经济,保持与客户之间的沟通、联系,维系和增强与客户的感情纽带,是商家保持竞争优势的有效手段。

④客户价值分析是指商家通过分析对客户的投入成本及从客户身上获得的收益,可以判断出哪些客户能为自己带来利润,是真正有价值的客户。

【案例3-3】

良品铺子洞察客户心声,满足客户的个性化需求

良品铺子创立于2006年,是国内知名休闲零食品牌。目前,该品牌已经覆盖肉类零食、坚果炒货、糖果糕点、果干果脯、素食山珍等多个品类十余种的产品组合,有效地满足了不同客户群体在不同场景下的多元化休闲食品需求。

早在2016年,良品铺子就搭建并上线了"全网顾客心声"系统,收集并分析客户评论和投诉,从客户的角度出发,发现企业或产品中存在的问题。同时,该品牌还专门组织团队从天猫、京东线上平台和线下门店全渠道收集并分析客户反馈,研究客户的需求是什么。

良品铺子通过分析客户反馈来发现客户消费需求的变化,从而建立不同的决策场景,并根据不同的场景提供个性化的产品和服务,以满足客户多样化的需求。例如,良品铺子通过数据分析发现,一些经典产品的销量一般比较稳定,而一些具有新奇感的新款产品会引起客户的"尝鲜热"。因此,良品铺子不断研发新品,拓展产品品类,以实现在休闲零食品类中更全面的覆盖。

借助"全网顾客心声"系统,良品铺子将客户投诉转变为企业发展的动力,其开发的千余款零食，大多是通过从客户研究和大数据分析中获取精准的客户画像，对人群和消费场景进行重新模拟，站在客户的角度研发出来的，最大限度地满足了客户需求，同时扩大了市场份额。

资料来源：张煌强，苏波. 电子商务客户关系管理：第2版［M］. 北京：人民邮电出版社，2022.

3.4.2 客户细分与生命周期管理

1. 客户细分的概念

客户细分（customer segmentation）是指企业在明确的战略、业务模式和市场中，根据客户的价值、需求、偏好等综合因素对客户进行分类，对不同的客户群体提供具有针对性的产品、服务和营销模式。

客户细分的基本思路是从区分消费者的不同需求出发，按照一定的标准把整个市场细分为若干个需要不同产品和不同市场营销组合的子市场，并在此基础上选择一定的目标市场，最后设计相应的营销工具。

2. 客户细分的重要性

（1）有助于最大限度地满足消费者需求

企业可以利用客户细分手段，依据需求变化情况及时调整营销策略，优化产品结构，相应地调整产品价格、广告手段及营销渠道等，最大限度地满足消费者需求。

（2）有助于实现利润最大化

客户细分方法以经济定价理论为基础，针对不同细分群体实施价格"歧视"，可以实现利润最大化。

（3）有助于提高企业购买竞争力

对于资源有限的企业，通过客户细分，可以把有限的资源集中到最有吸引力的市场区域，提高购买竞争力。

（4）有助于提高企业捕捉市场机会的能力

客户细分方法针对客户和竞争者的分析使企业与客户的行为更加契合，减少了与竞争者直接碰撞的机会，同时更加清晰地了解了客户的需求，提高了产品的响应性，进而提高了企业捕捉市场机会的能力。

3. 生命周期管理的概念

生命周期是一种非常有用的工具，标准的生命周期分析认为，市场要经历发展、成长、成熟、衰退4个阶段。需求生命周期理论是更有建设性的生命周期应用理论，该理论假定客户（个人、私有或公有企业）有某种特定的需求（娱乐、教育、运输、社交、交流信息等）希望得到满足，而且在不同的时候会有不同的产品满足这些需求。

作为企业的重要资源，客户具有价值和生命周期。客户生命周期理论也称为"客户关系生命周期理论"，是指从企业与客户建立业务关系到完全终止关系的全过程，是客户关系水平随时间变化的发展轨迹，动态地描述了客户关系在不同阶段的总体特征。客户生命周期可分为考察期、形成期、稳定期和退化期4个阶段。考察期是客户关系的孕育阶段，形成期是客户关系的快速发展阶段，稳定期是客户关系成熟和理想阶段，退化期是客户关系水平发生逆转的阶段（图3-8）。

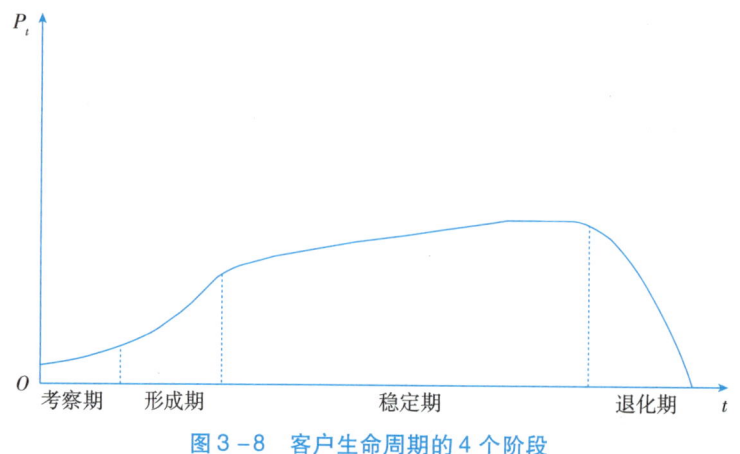

图 3-8 客户生命周期的 4 个阶段

客户生命周期管理关注客户与企业关系的不同阶段，包括潜在客户、首次购买、重复购买和最终流失等。每个阶段都有独有的特征和需求，企业需要相应调整营销策略以满足这些需求。例如，在客户生命周期的考察期阶段，企业需要集中精力吸引潜在客户，通过有效的推广活动和引导策略提高客户的认知度；而在客户首次购买后，企业则应关注客户的满意度，提供优质的售后服务，以促使其再次购买。

4. 客户细分与生命周期管理的重要性

客户细分与生命周期管理是数据驱动客户关系管理中的两个关键组成部分：客户细分将客户划分为不同的群体，使企业能够针对每个群体的特定需求和行为制定个性化的营销策略；而生命周期管理则关注客户在与企业互动过程中的不同阶段，以便更好地满足客户的需求和提升客户体验。

将客户细分与生命周期管理相结合，有助于企业在每个阶段制定更加精细化的策略。通过对客户的细分，企业能够为不同客户的生命周期阶段制定个性化的营销方案。例如，对于新客户，企业可以提供欢迎优惠、引导性内容和个性化的推荐，帮助他们更快地融入品牌；对于活跃客户，企业可以通过忠诚度计划、推荐奖励等方式，提升客户的黏性和购买频率；对于即将流失的客户，企业可以采取挽回措施，如发送特别优惠和个性化的关怀信息，以促进客户回归。

5. 数据分析在客户细分与生命周期管理中的应用

数据分析在客户细分与生命周期管理中的作用至关重要。通过对客户行为数据、购买历史和互动记录的分析，企业能更好地了解客户的需求变化和生命周期进程，从而更加精准地识别客户需求，调整营销策略，优化营销资源配置，以应对市场环境和客户行为的变化，在竞争激烈的市场中占据优势地位。例如，企业不仅可以利用机器学习算法对客户进行预测分析，识别出潜在的流失客户，并提前采取措施予以挽回；还可以通过监测客户反馈和满意度调查，评估不同细分群体的需求变化，以优化产品和服务。

3.4.3 数据分析在客户关系管理中的应用

通过对客户数据进行深入分析，企业能够识别潜在的市场机会，优化客户体验，提高营销效果，进而实现业务增长。数据分析不仅能使企业更好地理解客户需求，还能帮助企业制定基于数据的决策，以提高客户满意度和忠诚度。

1. 客户细分

客户细分是数据分析在客户关系管理中的核心应用之一。通过对客户数据的分析，企业可以根据不同特征（如人口统计信息、购买行为、消费习惯等）将客户划分为不同群体，以便针对各个细分市场制定个性化的营销策略。例如，一些客户可能倾向购买高端产品，另一些客户则更关注产品折扣和促销。了解了这些差异，企业便可更有效地进行产品推广和营销活动，提高转化率。此外，通过客户细分还可以建立客户画像，帮助企业识别高价值客户，制订更具针对性的营销计划。

2. 预测分析

预测分析是数据分析的一个重要应用，是利用历史数据和统计模型预测客户未来的行为。通过分析客户的购买历史、访问模式和互动数据，企业可以预测客户的潜在需求和购买意向，并制定相应的营销策略，如在客户可能再次购买时，通过个性化的电子邮件或推送通知提醒他们。预测分析不仅可用于识别高价值客户，提醒企业重点关注这类客户，提高客户的终身价值；还可用于预测市场需求，帮助企业合理配置资源，优化库存管理。

3. 客户旅程分析

客户旅程分析是通过跟踪客户与企业之间的所有接触点，帮助企业理解客户的体验和需求。数据分析工具能够提供客户在不同渠道（如网站、社交媒体）上的行为数据，使企业识别出影响客户满意度的关键因素。通过客户旅程分析，企业可以发现潜在的瓶颈或痛点，从而采取措施提升客户的体验和忠诚度。例如，客户经常中断购买流程，企业可以通过简化结账过程或提供更多支付选项等方式提升客户体验。客户旅程分析还能进一步地帮助企业实现跨渠道的一致性，确保客户在不同接触点上获得相似的品牌体验。

4. 营销效果评估

数据分析在评估营销效果方面发挥着重要作用。企业可以使用数据分析工具监测各种营销活动的表现，分析不同渠道和策略的有效性。通过跟踪关键绩效指标，企业能了解到哪些活动可以带来较高的投资回报率，并及时调整效果不佳的营销策略。例如，企业可以通过分析社交媒体广告的点击率、转化率和客户获取成本等指标，优化广告投放。此外，数据分析还可以帮助企业进行 A/B 测试，以评估不同广告内容、定价策略或促销活动的效果，从而优化营销方案。这种持续性的评估与优化过程，不仅提升了营销活动的效率，也为企业提供了长期发展的数据支持。

3.4.4 客户关系管理系统的实施案例分析

实施客户关系管理系统是企业数字化转型的重要步骤，有助于企业有效管理客户数据、优化营销流程和提升客户体验。然而，成功实施客户关系管理系统不仅需要技术上的投入，更需要全方位的战略规划和组织支持。通过分析成功的客户关系管理实施案例，企业可以汲取经验教训，制定适合的实施方案，从而实现客户关系管理系统价值最大化。

【案例 3-4】

薇诺娜运用客户数据驱动品牌营销

薇诺娜是一个专注敏感肌肤产品研发的护肤品牌。作为一个新兴护肤品牌，薇诺娜发展迅猛，成为 2020 年"双 11"唯一一进入"天猫美妆"Top10 的国产品牌。薇诺娜能够获得令人瞩目的成绩，

离不开品牌数据运营思维的支持。

薇诺娜早在成立之初就创建了数据部门，建立了自己的数据库，通过分析数据背后的规律了解客户特征，如客户的经济水平、感兴趣的内容等，并根据客户需求研发产品。除此之外，薇诺娜还会使用第三方数据分析工具构建客户画像。例如，通过使用第三方数据分析工具，薇诺娜发现自己的客户有94.22%为女性，关注的焦点为彩妆、护肤，购买的产品价格集中在100~300元。通过分析这些数据，薇诺娜发现，购买护肤品的客户追求的不仅是产品价格的优惠，还注重产品的安全性和性价比。

依据数据分析，薇诺娜精准选择广告投放媒介，对客户实施精准营销。薇诺娜与楼宇电梯智慧屏投放品牌合作，通过分析不同客户的兴趣爱好、楼宇标签等，精准锁定目标客户群体，通过在楼宇电梯中投放广告让品牌渗透到客户的日常生活中，提高品牌在线下的曝光度，从而影响客户的购买决策。

在数据分析的支持下，薇诺娜通过多种线上渠道沉淀私域流量，如投放了微信朋友圈广告，投放目标为18~30岁的敏感肌人群。在广告中，薇诺娜以各种优惠活动吸引客户到小程序下单。此外，薇诺娜还会在产品包裹中附上包裹卡，引导客户关注品牌微信公众号。微信公众号的菜单栏会引导客户添加专业护肤顾问的企业微信号，企业微信号则会向客户发放礼品券吸引客户领取。完成私域流量沉淀后，薇诺娜会对客户进行分层运营。例如，通过包裹卡沉淀的客户更喜欢品牌促销活动，薇诺娜会重点向这类客户发送促销类信息；没有购买记录的客户更喜欢"种草"类内容，薇诺娜会向这类客户推送相关内容，在内容中引导客户在小程序完成产品购买。

薇诺娜与阿里巴巴开展合作共创计划，运用数据实施客户洞察，针对不同的客户群体提炼不同的创意，在"淘系"内实现多点触达，覆盖了从客户产生兴趣到购买的全路径。此外，薇诺娜借助大数据在"淘系"内精准"种草"，不断提升品牌影响力。

在品牌运营中，薇诺娜运用数据分析，为有不同兴趣、消费习惯的客户提供不同的产品信息获取渠道，向客户展示符合其需求的产品，很好地满足了客户个性化的需求，实现了精准营销。

资料来源：张煌强，苏波. 电子商务客户关系管理：第2版［M］. 北京：人民邮电出版社，2022.

【案例3-5】

三只松鼠客户关系管理实施策略分析

三只松鼠创立于2012年，是我国第一家定位于纯互联网食品品牌的企业。三只松鼠的主营产品覆盖了坚果果干、面包糕点、谷物制品、肉食卤味、方便速食等全品类休闲零食，致力于为客户带去质高、价优、新鲜、丰富、便利的零食。

在客户信息管理方面，三只松鼠通过电商平台、微信公众号、微博、线下实体店等收集客户消费信息，包括客户是谁、客户购买的产品是什么、客户购买单价、客户二次购买频率、客户对产品的评论等。三只松鼠通过分析客户对产品的评价，了解哪种口味的产品在哪个地方销量高、哪种产品更受客户的欢迎，为优化产品和研发新品提供参考。此外，三只松鼠通过分析客户信息对客户进行细分，为客户提供个性化服务。例如，当三只松鼠通过分析客户信息发现某个客户群体喜欢某种产品和赠品时，会将这类客户群体标签化，专门为这类客户群体提供符合他们偏好的产品和赠品，为客户制造惊喜。

在客户满意度方面，三只松鼠从产品、包装设计、物流运输、服务等各个方面为客户营造价值感，彰显三只松鼠的与众不同以及给客户带来的超值体验。例如，三只松鼠在为客户提供坚果类产品的同时，还会为客户提供开箱器、开果器、果壳袋、擦手的纸巾等。这种贴心的服务远远超出了客户的期望，为客户创造了极大的惊喜和满足。在电子商务领域，三只松鼠创造性地使用"主人"一词。在三只松鼠的世界中，"主人"是对客户最尊重的称谓。"把自己当成一只真正的松鼠"是三只松鼠对客服人员的基本要求。客服人员会被分为"重口味组""小清新组"等不同风格。在接到客户的咨询信息时，三只松鼠会按照客户的聊天风格为其分配客服人员，为客户提供个性化的接待服务。

在客户关系管理营销方面，三只松鼠采取的策略主要有广告宣传和多渠道销售。三只松鼠与影视作品和综艺节目合作，在多部热播剧、综艺节目中进行品牌植入，大大提高了知名度。三只松鼠的渠道布局包括线上旗舰店、线下实体店和跨界产业"松鼠小镇"。客户可以从多条渠道获得品牌信息，再根据自身需求选择渠道进行消费或参与品牌体验活动。除线上销售渠道外，三只松鼠还积极开拓线下渠道，布局了"松鼠投食店""松鼠小店"，在为客户提供更多便利的同时，很好地宣传了品牌文化。

在布局线上线下销售渠道的同时，三只松鼠还向旅游产业发展，建立了"松鼠小镇"。"松鼠小镇"坐落于芜湖市，是深度融合三只松鼠IP，集文化、旅游、商业于一体，能满足客户多种需求的跨界型主题娱乐综合体。"松鼠小镇"打造了"在娱乐中消费，在消费中娱乐"的商业场景，形成了电商与文化旅游产业的融合互动，打造了多元化的品牌体验运行模式，丰富了品牌服务项目，提升了品牌影响力。

资料来源：张煌强，苏波. 电子商务客户关系管理：第2版［M］. 北京：人民邮电出版社，2022.

章节练习题

一、选择题

1. 数字化营销的核心是（　　）。

    A. 电子邮件营销　　　　　　　　　　B. 社交媒体营销

    C. 利用数字技术和平台实现营销目标　　D. 在线广告投放

2. 下列各项中不属于数字化营销常见渠道的是（　　）。

    A. 搜索引擎优化　　　　　　　　　　B. 电视广告

    C. 社交媒体平台　　　　　　　　　　D. 内容营销平台

3. 在数字化营销中，提高网站流量和搜索引擎排名的关键是（　　）。

    A. 产品质量　　　　　　　　　　　　B. 社交媒体粉丝数量

    C. 搜索引擎优化　　　　　　　　　　D. 广告投放预算

4. 数字化营销中的"转化率"是指（　　）。

    A. 网站访问者的数量

    B. 访问者中实际采取行动（如购买、注册等）的比例

    C. 社交媒体上的点赞和分享数量

    D. 广告点击率

5. 在社交媒体平台上，发布内容通常能获得更高曝光率的时间段是（　　）（以一般规律而言）。
   A. 凌晨 1—3 点　　　　　　　　　　B. 工作日的午休时间
   C. 晚上 10 点后　　　　　　　　　　D. 周末全天
6. 在社交媒体营销中，通常更容易获得的用户分享和互动内容类型是的（　　）。
   A. 长篇大论的文章　　　　　　　　　B. 有趣且富有创意的短视频
   C. 纯粹的产品广告　　　　　　　　　D. 复杂的数据报告
7. 在搜索引擎优化内容中，内部链接的主要作用是（　　）。
   A. 提高网站速度　　　　　　　　　　B. 提升外部网站排名
   C. 帮助用户导航和增加页面停留时间　D. 直接增加搜索引擎收录量
8. 下列各项中对搜索引擎优化内容排名影响最大的因素是（　　）。
   A. 内容长度　　B. 关键词密度　　C. 内容质量和相关性　D. 网站设计
9. 搜索引擎优化内容中，常用的关键词研究工具是（　　）。
   A. Adobe Photoshop　　　　　　　　B. Google Keyword Planner
   C. Microsoft Word　　　　　　　　　D. Canva
10. 在搜索引擎优化中，关键词的布局应优先考虑（　　）部分。
    A. 标题　　　　B. 段落中间　　　　C. 页脚　　　　D. 图片描述
11. 客户关系管理系统的主要目的是（　　）。
    A. 提高生产效率　　　　　　　　　　B. 优化供应链管理
    C. 提升客户满意度和忠诚度　　　　　D. 减少员工数量
12. 可以帮助企业实时分析客户行为和需求的技术是（　　）。
    A. 客户关系管理系统　　　　　　　　B. 数据分析与大数据处理
    C. 社交媒体管理工具　　　　　　　　D. 在线广告投放平台
13. 客户关系管理系统的典型功能不包括（　　）。
    A. 客户数据管理　　B. 销售自动化　　C. 财务报表编制　　D. 客户服务与支持
14. 在客户关系管理系统中，客户细分的主要依据是（　　）。
    A. 客户的地理位置　B. 客户的购买历史　C. 客户的年龄和性别　D. 以上都是

二、填空题

1. 在制定社交媒体营销策略时，企业首先需要明确_____。
2. 为了提高社交媒体广告的转化率，企业通常会利用_____和_____精准定位目标受众。
3. 在社交媒体上发布内容时，_____和_____是吸引用户注意的关键因素。
4. 在搜索引擎优化中，关键词的_____（频率）应适中，避免过度堆砌。
5. 外部链接（也称"反向链接"），是指从_____指向自身网站的链接。
6. 在搜索引擎优化中，_____通常具有更高的转化率，因为它们更具体地反映了用户的意图。
7. 在客户关系管理系统中，_____是将销售流程自动化，以提高销售效率和准确性。
8. 客户关系管理系统可以帮助企业识别和分析_____，以便制定更有效的营销策略。
9. 数字化营销通过_____和_____的结合，实现营销信息的精准投放和个性化推送。

10. 在数字化营销中，_____是一种通过电子邮件向潜在客户或现有客户发送营销信息的策略。

11. 数字化营销中的_____是指利用社交媒体平台进行品牌推广、客户关系管理和销售促进等活动。

12. 在搜索引擎营销中，通过购买关键词广告位提高网站在搜索结果中可见度的方式称为_____。

13. 数字化营销中的_____是指通过创造和分享有价值的内容来吸引和留住客户，并推动其采取行动的营销策略。

三、判断题

1. 数字化营销仅适用于大型企业。（　　）
2. 在数字化营销中，客户数据是无关紧要的。（　　）
3. 数字化营销可以完全替代传统营销渠道。（　　）
4. 在数字化营销中，网站设计和用户体验对转化率没有影响。（　　）
5. 数字化营销的效果可以立即显现。（　　）
6. 社交媒体营销的主要目的是直接促进销售。（　　）
7. 企业应在所有社交媒体平台上开设账号，以扩大品牌影响力。（　　）
8. 社交媒体营销中的数据分析主要关注用户数量和互动率。（　　）
9. 在社交媒体上发布内容时，企业应始终保持正式和专业的语调。（　　）
10. 社交媒体营销中的用户生成内容有助于提升品牌的真实性和可信度。（　　）
11. 搜索引擎优化就是简单地堆砌关键词。（　　）
12. 外部链接的数量越多，网站的搜索引擎优化排名就越靠前。（　　）
13. 客户关系管理系统可以替代传统的销售和客户服务方法。（　　）
14. 客户关系管理系统只能存储客户的基本信息，如姓名和地址。（　　）
15. 实施客户关系管理系统不需要对员工进行培训。（　　）
16. 客户关系管理系统可以帮助企业提高客户满意度和忠诚度。（　　）

四、简答题

1. 简述数字化营销的定义及其常见渠道与平台。
2. 简述数字化营销相比传统营销的优势。
3. 描述一种有效的数字化营销组合策略，并解释其各部分的作用。
4. 简述社交媒体营销中的"精准营销"概念，并举例说明其应用。
5. 简述搜索引擎优化的概念，并举例说明其重要性。
6. 在制定搜索引擎优化策略时，应考虑哪些关键因素？
7. 简述客户关系管理的概念及其重要性。
8. 在使用客户关系管理系统时，企业应如何确保数据的准确性和完整性。

第4章
数字化人力资源管理

本章引言

在当前的数字化时代，人力资源管理正经历着深刻的变革。数字化人力资源管理成为现代企业管理的重要组成部分。通过先进的信息技术和管理工具，企业能够实现人力资源管理的自动化、智能化和个性化，从而提高管理效率、增强员工体验、提升组织绩效。当下，多变的商业环境对组织结构提出了更严苛的要求，数字化组织结构应运而生，旨在更好地助力企业应对挑战、谋求发展。数据驱动的绩效管理依托科学的数据分析和量化评估，已然成为企业提高效率和竞争力的重要手段。借助先进的技术工具平台，企业能在人才管理领域实现更加高效、精确、智能化的运作。

学习目标

1. 了解人力资源的内涵、特点和重要性，以及人力资源管理的职能、职责和目标。
2. 了解数字化组织结构、典型的组织结构模式和劳动定额定员。
3. 了解数字化人才管理中的培训与职业发展、人才盘点、人才晋升体系。
4. 掌握数据驱动的绩效评价技术与工具、目标管理、目标和关键结果。

4.1 数字化人力资源管理概述

进入知识经济和信息化时代后,人力资源成为组织中最宝贵的资产之一。与传统的物质资源不同,人力资源具有独特的内涵和特点,直接影响组织的竞争力和可持续发展。随着数字化技术的迅猛发展,人力资源管理(human resource management)也面临着前所未有的挑战和机遇。

4.1.1 人力资源的内涵、特点和重要性

1. 人力资源的内涵

人力资源是指在一个组织中,所有员工的知识、技能、经验和创造力的总和。人力资源不仅包括员工的智力和体力,还包括员工的态度、价值观和行为。具体来说,人力资源具有以下4个方面的内涵(图4-1)。

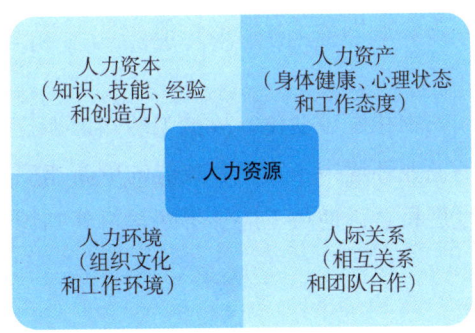

图4-1 人力资源的内涵

(1)人力资本

人力资本是指员工的知识、技能、经验和创造力。这些无形的资产是组织发展的核心驱动力。人力资本的积累和提升是组织持续发展的关键。人力资本不仅是组织的核心竞争力,也是组织创新和变革的源泉。尤其在现代经济中,知识和技能的积累越来越重要,因为它们直接影响组织的创新能力、市场适应能力和长期发展潜力。

(2)人力资产

人力资产是指员工的身体健康、心理状态和工作态度。这3个因素直接影响员工的工作效率和组织的整体表现。身体健康的员工能表现出较佳的工作状态,心理状态良好的员工能更好地应对工作压力和挑战,工作态度积极的员工能更好地激发组织活力。因此,组织需要关注员工的身心健康及工作意义认同感,并为其提供必要的支持和资源。这不仅能提高员工的工作效率,还能减少员工的流失率,增强组织的稳定性与活力。

(3)人际关系

人际关系是指员工之间的相互关系和团队合作。良好的人际关系可以提高团队的凝聚力和工作效率。团队合作不仅能提升工作质量,还能增强员工的归属感和满意度。在现代企业中,团队合作已成为组织成功的关键因素之一。组织建立有效的沟通机制、团建活动和沟通培训,可以促进员工

之间的相互理解和信任，提高团队的协作效率，增强团队的凝聚力。

（4）人力环境

人力环境是指组织文化和工作环境。这两个因素会影响员工的工作满意度和忠诚度。组织文化不仅包括企业的价值观和行为准则，还包括员工之间的互动方式和工作氛围。良好的组织文化可以增强员工的归属感和忠诚度，提高员工的工作满意度。工作环境包括物理环境、心理环境和社会环境。一个积极向上的工作环境可以激发员工的积极性和创造力。例如，开放的办公空间、灵活的工作时间和透明的沟通渠道，都可以营造一个积极的工作环境。

2. 人力资源的特点

相较于其他资源，人力资源具有独特的特点，这些特点决定了人力资源管理的方式和方法。

（1）能动性

员工可以通过自主学习和创新，不断提升自己的能力与价值。这种能动性使人力资源具有无限的潜力和可能性。员工的主动性和创造性是组织创新、发展的关键。组织提供的学习和发展机会，能激发员工的潜能，提升员工的工作能力和效率。例如，员工通过自学新技术或参加培训课程，成功地解决了项目中的关键问题，为企业创造了显著的价值。

（2）时效性

人力资源的价值会随着时间的推移发生变化，故员工的知识和技能需要不断更新与提升才能跟上时代的变化。而在快速变化的商业环境中，知识和技能的更新速度尤其快，组织应建立持续学习的文化，提供多样化的培训和发展机会，使员工能够不断学习新知识、掌握新技能、适应新的工作要求。

（3）再生性

通过培训、实践和经验积累，员工的知识和技能可以不断得到补充和增强。这种再生性使人力资源可以持续为组织创造价值。为此，组织应建立一套完整的培训和发展体系，包括入职培训、在职培训、职业发展规划等，以确保员工的知识和技能不断得到更新和提升，进而提高员工的工作效率。

（4）差异性

每个员工都是独特的个体，具有不同的背景、经验和能力等，这种差异性会影响员工的工作方式和需求。因此，组织应采用个性化的管理策略，针对不同员工的特点和需求，提供不同的支持和资源。

（5）社会性

员工是社会成员，其行为和表现会受到社会环境和文化背景的影响。这种社会性体现为，员工的行为和态度不仅受组织内部因素的影响，还受社会环境和文化背景的影响。因此，组织应关注社会环境的变化，适时调整管理策略，以适应社会发展的需要。

3. 人力资源的重要性

人力资源的重要性主要体现在以下4个方面。

（1）竞争优势

优秀的员工是组织获得竞争优势的关键。在激烈的市场竞争中，人才是决定组织成败的关键因素。优秀的员工不仅具有高超的专业技能，还具有良好的团队合作能力和创新精神。组织可以通过提供有竞争力的薪酬和福利、良好的工作环境和职业发展机会，吸引和留住优秀人才，从而提升组织的整体竞争力。例如，一家咨询公司通过提供有竞争力的薪酬和职业发展机会，引进了大量高素质专业人才，从而在竞争激烈的市场中高质量发展。

（2）创新能力

在知识经济时代，创新已成为组织发展的核心驱动力，而员工的知识和技能是创新的基础。组织可以通过提供多样化的培训和发展机会，激发员工的创新思维，推动技术和管理的创新。例如，一家生物科技公司通过鼓励员工进行跨学科的研究和合作，驱动生物医疗领域创新，成功研发出了新型药物，不仅提升了企业的科研实力，也为企业带来了巨大的经济效益。

（3）组织绩效

员工的工作效率和质量直接影响组织绩效。组织可以通过建立科学的绩效管理体系，准确评估员工的工作表现，为其提供及时的反馈和辅导，帮助员工改进工作，进而实现组织目标。例如，一家软件公司通过科学的绩效考核和薪酬激励机制，有效促进员工不断提高工作质量和效率，从而提升了公司的市场份额。

（4）组织文化

员工的态度和行为塑造了组织文化。组织文化是组织的灵魂，不仅影响员工的工作态度和行为，还影响组织的长期发展。组织可以通过建立积极向上的组织文化，增强员工的归属感和忠诚度，提高员工的工作满意度和工作效率。例如，一家跨国企业通过卓越的文化培训和价值观传播，形成了独特的企业文化，拓展了员工的视野，增强了员工的凝聚力和团队精神。

4.1.2 人力资源管理的职能、职责和目标

1. 人力资源管理的职能

人力资源管理是指通过计划、组织、指挥、控制和协调等手段，有效地管理和开发人力资源，以实现组织的目标。人力资源管理的主要职能有以下6个方面（图4-2）。

（1）招聘与配置

招聘与配置是指通过有效的招聘和选拔程序，吸引和留住合适的人才，确保组织的各个岗位都有合适的员工。招聘与配置的目的是，确保组织拥有足够的人力资源，满足业务需求。

（2）培训与发展

培训与发展是指通过培训和发展计划，提升员工的知识和技能，促进员工的职业发展和个人成长。培训与发展不仅可以提高员工的工作能力，还可以增强员工对组织的忠诚度和满意度。

图4-2 人力资源管理的职能

（3）绩效管理

绩效管理是指通过绩效评估和反馈机制，确保员工的工作表现符合组织的要求和期望。绩效管理的目的是，通过科学的方法评估员工的工作绩效，为员工提供及时的反馈和辅导，帮助员工改进工作。

（4）薪酬与福利

薪酬与福利是指通过合理的薪酬和福利体系，激发员工的积极性和忠诚度，提高员工的工作满意度。薪酬与福利的目的是，通过公平合理的报酬吸引和留住优秀人才。

（5）员工关系管理

员工关系管理是指通过有效的沟通和冲突解决机制，维护良好的员工关系，营造和谐的工作氛围。员工关系管理的目的是，通过良好的沟通和协调解决员工之间的矛盾和冲突，增强团队的凝聚力。

（6）法律与合规

法律与合规是指确保组织的人力资源管理活动符合相关法律法规要求，保护员工的合法权益。法律与合规的目的是，通过合法合规的管理活动避免法律风险，保护员工的权益。

2. 人力资源管理的职责

人力资源管理部门承担着多项职责，这些职责可以确保人力资源管理的有效性和合法性。人力资源管理的职责主要有以下5个方面。

（1）战略规划

战略规划是指制定和实施人力资源战略。战略规划的目的是，通过长远的规划确保人力资源管理活动与组织的整体战略相一致。

（2）政策制定

政策制定是指制定和修订人力资源管理政策和程序。政策制定的目的是，通过明确的政策和程序确保各项管理活动有章可循，提高管理效率。

（3）流程管理

流程管理是指设计和优化人力资源管理流程。流程管理的目的是，通过科学的方法优化管理流程，减少不必要的环节，提高管理效率和效果。

（4）数据分析

数据分析是指收集和分析人力资源数据。数据分析的目的是，通过数据的收集和分析为决策提供科学依据，发现管理中存在的问题和机会。

（5）员工关怀

员工关怀是指关注员工的需求和感受，为员工提供必要的支持和帮助。员工关怀的目的是，通过关心员工的生活和工作提高员工的满意度、忠诚度及生活质量。

3. 人力资源管理的目标

人力资源管理的目标是，通过有效的管理和开发提升员工的工作效率和组织的整体绩效，实现组织的可持续发展。具体而言，人力资源管理的目标主要有以下5个方面。

（1）提高组织绩效

组织绩效的提升不仅取决于员工的工作能力，还取决于员工的工作态度和团队合作。组织可以通过有效的管理和开发，提升员工的工作效率和组织的整体绩效。

（2）促进员工发展

员工的发展不仅有利于个人成长，也有利于组织发展。组织可以通过培训和制订发展计划，帮助员工实现职业发展和个人成长。

（3）增强组织竞争力

组织的竞争力不仅取决于技术和服务，还取决于人才的素质和能力。组织可以通过合理的人力资源配置和管理，提高组织的市场竞争力和可持续发展能力。

（4）维护员工权益

维护员工权益不仅有利于员工的福祉，也有利于组织的稳定和发展。组织可以通过合法合规的管理活动，维护员工的合法权益，建立和谐的劳动关系。

（5）营造良好的组织文化

良好的组织文化可以增强员工的归属感和忠诚度，提高团队的凝聚力。组织可以通过有效的沟通和文化建设，营造积极向上、团结协作的组织氛围。

4.1.3 人力资源管理的发展阶段

人力资源管理的发展经历了多个阶段，每个阶段都反映了当时的社会经济背景和管理理念的变化。人力资源管理发展至今经历了以下4个主要阶段。

1. 人事管理阶段（20世纪初至60年代）

在人事管理阶段，人事管理主要集中在行政事务和日常管理上，如工资发放、考勤记录等，重点关注员工的基本需求和基本权利，如工作条件、安全卫生等。人事管理的目的是，通过规范的管理活动确保组织的正常运作。人事管理的理论基础主要包括泰勒的科学管理理论和梅奥的人际关系理论：泰勒的科学管理理论强调，通过科学的方法提高员工的工作效率；而梅奥的人际关系理论强调，通过改善人际关系，提高员工的工作满意度。

2. 人力资源管理阶段（20世纪60—80年代）

在人力资源管理阶段，人力资源管理不仅关注员工的基本需求，还关注员工的心理需求和发展，如员工的满意度、忠诚度和工作积极性等，强调员工的参与和对员工的激励。人力资源管理的目的是，通过培训和制订发展计划，提升员工能力，促进员工的职业发展和个人成长。人力资源管理的理论基础主要包括马斯洛的需求层次理论和赫茨伯格的双因素理论：马斯洛的需求层次理论强调，通过满足员工的不同需求，提高员工的工作满意度；而赫茨伯格的双因素理论强调，通过激励因素和保健因素提高员工的工作积极性。

3. 战略人力资源管理阶段（20世纪80年代至今）

在战略人力资源管理阶段，人力资源管理被视为组织战略的重要组成部分，不仅关注日常管理，更关注如何支持和实现组织的战略目标，强调人力资源管理与组织战略的整合。战略人力资源管理的目的是，通过战略性的人力资源管理提升组织竞争力，实现可持续发展。战略人力资源管理的理论基础主要包括战略管理理论和竞争优势理论：战略管理理论强调，通过制定和实施战略，实现组织目标；而竞争优势理论强调，通过竞争优势提升组织市场竞争力。

4. 数字化人力资源管理阶段（21世纪初至今）

在数字化人力资源管理阶段，人力资源管理充分利用信息技术和数字工具，实现人力资源管理的自动化、智能化和个性化。数字化人力资源管理关注数据驱动的决策、员工体验的提升和灵活的工作模式。数字化人力资源管理的目的是，通过大数据、云计算、人工智能等技术提高管理效率和效果。数字化工具不仅简化了管理流程，还提供了个性化的服务和支持，有助于满足不同员工的需求。数字化人力资源管理的技术基础包括大数据、云计算、人工智能、区块链等。其中，大数据技术用于收集和分析大量的人力资源数据，云计算技术用于存储和处理数据，人工智能技术用于自动化和智能化管理，区块链技术用于确保数据的安全性和不可篡改性。

4.1.4 数字化时代人力资源管理面临的挑战和发展趋势

1. 数字化时代人力资源管理面临的挑战

（1）如何确保技术更新速度快

信息技术的快速发展使企业必须不断更新和升级人力资源管理系统，否则可能落后于竞争对手。因此，要求企业投入大量资源和技术力量，以保持系统的先进性和有效性。

（2）如何缩小员工的技能差距

数字化转型要求员工具备新的技能和知识，并快速提升数字化素养。因此，要求企业通过组织培训和制订发展计划，帮助员工适应新的工作环境和要求。

（3）如何确保数据安全和隐私保护

大量员工数据的收集和分析，要求企业建立健全的数据安全和隐私保护机制，确保数据不被滥用和泄露，保障员工的隐私安全。

（4）如何进行灵活工作模式的管理

远程工作和灵活工作模式的普及使传统的管理方式不再适用。因此，要求企业采用新的管理工具和方法，确保员工的工作效率和团队协作。

（5）如何提升员工体验

数字化工具虽然提高了工作效率，但是可能导致员工过度依赖技术，影响工作质量和生活平衡。因此，要求企业关注员工体验，提供人性化的管理和支持，确保员工的满意度和幸福感。

2. 数字化时代人力资源管理发展趋势

（1）自动化与智能化

通过引入自动化工具和人工智能技术，实现人力资源管理的自动化与智能化，提高管理效率和准确性。自动化工具可用于处理重复和烦琐的任务，人工智能技术可用于分析数据和提供决策支持。

（2）数据驱动的决策

利用大数据和数据分析技术深入挖掘员工数据，为决策提供科学依据，提高决策的质量和效果。数据分析有助于企业发现管理中的问题和机会，制定更加科学的管理策略。

（3）员工体验的个性化

通过数字化工具提供个性化的服务和支持，满足不同员工的需求和偏好，提高员工的工作满意度和忠诚度。个性化服务包括个性化的培训计划、个性化的福利方案等。

（4）灵活工作模式的支持

通过云计算和移动技术支持远程工作和灵活的工作模式，提高员工的工作灵活性和生活质量。

灵活工作模式可以提高员工的工作满意度，降低企业运营成本。

（5）技能再培训与提升

通过在线学习平台和培训课程，帮助员工不断提升新的技能和知识，适应数字化时代的变化。在线学习平台能为员工提供丰富多样的学习资源，满足员工的学习需求。

（6）伦理与合规性的重视

随着数字化管理的普及，企业需要更加重视数据安全和隐私保护，建立健全数据治理机制，确保人力资源管理活动符合相关法律法规的要求。

（7）社会责任与可持续发展

未来的人力资源管理将更加注重企业的社会责任和可持续发展。通过数字化工具可以更好地管理和评估企业的社会影响，如员工福利、环境保护、社区贡献等。此外，企业需要关注社会环境的变化，调整管理策略，以适应社会的发展。

4.2 数字化组织管理

在早期的组织中，由于规模较小、业务相对单一，组织架构往往较为简单，如直线制或职能制。然而，随着社会的进步和经济的发展，组织的规模逐渐扩大，业务日益复杂，传统的组织架构已难以满足现代组织的需求。当今的组织结构须满足现代企业对效率、灵活性和创新的需求，才能适应快速变化的商业环境，数字化组织结构因此应运而生，成为现代企业管理的重要组成部分。

4.2.1 数字化组织结构

1. 组织结构的定义及其设计

组织结构是指组织内部各个部门和职位之间的关系与联系方式。组织结构不仅是组织内部管理的基础，也是实现组织战略目标的重要手段。一个合理的组织结构可以提高组织的效率和灵活性，促进信息流通，提高决策的科学性。组织结构的设计需要考虑组织的战略目标、业务需求和外部环境等因素。

（1）战略目标

组织结构必须与组织的战略目标相匹配，确保组织在竞争激烈的市场环境中实现长期目标。

（2）业务需求

不同类型的业务对组织结构有不同的要求。例如，制造业可能需要更加严格的层级结构，互联网公司则可能需要更加灵活的网络化结构。

（3）外部环境

外部环境如市场竞争、技术进步和法律法规等的变化，会影响组织结构的设计。组织需要根据外部环境的变化及时调整结构，以保持竞争优势。

2. 数字化组织结构的特点

随着信息技术的发展，数字化组织结构逐渐成为现代企业的标配。数字化组织结构的特点有以下3个方面。

（1）扁平化

扁平化使组织结构通过减少管理层级，加快信息传递速度，灵活做出决策，这一特点主要体现在快速响应市场变化的组织上。扁平化还可以使组织结构减少管理成本，提高员工的参与感和责任感。例如，一些初创公司通过具有扁平化特点的组织结构实现了快速决策和灵活应对市场变化。

（2）网络化

网络化使组织结构通过信息技术连接各个部门和员工，形成网络化的协作关系，促进跨部门的合作和资源共享。这一特点主要体现在需要高度协作和创新的组织上。网络化还可以使组织结构内部的信息流动更加畅通，员工之间的沟通更加便捷。例如，谷歌公司通过内部的协作平台和工具，实现了全球范围的高效协作。

（3）灵活化

灵活化使组织结构能够根据市场需求和业务变化进行灵活调整，快速响应外部环境变化，提高组织适应能力。这一特点主要体现在面临高度不确定性和变化的组织上。例如，一些跨国公司通过具有灵活化特点的组织结构迅速调整资源配置，快速适应不同市场的变化和需求。

3. 数字化组织结构的优势

数字化组织结构的优势主要体现在以下 4 个方面（图 4-3）。

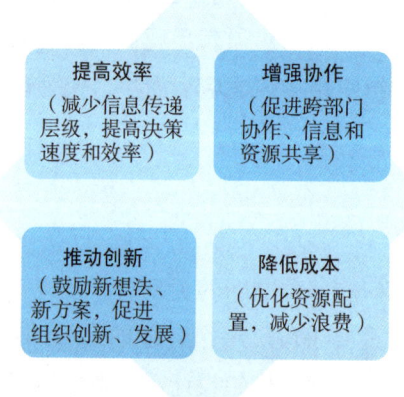

图 4-3　数字化组织结构的优势

（1）提高效率

组织结构的扁平化和网络化特点使组织减少了信息传递层级，提高了决策速度和效率，更利于组织抓住商机。例如，亚马逊通过具有扁平化特点的组织结构实现了快速决策和高效运营。

（2）增强协作

组织结构的网络化特点促进跨部门协作、信息和资源共享，使员工可以随时随地进行沟通和协作，增强了团队的凝聚力、执行力和灵活性，提高了工作效率。例如，微软通过内部协作工具实现了全球范围内的高效协作。

（3）推动创新

组织结构的灵活化特点鼓励员工提出并尝试新想法、新方案，促进了组织的创新、发展。创新是组织保持竞争力的关键，具有灵活化特点的组织结构为创新提供了良好的土壤。例如，特斯拉通过灵活的组织结构，不断推出创新产品和技术。

(4) 降低成本

通过信息技术优化资源配置，降低了运营成本。数字化工具有助于组织更有效地管理人力、物力和财力资源，减少浪费。例如，阿里巴巴通过数字化工具实现了高效的人力资源管理，降低了运营成本。

4.2.2 典型的组织结构模式

随着时代和商业环境的变化，企业组织结构的革新势在必行，传统的层级制结构、矩阵制结构夯实了管理的根茎，而在当下数字化浪潮中，网络化、平台化结构顺势而起，焕发出全新的活力。

1. 层级制结构

层级制结构是最传统的组织结构形式，特点是组织内部有明确的层级关系和职责分工。层级制结构适用于需要严格控制和标准化操作的组织。

层级制结构的优点是：职责明确、管理有序。层级制结构有层级分明的管理流程规范，每个层级的责任和权限非常明确，有助于追责和管理，确保组织各项工作有序进行。

层级制结构的缺点有3个：一是决策速度慢，因为层层上报和请示导致决策过程缓慢，难以快速响应市场变化；二是信息传递不畅，因为信息在层级之间传递时容易失真，影响决策的准确性和有效性；三是，层级分明的结构可能导致员工缺乏参与感和责任感，因为员工往往只是按照上级指示行事，缺乏自主性和创造性。

2. 矩阵制结构

矩阵制结构是一种混合型组织结构，结合了职能型结构和项目型结构的特点。在这种结构中，员工同时隶属于职能部门和项目团队，既接受职能部门的管理，又参与项目的执行。矩阵制结构适用于需要高度协作和创新的项目型组织。在矩阵制结构中，员工需要在多个层级之间平衡职责，从而增加管理的复杂性。

矩阵制结构的优点有3个。一是灵活性高。员工可以在职能部门和项目团队之间灵活切换，适应多变的业务需求。这种灵活性使组织能够迅速调整资源配置，应对市场的变化和挑战。二是资源利用率高。通过跨部门协作，资源可以得到有效利用，避免了资源的闲置和浪费，提高了整体效率。三是创新能力强。多部门协作促进了知识和信息交流，激发了员工的创造力，有利于创新和解决问题。

矩阵制结构的缺点有两个。一是管理复杂。员工需要在多个层级之间平衡职责，增加了管理的复杂性。为了确保各个层级之间的协调一致，管理层需要建立高效的管理机制和沟通渠道，否则可能导致混乱和失控。二是协调难度大。多部门协作需要高效的协调机制，否则可能导致沟通不畅和资源浪费。

3. 网络化结构

网络化结构是一种基于信息技术的新型组织结构，特点是组织内部各部门和员工之间通过信息技术连接，形成网络化的协作关系。网络化结构特别适用于需要高度协作和快速响应的组织。

网络化结构的优点有3个。一是信息流通快。通过信息技术，信息可以在组织内部被迅速传递，员工之间的沟通更加便捷，极大地提高了决策效率。这种快速的信息传递不仅缩短了决策周期，还减少了信息滞后带来的负面影响，确保了组织的敏捷性和灵活性。二是协作能力强。员工可以通过网络化平台进行实时沟通和协作，不仅提高了团队的灵活性和效率，还促进了团队成员之间的相互支持和配合。三是资源共享。跨部门的协作促进了资源共享，避免了资源的重复配置和浪费，提高了资源利用率。

网络化结构的缺点有3个。一是管理难度大。由于信息传递速度快，决策链条短，所以管理层需要具备更高的协调能力和应急处理能力，以确保各项工作顺利进行。二是信息安全风险高。企业需要投入更多资源构建安全防护体系，防止敏感信息的泄露和篡改。三是沟通成本高。虽然沟通更加便捷，但过多的沟通可能增加管理成本。

4. 平台化结构

平台化结构是一种以平台为中心的组织结构，特点是通过平台连接供应商、客户和合作伙伴，形成生态化的合作网络。平台化结构特别适用于需要广泛合作和资源共享的组织。

平台化结构的优点主要有3个。一是资源整合能力强。组织通过平台可以连接各种资源，实现高效的资源整合和利用。二是市场响应速度快。平台上的实时数据和反馈机制使组织能够迅速捕捉到市场趋势和客户需求的变化，及时调整策略和产品，快速响应市场动态，从而在竞争激烈的市场环境中保持领先地位。三是合作广泛。组织通过平台可以与供应商、客户和合作伙伴建立广泛的合作关系，拓展业务范围，实现高效协作。例如，一个医疗健康平台可以连接医院、医生、患者和药品供应商，形成一个全面的医疗服务生态系统，提供更高质量的医疗服务。

平台化结构的缺点有3个。一是平台依赖性强。组织过度依赖平台，可能导致出现平台垄断和控制风险。平台出现问题或政策变化，可能会对组织的运营产生严重影响。二是管理复杂。平台化结构需要复杂的管理机制，确保各方的协调和合作。没有有效的管理机制，可能导致沟通不畅、资源浪费和效率低下。三是合作风险高。与多方合作可能存在信任和利益分配问题，增加合作风险。

4.2.3 劳动定额定员

1. 劳动定额的制定

劳动定额是指在一定时间内完成某项工作任务需要的时间、数量和质量的标准。劳动定额是企业管理的重要工具，有助于企业合理分配资源、提高生产效率。劳动定额通常包括时间定额、产量定额和质量定额。时间定额是指完成某项工作任务所需的时间标准，产量定额是指在一定时间内应完成的工作量标准，质量定额是指完成任务的质量标准。

劳动定额的制定需要综合考虑以下4个因素。

（1）任务性质

不同类型的任务对时间和质量的要求不同，需要根据任务的性质制定合理的定额。

（2）员工技能水平

员工技能水平会影响任务的完成时间和质量，需要根据员工技能水平制定定额。

（3）设备条件

设备的先进程度和可用性会影响任务的完成效率，需要考虑设备条件制定定额。

（4）环境因素

工作环境的条件，如温度、湿度等会影响任务的完成效率，需要考虑环境因素制定定额。

2. 定员管理的方法

定员管理是指根据企业的业务需求和岗位要求，合理配置员工数量和设置岗位。有效的定员管理可以确保企业在不同发展阶段的人力资源需求得到满足，避免人浮于事或人手不足的情况。常见的定员管理方法有以下4种。

（1）岗位分析

岗位分析是指通过对岗位职责、工作内容和工作要求的分析，确定岗位的定员标准。岗位分析通常包括岗位描述、岗位职责、任职资格等内容。岗位分析可以帮助企业明确每个岗位的工作内容和要求，为定员管理提供依据。例如，一家制造企业通过岗位分析明确了生产线上各岗位的具体职责和要求，为合理配置员工提供了依据。

（2）工作量分析

工作量分析是指通过对工作量的统计和分析，确定完成工作任务所需的人员数量。工作量分析通常包括工作时间、工作频率、工作强度等内容。工作量分析可以帮助企业了解每个岗位的工作负荷，合理配置人力资源。例如，一家物流公司通过工作量分析确定了各岗位的工作量，对人员进行了合理配置，提高了工作效率。

（3）历史数据分析

历史数据分析是指通过对历史数据进行分析，预测未来的用工需求。历史数据分析通常包括过去的员工数量、工作量、绩效数据等内容。历史数据分析可以帮助企业了解过去的人力资源使用情况，为未来的定员管理提供参考。例如，一家零售企业通过历史数据分析预测了节假日高峰期的用工需求，提前进行了人员调配，确保了运营的顺利进行。

（4）标杆管理

标杆管理是指借鉴行业内的最佳实践，设定合理的定员标准。标杆管理通常包括对标企业的组织结构、定员标准、管理方法等内容。标杆管理可以帮助企业了解同行的最佳实践，提高自身管理水平。例如，一家银行通过标杆管理学习了业内领先企业的定员标准，优化了人力资源配置，提高了服务质量和客户满意度。

3. 数字化工具在劳动定额定员管理中的应用

在劳动定额定员管理中，常见的数字化工具有以下4种。

（1）人力资源管理系统

人力资源管理系统通常包括员工档案管理、招聘管理、培训管理、绩效管理等功能。通过人力资源管理系统，企业可以实时监控人力资源的使用情况，及时调整定员标准，高效地管理员工信息、设置工作岗位和统计工作量。例如，一家大型企业通过人力资源管理系统实现了员工信息的集中管理和实时更新，提高了人力资源管理的效率和准确性。

（2）工作量分析软件

工作量分析软件通常包括工作统计、工作强度分析、工作频率分析等功能。通过工作量分析软件，企业可以准确地统计和分析工作量，量化每个岗位的工作负荷，确保人力资源的合理配置。

例如，一家软件开发公司通过工作量分析软件对开发任务进行了详细统计，合理安排了开发人员的工作量，提高了项目的交付效率。

（3）绩效管理系统

绩效管理系统通常包括绩效目标设定、绩效评估、绩效反馈等功能。通过绩效管理系统，企业可以评估员工的工作绩效，为定员管理提供依据。例如，一家销售公司通过绩效管理系统对销售人员的业绩进行了全面评估，合理调整了销售团队的人员配置，提高了销售业绩。

（4）数据分析工具

数据分析工具通常包括数据清洗、数据挖掘、数据可视化等功能。通过数据分析工具，企业可以对历史数据进行深入分析，发现潜在的问题和机会，预测未来的用工需求，制定科学的定员管理策略。例如，一家制造业企业通过数据分析工具对生产数据进行了深入分析，发现了生产瓶颈和优化点，制定了科学的定员管理策略，提高了生产效率。

4.3 数据驱动的绩效管理

进入数字化时代后，数据驱动的绩效管理成为企业提高效率和竞争力的重要手段。传统的绩效管理往往依赖主观判断和经验，而数据驱动的绩效管理则通过科学的数据分析和量化评估，使管理更加客观、精确和高效。

4.3.1 数据驱动绩效评价技术与工具

绩效评价是绩效管理的核心环节。通过科学的评价方法和工具，可以准确地评估员工的工作表现和贡献。常用的数据驱动绩效评价技术与工具有以下 4 种。

1. 关键绩效指标

关键绩效指标是指衡量员工或团队绩效的关键指标，其选择和设定是绩效管理的基础。关键绩效指标的选择应与企业的战略目标紧密相关，确保每个员工的努力方向与企业的整体目标相符，有效的关键绩效指标应具体（specific）、可衡量（measurable）、可达成（achievable）、相关（relerant）有时限（time - bound）（SMART 原则）。例如，一家销售公司可能设定"年度销售额增长 20%"作为关键绩效指标。这既明确了目标，又设定了具体的衡量标准。通过定期监测关键绩效指标，企业可以及时发现绩效问题并采取相应措施。

2. 平衡计分卡

平衡计分卡（balanced score card）是由哈佛商学院教授罗伯特·卡普兰（Robert Kaplan）和诺顿咨询公司创始人戴维·诺顿（David Norton）于 1992 年提出的一种绩效管理工具。它突破了传统财务指标的局限性，从财务、客户、内部流程及学习与成长 4 个维度综合评估组织绩效（图 4 - 4）。这种多维度的评估方法提供了全面的绩效视图，有助于企业识别和解决潜在的问题，制定全面的改进措施。例如，企业的财务维度表现良好，但客户维度表现不佳。这时，企业可以重点优化客户服务流程，提高客户满意度。

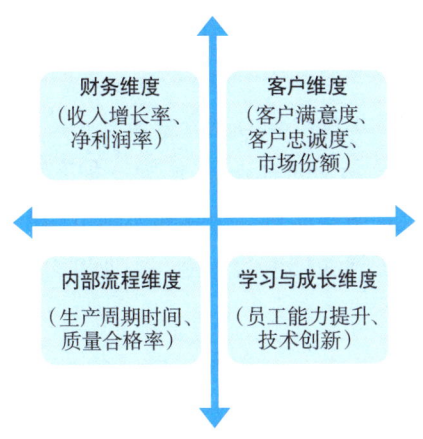

图 4-4 平衡计分卡的四个维度

(1) 财务维度关注企业的财务表现,如收入增长率、净利润率等指标。这些指标反映了企业的经济效益和盈利能力。

(2) 客户维度关注客户满意度、客户忠诚度、市场份额等指标。这些指标反映了企业在市场中的竞争力和客户关系的质量。

(3) 学习与成长维度关注员工能力提升、技术创新等指标。这些指标反映了企业的可持续发展能力和未来潜力。

(4) 内部流程维度关注企业内部的运营效率,如生产周期时间、质量合格率等指标。这些指标反映了企业内部的管理水平和效率。

应用平衡计分卡可以帮助企业实现短期财务目标与长期战略目标的平衡,确保各项经营活动朝着正确的方向前进。

3. 360 度反馈

360 度反馈是一种多角度的绩效评价方法,涵盖了多个反馈者对个体绩效的反馈,包括同事、上级、下级、客户及自我的反馈,全面评估个体的表现。这种方法可以提供更全面、更客观的绩效评价,帮助员工获得全方位的反馈信息,了解自己的优点和不足,为员工的个人发展提供指导。例如,一位项目经理可能在上级和同事的评价中表现出色,但在下级的评价中显示出领导能力不足。通过这些反馈,该经理可以了解自己在工作中的表现,发现自身的盲点和改进空间,从而有针对性地提升自己的领导能力,提高团队的整体绩效水平。

4. 数据分析工具

现代企业通常使用各种数据分析工具来支持绩效评价。这些工具可以帮助人力资源管理者快速处理大量数据,生成直观的图表和报告,为决策提供支持,提高绩效评价的效率和准确性。常用的数据分析工具有 Excel、Tableau、Power BI、SAP Success Factors 等。Excel 是一款功能强大的电子表格软件,适合小型企业和简单的数据分析任务;Tableau 和 Power BI 是专业的数据可视化工具,可以生成动态图表和交互式仪表盘,帮助人力资源管理者直观地了解绩效数据;SAP SuccessFactors 是一个一体化的人力资源管理平台,集成了绩效管理、人才管理和培训等多种功能,适用于大型企业。可见,数据分析工具不仅能提高绩效管理效率,还能增强数据的可视化和可解释性,帮助管理者更好地理解绩效状况。

4.3.2 目标管理和目标与关键结果

进入数字化时代后，企业面临的市场环境日益复杂多变，传统的绩效管理模式已难以适应快速变化的需求。目标管理（management by objectives）作为一种有效的管理手段，被广泛应用于企业绩效管理中。目标管理强调通过设定明确的目标引导和激励员工行为，提升组织的整体效能。在数字化背景下，目标管理通过数字化工具和技术的支持，实现更加精准、动态和灵活的绩效管理。

1. 目标与关键结果

目标与关键结果（objectives and key results）是一种目标管理工具，是一种先进的绩效管理框架，由英特尔公司创始人安迪·葛洛夫（Andy Grove）发明，近年来受到越来越多企业的青睐。目标与关键结果的核心在于设立具有挑战性的目标，并通过具体可量化的关键结果衡量目标的实现程度。这种方法不仅能激发员工的主动性和创造性，还能帮助企业更有效地跟踪和评估绩效成果。

在目标与关键结果体系中，目标的设定至关重要。一个良好的目标应具备以下5个特点：一是具体明确，即目标须清晰地描述出期望达到的状态或成果，避免模糊不清；二是可衡量，即目标要能够通过具体的指标或标准衡量其完成程度；三是具有挑战性，即目标应具有一定难度，又不至于遥不可及，这样可以激发团队成员的潜力；四是与公司战略一致，即所有目标都应与公司的长期发展方向相契合，确保资源的有效配置；五是遵循SMART原则，即目标应具体、可衡量、可达成、相关、有时限。

设定目标的过程包括4个步骤：第一，明确战略方向，确保每个目标都与公司的长期战略一致；第二，分解目标，将公司的总体目标细化为各个部门和团队的具体目标；第三，细化目标，将团队目标进一步拆解为个人目标，确保每个人都明确自己的责任和任务；第四，设定挑战性，确保目标具有一定难度，能够激发团队的积极性和创造力。通过这些步骤，可以确保目标的设定既符合公司的战略方向，又能激发团队的潜能。

2. 关键结果的选择

在目标与关键结果体系中，关键结果是衡量目标是否达成的具体指标，每个目标通常对应2~5个关键结果。这些关键结果应具体量化，能够直接反映目标的进展情况。如果目标是"提高客户满意度"，那么关键结果可能包括"客户投诉率降低20%"和"客户回访率提高15%"。在选择关键结果时，应遵循4个重要原则：一是关键结果必须是具体量化的，能够通过具体的数字或指标衡量；二是关键结果应是员工可以控制的，避免外部不可控因素导致目标无法达成；三是关键结果应与目标密切相关，能直接反映目标的实现程度；四是关键结果应有明确的时间限制，确保目标能在规定的时间内完成。通过这些原则，可以确保关键结果的有效性和可操作性，从而更好地支持目标的实现。

3. 目标与关键结果的沟通

目标和关键结果一旦确定，就要在整个团队内部进行充分的沟通，确保每个人都清楚自己负责的部分。同时，团队成员之间应建立良好的协作关系，共同推进目标实现。定期召开目标与关键结果会议，讨论目标进展、存在的问题及解决方案，有助于保持团队的动力和凝聚力。有效的沟通是确保团队成员充分理解和积极参与的关键。沟通方式主要包括书面沟通、口头沟通和一对一沟通：

书面沟通可以采用电子邮件、内部网站等方式，将目标和关键结果书面化，确保每个人都能随时查阅；口头沟通可以采用定期召开团队会议的方式，讨论目标进展和存在的问题，促进团队成员之间的交流和协作；一对一沟通是指管理者与团队成员进行深入交流，了解团队成员的想法和建议，为其提供必要的支持和指导，增强团队凝聚力。

4. 定期回顾与调整

目标与关键结果不是一成不变的，而是需要根据实际情况进行定期回顾和调整。一般来说，每个季度结束时，团队都应对当季的目标与关键结果进行总结，评估目标完成情况，并据此调整下一阶段的目标与关键结果。这一过程不仅能帮助团队及时纠正偏差，还能激发成员之间的良性竞争，推动整个组织向前发展。

定期回顾与调整过程包括4个步骤：第一，评估完成情况，即根据关键结果的达成情况，客观评估目标的完成程度；第二，总结经验教训，即回顾目标达成过程中遇到的问题和成功的经验，为后续工作提供宝贵的参考；第三，调整目标和关键结果，即结合当前的业务状况和市场变化，适时调整下一阶段的目标和关键结果；第四，制订行动计划，即基于回顾结果，制订详细的行动计划，确保目标能够顺利实现。通过这些步骤，企业能够及时发现并解决问题，不断优化绩效管理流程。

4.3.3 数字化绩效管理的最新应用

随着云计算、大数据、人工智能等前沿技术的不断成熟，数字化绩效管理的应用场景正在不断扩大，为企业带来了更多的可能性。当前，数字化绩效管理的最新应用如下。

1. 智能绩效管理系统

智能绩效管理系统是结合了云计算和大数据技术的综合性管理平台，可以自动收集和分析员工的工作数据，生成详细的绩效报告，并提供个性化的改进建议。例如，阿里巴巴的人力资源部门开发了一套名为"天池"的人才发展平台。该平台利用大数据分析技术，为每位员工定制了职业发展规划路径，帮助他们更好地实现个人价值。智能绩效管理系统具有5项功能：一是数据采集，即自动采集员工的工作数据，如任务完成情况、项目进度等；二是数据分析，即对采集到的数据进行分析，生成详细的绩效报告；三是个性化建议，即根据员工的工作表现，提供个性化的改进建议和发展路径；四是实时监控，即支持实时监控员工的工作进度，及时发现和解决问题；五是协作工具，即支持团队成员之间的协作和沟通，提高工作效率。

2. 虚拟现实培训

虚拟现实技术在绩效管理中的应用日益增多。通过构建逼真的视、听、触、嗅、味等各个感觉一体化的虚拟工作场景，员工可以在模拟环境中练习和提升技能，系统会自动记录员工在训练中的表现，作为绩效评估的一部分。这种方式特别适用需要高度实践操作能力的职业培训，如航空飞行员、外科医生等。例如，波音公司将虚拟现实技术与传统飞行模拟舱结合在一起，为飞行员提供模拟飞行训练，显著提高了培训效果和安全性。

3. 区块链技术

区块链技术以"去中心化"、不可篡改等特点，在绩效管理中找到了应用场景，包括数据安全、资质验证和透明度提升等。通过引入区块链技术，可以确保所有绩效数据的完整性和不可篡改性，增强员工对绩效评价过程的信任感。此外，区块链还可用于记录和验证员工的资格证书、培训经历等信息，简化人力资源管理流程。例如，某知名跨国企业在全球范围推行了基于区块链的员工档案管理系统，有效提升了数据的安全性和透明度。

4. 自动化绩效评估

自动化绩效评估是指利用机器学习算法自动评估员工的工作表现。采用自动化绩效评估方法可以减少人为因素的影响，提高评估的客观性和公正性。例如，谷歌的人力资源部门开发了一款名为 People Analytics 的工具，能够自动分析员工的工作日志、电子邮件往来等数据，生成详细的绩效报告，并提出改进建议。此外，该工具还支持自定义评估标准，可以根据不同岗位的特点灵活调整评估模型。自动化绩效评估的应用场景包括：一是行为分析，即通过分析员工的工作日志和电子邮件往来，识别出高效工作模式和低效工作模式，为管理者提供改进建议；二是情绪分析，即通过自然语言处理技术分析员工在社交媒体上的评论，了解员工的情绪状态和工作态度；三是绩效预测，即根据历史绩效数据和外部环境变化，预测员工未来的绩效表现，帮助公司提前制订人才储备和培养计划；四是自动报告，即自动生成详细的绩效报告，展示员工的各项指标完成情况，为管理者提供决策支持。

5. 协作平台集成

随着远程办公模式的普及，许多企业开始采用协作平台管理团队工作。这些平台不仅支持文件共享、任务分配等功能，还可以与绩效管理系统无缝集成，实现对员工绩效的实时监控。例如，Slack 是一款流行的团队协作工具，提供了一个名为 Performance Reviews 的功能模块，允许管理者在平台上直接发起绩效评估流程，收集来自团队成员的反馈意见，并生成综合评价报告。任务管理、文件共享、绩效评估和沟通协作等都是其极佳的应用场景。

6. 员工自助服务

为了提高绩效管理效率，许多企业推出了员工自助服务平台，员工可以自主查询个人绩效、提交反馈意见、申请培训等。这种方式不仅减轻了人力资源部门的工作负担，还增强了员工的参与感和归属感。例如，微软在内部网站上设立了一个名为 MyPerformance 的自助服务区，员工可以随时查看自己的绩效评分、获取职业发展建议等。

7. 动态激励机制

数字化绩效管理不仅关注员工过去的表现，更注重激发员工未来的潜力。因此，许多企业开始探索动态激励机制，根据员工的实时表现调整奖励方案。例如，某电商巨头推出了一项名为"即时激励"的计划，当员工完成特定任务或达到某个里程碑时，系统会自动发放奖金或礼品券，以此来提高员工的工作积极性和创新能力。动态激励机制的应用场景包括即时激励、个性化激励等，如根据员工的兴趣和偏好，提供个性化的激励措施，提高激励效果。

未来，随着新技术的不断涌现，数字化绩效管理的应用场景将进一步拓展，为企业带来更多的发展机遇和挑战。作为管理者和员工，应积极拥抱变革，不断提升自身数字化素养，共同推动组织向更高水平迈进。

4.4 面向未来的数字化人才管理

进入数字化时代后,数字技术不仅重塑了人们的日常生活,还重塑了组织的运营方式,这种转变尤其表现在人力资源管理领域。数字化不再是一种新兴趋势,而是成为现代组织不可或缺的一部分。

数字化人才管理意味着不再是依赖传统的、线下的管理方式,而是开始借助先进的技术工具和平台,更加高效、准确地管理人才。这涉及从招聘到离职的每个环节,旨在确保组织的人力资源活动与业务战略紧密结合。

4.4.1 培训与职业发展

1. 培训

(1) 培训的概念与流程

培训是企业为员工提供的一种教育活动,旨在帮助员工获得完成工作所需的技能,并建立人才储备。培训可以采取不同的形式,包括简单的职位交接、课堂讲授或互联网课堂等,持续时间也可能从短短的几天到数月不等。培训是提高员工能力水平、帮助员工适应工作需要、建立企业人才梯队和提升业务增长潜力的有效途径。具体的培训流程分为3个阶段10个环节(图4-5)。

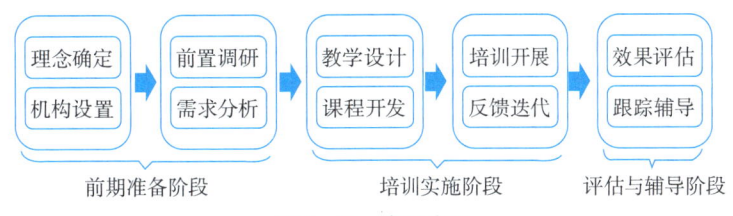

图4-5 培训流程

① 前期准备阶段。前期准备阶段包括理念确定、机构设置、前置调研及需求分析4个环节。

a. 理念确定是指企业需要结合自身战略和价值观,明确培训工作的战略定位和主导方向,以此指导培训工作的展开。

b. 机构设置需要明确组织架构和师资体系。在组织架构方面,需要确定培训业务的主管部门是隶属业务部门、人力资源部门,还是作为单独机构直接隶属企业管理层。在师资体系方面,需要明确培训部门的人员构成和岗位职责等。

c. 前置调研的目标是深入了解,捕获员工的培训需求、期望和现有的能力差距。为了获得这些信息,企业可以采用多种方法,如在线问卷、面对面或远程访谈、小组讨论等,帮助培训实施团队了解具体的学习内容和形式偏好。

d. 需求分析要面向组织运营需要,从企业内外部进行,明确企业在人才发展上面临的挑战,如业务类型、员工特点、行业竞争态势等,并在此基础上聚焦培训的关键人群和关键内容,明确培训的对象(入职时间、岗位类型)、时限、任务等。

② 培训实施阶段。培训实施阶段包括教学设计、课程开发、培训开展及反馈迭代 4 个环节。

a. 教学设计要从员工和业务两个方面出发，针对企业的战略发展需要确定核心业务。基于此，培训团队须进一步设计教学形式、教学内容、时间分配方案、教学方法等。

b. 课程开发主要在需求分析的基础上进行。首先，确定主题和方案，进行课程内容和教学程序的设计；其次，对课程进行试点，开展试验评估工作；最后，交付课程，将课程投入使用。在此过程中，要注重知识库、知识管理平台等技术手段的应用。

c. 培训开展主要是根据企业的时间安排，推动员工参加课程，并提供必要的支持服务，如在线答疑、论坛讨论等。

d. 在培训开展过程中，需要有反馈迭代机制不断收集和分析参与者的反馈。这种持续的互动有助于培训团队了解课程的实际效果、教学方法的有效性及员工的学习体验等关键因素。根据这些建议和反馈，培训团队可以迅速调整和优化课程内容、教学方法或其他相关培训元素，确保培训始终符合员工的实际需求和组织目标。

③ 评估与辅导阶段。评估与辅导阶段包括效果评估和跟踪辅导 2 个环节。

a. 效果评估主要依据柯氏四级评估模型，从反应层、学习层、行为层、成果层 4 个层次对培训效果进行评估。这 4 个层次分别对被培训者的满意程度、学习获得程度、知识运用程度，以及培训产出的经济效益进行评估。

b. 培训结束后，后续跟踪辅导环节的主要目的是监测和支持员工将所学知识和技能转化为实际工作中的行为和成果。这通常涉及定期检查员工的工作表现，与直接上级进行沟通，或通过一对一的辅导会议提供个性化的建议和指导。

（2）数字化培训

数字化培训是指企业采用云计算、大数据、人工智能、物联网等先进技术对员工进行培训，旨在使培训流程和内容实现数字化和个性化。企业过去依赖传统的培训方法，如主管领导带学、分发书籍资料、组织大型讲座等，存在成本高、时间长、场地和师资需求大等问题。此外，密集的培训可能导致员工疲劳，难以长时间集中注意力，特别是年轻员工更重视培训中的趣味性和个性化。

随着数字技术的发展，企业有了更多工具和方法来优化员工的培训体验。在线培训提供了时间和空间的灵活性，减少了人力和物力成本。通过人工智能技术，企业可以创建仿真的业务场景，为员工提供情景式培训，帮助其更好地理解和应用知识。未来，数字化培训将采用更多创新方法，如虚拟现实技术和增强现实技术提供的沉浸式学习体验，深度学习和机器学习被用于个性化学习路径，确保员工获得最相关和最有用的知识。

（3）数字化培训的类型

企业数字化培训已经演化出远程化培训、智能化培训和个性化培训 3 种主要类型。

① 远程化培训利用网络平台，提供直播或录播的培训内容，打破地域限制，使不同地区的员工都能同步接收知识。远程化培训支持在线提交作业和完成培训考核，使培训更加灵活，并能迅速获取反馈，优化内容与方法。

② 智能化培训将人工智能引入培训环节，提供智能监考、智能陪练、智能推荐等多元化应用场景。通过丰富的学习数据训练，人工智能可以为员工提供更贴近实际需求的培训体验。例如，模拟

各种路况和意外情况，提供逼真的模拟驾驶环境。

③个性化培训综合运用各种数字技术手段，推动培训和业务相互贯通，监督员工的工作行为，发现员工的问题，制定个性化的培训方案，并对培训效果进行追踪反馈。例如，借助人才地图动态定位每位员工的最近发展区，将员工的学习与工作中的实际情况联系在一起，帮助员工在当前与未来的工作中将学习到的知识转化为经验和能力。

2. 职业发展

（1）职业发展的概念

职业发展又称"职业生涯"或"职业生涯计划"，涉及个体在整个职业生涯中的进步、增长和转变。职业发展不仅包括知识和技能的提升，还包括职位晋升，跨部门或跨领域的转移及职业生涯规划（career planning）。尽管职业发展与培训都涉及知识和技能的提升，但二者有一定的区别：职业发展注重长远的发展和规划，而培训注重短期的技能提升。

（2）数字化时代的职业发展

首先，在数字化时代，许多传统岗位将被自动化或被取代，员工将在不同岗位之间流动，构成了不同的职业发展路径。对于个人来说，需要注重职业生涯规划的匹配。职业生涯规划是指帮助个体意识到自己的技能、兴趣、知识、动机和其他特征，获得关于各种机会和选择的信息，确定与职业相关的目标，以及制订行动计划来实现这些特定目标的正式过程。职业生涯规划旨在确保个体的职业发展与自身愿望和市场需求相匹配，从而使个体在职业生涯中获得满足感和成功。因此，为了有效进行职业生涯规划，个体需要借助科技和数字化工具进行自我评估、探索不同的职业路径、设定目标、制定策略，并持续地评估和调整自己的规划。

其次，企业越来越依赖数字技术管理和发展人才，其中数字化人才发展档案的形成是这一变革的核心部分。该档案为企业提供了一个全面的视角，不仅涉及员工的技能、专业知识、工作风格、动力、志向等，还纳入了员工的兴趣爱好、长期愿景和短期目标。对于企业来说，通过该档案不仅能了解员工当前的状态，还能不断更新和完善档案内容，从而更加有针对性地为每位员工配置合适的资源，以实现人才的最优化培养。同时，管理者可以利用这些档案更全面地洞察和理解团队，确保每位员工的职业发展与团队和企业的目标紧密相连。

此外，在线个人发展计划（individual development plan，IDP）和绩效改进计划（performance improvement plan，PIP）等在线工具，不仅能使员工实时跟踪自己的发展情况和个人绩效，还能为企业收集大量的相关数据。IDP是一个数字平台，允许员工在线制定、调整和追踪自己的发展目标与计划，使员工和管理层都能实时查看进度从而确保目标实现。PIP与IDP相似，更侧重帮助在某些领域表现不佳的员工，为他们指出需要改进的地方，并提供具体的步骤和资源以提高他们的绩效。

（3）数字化全职业生涯能力提升

全职业生涯能力提升是现代职场的核心理念，强调组织应自员工入职起至退休全程投资其学习与成长。这要求企业从更宽广的角度审视员工的职业生涯，关注他们在不同阶段面临的挑战与机遇。

在数字化背景下，企业不仅看重员工现有的技能，更关注员工未来的潜力。例如，"项目管理"是涵盖时间管理、团队协作、风险评估及沟通等多方面能力的综合体。这种综合性能力的培养，使培训内容更加丰富多元。

为了使员工发展与组织目标保持一致，企业需要重新思考能力需求与职业路径的结合方式。这不仅包括为员工提供必要的技能培训，还包括规划员工的长期职业发展，让员工清晰地认识到自己的职业目标及其实现途径，从而激发员工的工作热情与积极性。贝辛在《HR 科技 2021：权威指南》一书中提出的"能力学院"模式，正是这一理念的具体实践。该模式摒弃了传统培训中心的标准化课程，转而采用灵活、个性化的学习方案，由企业内部专家与外部讲师共同设计，确保学习内容既能满足当前业务需求，也能随时间变化而不断调整，助力员工实现全职业生涯的成长与发展。

4.4.2 人才盘点

1. 人才盘点的概念

人才盘点（talent review）是企业用以评估人力资源状况的管理工具。随着企业规模的扩张，仅凭直觉和传统方法管理人才已远远不够，因此人才盘点作为一种系统化的方法应运而生，旨在通过对员工技能、经验、潜力和表现的评估，提供一个更加客观和全面的人才资源概览。

2. 人才盘点的内部动因

随着企业发展和规模扩大，员工数量增加，人才识别与管理难度加大。而人才盘点涉及对每位员工的技能、知识、经验及文化契合度的全面评估，以发现人才优势，识别待发展领域，规划职业路径，评估潜在风险。通过这种方式，员工能增强自我认知能力；企业能获得详细的"人才账本"，实现对员工能力和表现的数据化管理，为决策提供依据。此外，人才盘点作为综合审查过程，促进了管理团队对关键人才的深入讨论，为其制定了合理的管理建议和发展方向。总之，人才盘点是企业精确管理人力资源的关键工具，不仅确保关键岗位有合适的人选，还支持企业实现长期战略目标。

3. 人才盘点的外部动因

企业进行人才盘点主要受外部环境变化和内部需求驱动。党的二十大报告强调科技、人才与创新的重要性，提出科教兴国、人才强国和创新驱动发展战略，要求企业积极响应国家号召，加强人才的培养与开发。经济增速放缓、行业竞争加剧，促使企业提升品牌、运营效率和管理能力等综合竞争力，而这一切的核心在人才。数字化转型、平台化、大数据和人工智能的应用导致新型人才短缺，企业需要重视内部人才的全面升级，提高人才管理的成熟度和储备质量。要适应这些变化，企业需要定期盘点人才资源，明确技能和知识结构，确保内部培训的有效性和企业发展的可持续性。

4. 人才盘点的实施

人才盘点不仅是对员工能力和潜力的评价，更是对组织未来发展方向的明确和对现有资源的最大化利用。通过这一结构化、系统化的流程，企业可以更好地理解和应对人才需求，为未来的挑战做好准备，并持续推动业务增长和创新。人才盘点的实施流程可归纳为以下 8 个环节。

（1）确定盘点目标

确定盘点目标是指明确人才盘点的目标、范围和预期结果，确保与企业整体战略对齐，其中包括识别关键岗位、预测未来人才需求或发现具有领导潜力的员工。此环节的成功决定了人才盘点的方向。

(2）数据收集

数据是人才盘点的基础。数据收集包括收集员工基本信息（如工作经历、教育背景、技能证书等）、工作表现数据（如绩效评价、项目成果、奖惩记录）及软性因素（如工作态度、价值观、人格匹配）。此环节的准确性直接影响后续评价和分析的质量。

（3）选择评价方法

选择评价方法是指根据目标和数据，选择最合适的评价工具。例如，面试可以深入了解员工的经验和见解，360度反馈可以提供全面的工作表现评价。

（4）实施人才评价

实施人才评价是指有效应用所选评价方法，确保评价的一致性和公正性。可进行一对一的面谈，了解员工的技能、成就及职业规划。此环节要求人力资源团队具备高水平的交流和评价技巧。

（5）数据分析

数据分析是指对收集的数据进行深入分析，找出员工的优点和不足，为员工提供个性化的培训和发展机会。识别高潜力员工，制订培养计划或继任计划，确保组织未来领导层的连续性和稳定性。

（6）制定人才策略

制定人才策略是指基于数据分析结果，制定有针对性的人才策略，包括加强招聘、提供培训和发展机会、晋升有潜力的员工或奖励优秀表现者。

（7）实施人才计划

实施人才计划是指将人才策略付诸实践，改进招聘流程，增加培训项目，建立有效的激励机制。此环节的实施效果直接决定企业人才策略的成功与否。

（8）定期评价与优化

人才盘点是一个持续的过程，企业需要定期评估人才策略的实施效果，及时调整和优化人才策略，确保人才管理与业务目标保持一致，持续推动企业向前发展。

4.4.3 人才晋升体系

1. 晋升、晋升决策和晋升方式

晋升是企业将员工提升到承担更大责任的职位上的行为。晋升不仅涉及员工职位的提升，而且伴随薪酬、福利的增长和权力的扩大，同时意味着员工要承担更大的责任和工作压力。企业的目标是将优秀的员工晋升至更高的职级，这代表了对员工的认同和信任。然而，不公平或不合理的晋升决策可能会降低员工的满意度，导致工作场所的冲突，甚至增强员工的离职倾向。

为确保晋升决策的公正性和透明性，企业应考虑以下关键问题：期望员工晋升到哪种职位；晋升依据是绩效、资历、知识技能、领导能力，还是潜力和忠诚度；如何客观衡量和评估员工达标情况；晋升流程是否有正式且公正的制度和程序。

晋升方式是企业的重要考量。垂直晋升是指员工晋升到更高职位，承担更多的责任和管理任务；水平晋升是指员工晋升至同一级别上更高级的职位，承担更关键或更具挑战性的职责。企业应为不想或不适合管理职位的员工提供水平晋升机会，如提高经济报酬、增加头衔或调至核心部门等。

2. 晋升评价标准

进入数字化时代后，晋升体系变得更加丰富和复杂。尽管许多企业关注数字化转型，但在"人"的要素方面仍存在盲区。晋升评价标准不仅包括传统的绩效和资历，还涵盖更多与战略相关的技能，尤其是"软技能"。然而，目前只有12.3%的企业对人才晋升有清晰的标准，这一比例亟须提高。

（1）工作绩效

员工的工作绩效是晋升的首要依据，不仅要考核任务完成率，还要看质量标准、创新与解决问题的能力，以及反馈与自我改进的能力。任务完成率反映了员工在实现组织目标方面的贡献，质量标准体现了员工对组织质量的重视，创新与解决问题的能力是员工解决复杂问题的关键，反馈与自我改进的能力是员工持续进步的重要品质。

（2）知识技能水平

知识技能水平是晋升的重要指标之一。企业评价时，不仅要看员工拥有的知识体量，更要关注员工如何将这些知识和技能运用于实际工作中，达成工作目标和推进项目落地。员工应精通专业领域的核心知识，灵活运用技能解决实际问题，持续学习新知识，并乐于分享，提高团队整体水平。

数字技术对工作方式的冲击使员工的数字素养变得更加重要。在数字化环境中，员工需要理解数字技术、使用数字化工具和具备数据安全知识。良好的数字素养能使员工更好地适应数字化转型，更容易地掌握和应用数字化工具。对于企业数字化人才来说，数字技术的掌握程度决定了企业数字化转型的成败，因此在晋升开发人员时，需要重点考察其数字技术水平。

（3）能力和潜力

决定员工晋升的不仅是当前表现，更是未来潜力。学习能力反映了员工在新情境下的适应速度，是持续为企业创造价值的关键。有潜力的员工在面对复杂问题时能提出创新解决方案，这种能力在快速变化的商业环境中尤为重要。对于高级职位的员工来说，领导力是不可或缺的，其不仅要在岗位上表现出色，还要展现出管理团队或项目的领导力和管理技巧。数字化领导力是关键能力，管理者需要使用数字化工具协助解决业务问题，并具备基本的技术知识，以降低沟通成本。前瞻性也是衡量数字化领导力的重要标准，能够预见未来趋势并制定策略的员工，能为公司的长远发展做出更大贡献。

（4）团队合作能力

团队合作能力对员工的整体贡献至关重要。企业评价时，应考虑员工的沟通能力、协作态度、人际关系、冲突解决能力等因素。沟通能力是基本因素，员工应能够清晰、及时地交流信息和想法，提高工作效率；协作态度也非常重要，员工在团队工作中应展现积极态度和合作精神，维护良好的团队氛围；建立并维持与团队或其他部门同事良好的人际关系，有助于员工更好地完成任务和支持企业；冲突解决能力体现了员工的团队合作能力和创造和谐工作环境的意愿。

（5）企业价值观和文化适应性

企业价值观和文化适应性是决定员工晋升的重要评估维度。员工需要理解、接受并展现出与企业核心价值观相符的行为，不仅要在言语上认同，还要在实际行动中表现出来。员工参与企业文化活动的积极性，展示了其对企业文化的认同和接受。理想的晋升候选人不仅是企业文化的积极传播者，还能为团队带来正能量。在日常工作和决策中，员工的行为需要与企业价值观保持一致，确保核心价值观渗透到每个决策和行动中，保障企业的稳健和持续发展。

综上所述，企业价值观和文化适应性不仅是评判员工晋升的重要标准，更是企业长远发展的关键。尽管员工资历的重要性有所下降，但在某些传统企业中，服务年数和忠诚度仍被视为员工晋升的影响因素。晋升决策有时也可能基于企业的战略需求，如某个部门需要特定的知识或经验。不同的企业会根据自身特定的业务需求和文化调整这些标准，最佳的做法是确保晋升决策基于客观、透明和公正的标准，并与企业的长期目标和战略相一致。

3. 数字技术辅助晋升评价

（1）人工智能测评赋能个性化晋升

传统的晋升体系往往忽视员工的能力和特征，导致许多员工晋升后陷入"彼得陷阱"，即被提拔的人员不能适应该岗位，增加自身压力，影响下属对领导和企业的认同。为解决这一问题，一些企业将晋升评价与员工的技能及知识的广度和深度相关联。员工的晋升和薪酬提升不再只看绩效和职位说明，还要考量其技能深度等因素。例如，一名专家级工程师具备独特的创造力和强大的开发能力，所以应获得晋升。相较于进入管理层，"高级顾问工程师"的晋升路径更适合技能深度高的优秀员工。因此，需要构建以个人能力特征为核心的职级体系，形成管理、市场和技术三类职级序列，为员工提供最适合的职业发展通道，回应不同类型人员的发展诉求，彰显企业对个性化发展的尊重。

借助人工智能测评，企业可以更精准地评价员工的能力和特征。例如，通过性格测试确定员工最适合的晋升方向，如具有外倾型人格的人适合市场营销领域，成熟稳重的人适合技术领域。游戏化测评，如毕马威的"毕胜牌局"也能揭示员工的真实心理状态，反映其合作能力和性格特征。德瑞、腾讯等企业已将性格和能力测评纳入晋升决策体系。当测评结果与晋升答辩不一致时，企业会延长考察期，确保决策的科学合理性。然而，人工智能测评并不是万能的，员工可能通过解析算法故意作答，企业可以通过重复题项、反知觉测评等方法识别员工的伪装行为，或在性格测评后对员工进行面试访谈。

（2）机器学习助力发掘高潜力员工

随着机器学习技术的进步，企业能够深入分析大量员工行为和绩效数据，更精确地评价员工的潜力和能力。通过机器学习算法，企业可以预测哪些员工未来可能展现卓越的领导能力或专业技能。一些企业利用这种算法指导人才发展和晋升策略，通过分析日常工作记录、同事互动、项目完成情况等数据，获得关于员工潜在能力的深刻见解。当这些数据与员工的自我评价和上级评价相结合时，企业将获得全面且有深度的员工评价体系。然而，过度依赖算法可能导致人性化因素被忽视，面对面交流仍是评价员工综合能力的关键。因此，将传统评价方法和现代数字技术相结合，是确保员工晋升评价公正性和准确性的最佳方法。

（3）多元大数据给予员工客观评价

在竞争激烈和技术迅速演进的今天，员工晋升路径不应成为无意义的官僚化竞赛。为了防止员工过度包装经历，腾讯扩大了用人部门和直接上级的话语权，让更了解员工工作的人参与评审。腾讯不仅打破了论资排辈的常规，员工晋升后还需要通过综合表现考核才能享受待遇；还提高了创造力和沟通能力的价值占比，以成果为评价标准，创建了一个更加凸显长期主义的人才管理体系。此外，数字化工具的应用也提升了员工晋升评价的公正性和科学性。例如，阿里巴巴内部应用"阿里大脑"记录员工与业务部门的联系、项目协作、问题解决和产出情况，形成大数据点线图，确保员工的功劳不被忽视，避免夸夸其谈者过度包装自己，使员工晋升决策有据可依，更加公正科学。

章节练习题

一、选择题

1. 人力资源的内涵不包括（　　）。
   A. 人力资本　　　　B. 人力资产　　　　C. 人际关系　　　　D. 组织架构

2. 人力资源管理的主要职能不包括（　　）。
   A. 招聘与配置　　　B. 培训与发展　　　C. 绩效管理　　　　D. 财务管理

3. 矩阵制结构的主要缺点是（　　）。
   A. 灵活性高　　　　B. 资源利用率高　　C. 管理复杂　　　　D. 协作能力强

4. 劳动定额的制定需要考虑的因素不包括（　　）。
   A. 任务性质　　　　B. 员工技能　　　　C. 设备条件　　　　D. 员工年龄

5. 数字化工具在劳动定额定员管理中的应用不包括（　　）。
   A. 人力资源管理系统　　　　　　　　B. 工作量分析软件
   C. 绩效管理系统　　　　　　　　　　D. 手工记录和统计

6. 关键绩效指标的选择应遵循的原则是（　　）。
   A. 明确、可衡量、可达成、相关有时限
   B. 主观性、模糊性、随意性和不确定性
   C. 长期性、单一性和抽象性
   D. 简单性、通用性和固定性

7. 平衡计分卡的4个维度不包括（　　）。
   A. 财务维度　　　　B. 客户维度　　　　C. 内部流程维度　　D. 员工满意度维度

8. 数字化人才管理的特点不包括（　　）。
   A. 利用先进的技术工具和平台　　　　B. 实现从招聘到离职的全流程管理
   C. 完全取代传统的人力资源管理方式　D. 提高管理效率和准确性

9. 人才盘点的实施环节不包括（　　）。
   A. 确定盘点目标　　B. 数据收集　　　　C. 选择评价方法　　D. 员工自我评估

二、简答题

1. 简述人力资源管理的主要目标。
2. 简述组织结构模式中网络化结构的特点及其适用范围。
3. 简述目标与关键结果方法论的主要特点，并简述其目标设定步骤。

第5章

数字化财务管理

本章引言

进入数字化时代后，各行业都在经历深刻变革，财务管理也不例外，数字化财务管理应运而生。数字化财务管理的核心是"数据驱动决策"，即利用现代信息技术高效采集、处理、分析和应用财务数据，为企业提供精准、及时的财务决策支持。在企业数字化财务管理转型过程中，需要注重企业资源规划系统的应用，尤其是构建完善的财务信息系统，从而实现数据集成化、自动化、智能化管理，提升效率和准确性。同时，促进部门间信息共享和协同，打破"信息孤岛"，提升运营效率。当前，数字化财务管理的实施面临诸多挑战与机遇，需要在技术、人才、管理等方面做好准备。

学习目标

1. 了解数字化财务管理的定义与演变，以及数字化财务管理的核心要素等。
2. 掌握财务信息系统与企业资源规划系统的核心功能与模块。
3. 掌握数字化支付系统的种类与功能，数字货币与区块链技术的应用，以及数字化支付的安全与合规问题等。
4. 掌握数据分析在财务决策中的应用方法。

5.1 数字化财务管理概述

5.1.1 数字化财务管理的定义与演变

1. 数字化财务管理的定义

数字化财务管理是指借助现代信息技术,特别是计算机技术、网络技术、数据库技术及近年来兴起的大数据、云计算、人工智能等前沿技术,通过数据的采集、处理、分析与应用,对传统财务管理模式进行全面革新和升级,以实现财务管理的智能化、自动化和精细化的一种新型管理方式。数字化财务管理不仅是对传统手工记账、报表编制等财务活动的电子化替代,更是一种管理理念的转变,强调"数据驱动决策"。

在数字化财务管理模式下,财务数据不再是"信息孤岛",而是连接企业各部门、各业务流程的纽带,通过分析挖掘数据背后的价值,为企业的战略规划、资源配置、风险管理等提供精准的数据支持。数字化财务管理的实施,要求企业具备强大的数据处理能力、高效的信息传递机制及敏捷的决策反应速度,从而确保企业在瞬息万变的市场环境中保持竞争力。

数字化财务管理涵盖财务信息的自动化处理、远程协同办公、智能预测分析、风险预警与控制等多个方面。通过企业资源规划(enterprise resource planning)系统、财务共享平台、大数据分析平台等工具,企业可以实现财务数据的实时采集、自动汇总、智能分析,使财务管理更加高效、透明。同时,借助云计算技术,企业可以突破地域限制,实现财务数据的远程访问和管理,提高工作效率和响应速度。此外,人工智能技术的应用,如智能语音识别、机器学习算法等,能够进一步提升企业财务管理的智能化水平,减少人为错误,提高决策的准确性。

2. 数字化财务管理的演变

数字化财务管理的演变是一个伴随着信息技术不断深化的过程,其发展历程大致可分为以下4个关键阶段(图5-1)。

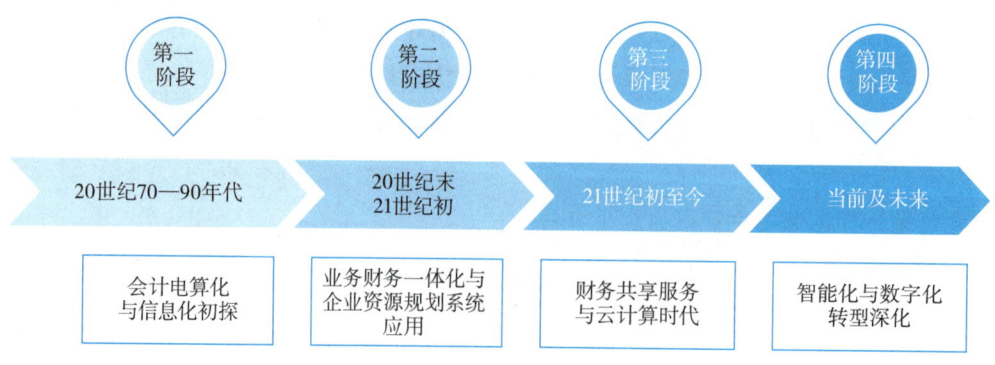

图5-1 数字化财务管理的发展历程

(1)第一阶段(20世纪70—90年代):会计电算化与信息化初探

这一阶段是数字化财务管理的萌芽期。随着计算机技术的引入,企业开始尝试将手工记账转变为电子记账,实现了从算盘到键盘的跨越。会计电算化的实施,不仅显著提高了财务工作的效率和准确性，也为后续的财务管理信息化奠定了基础。随后，企业信息化建设向前推进，财务管理开始与其他业务系统对接，形成了初步的信息化管理体系。但这一阶段的财务管理仍以事后核算为主，缺乏实时的数据分析和决策支持能力。

（2）第二阶段（20世纪末21世纪初）：业务财务一体化与企业资源规划系统应用

随着互联网的普及和企业资源规划系统的广泛应用，企业开始探索业务与财务的深度融合。企业资源规划系统通过整合企业资源，实现了业务流程的自动化和财务数据的实时共享，打破了部门壁垒，提高了企业整体运营效率。在这一阶段，财务管理不再局限于传统的会计核算，而是开始参与企业的计划、控制、分析等各个环节，为企业的战略决策提供了更加全面、准确的数据支持。同时，随着数据仓库和数据挖掘技术的发展，企业开始尝试利用历史数据进行预测分析，为财务管理提供了更多可能性。

（3）第三阶段（21世纪初至今）：财务共享服务与云计算时代

进入21世纪后，随着全球化竞争加剧和企业规模扩大，财务共享服务成为企业降低成本、提高效率的重要手段。财务共享服务中心通过建立统一的财务处理平台，实现了财务流程的标准化和集中化管理，降低了企业运营成本，提高了财务服务质量。同时，云计算技术的兴起为财务管理提供了新的解决方案。通过云计算平台，企业可以随时随地访问财务数据，实现远程办公和协同作业，极大地提高了财务管理的灵活性和响应速度。此外，云计算还为企业提供了强大的数据存储和计算能力，为大数据分析提供了有力支持。

（4）第四阶段（当前及未来）：智能化与数字化转型深化

近年来，随着大数据、人工智能等技术的快速发展，数字化财务管理的智能化水平不断提升。企业开始利用机器学习算法进行智能预测分析，通过自然语言处理技术实现财务数据的自动化解读和报告生成，利用区块链技术提高财务数据的安全性和透明度。这些技术的应用，不仅进一步提高了财务管理的效率和准确性，也为企业的战略决策提供了更加科学、智能的支持。未来，随着技术的不断进步和应用场景的拓展，数字化财务管理将更加注重数据的价值挖掘和智能化决策支持，推动企业财务管理向更高层次发展。

5.1.2 数字化财务管理的核心要素

作为现代企业财务管理的重要发展方向，数字化财务管理正深刻改变着传统财务管理的模式和流程。数字化财务管理通过智能化技术、大数据分析、云计算等手段，实现财务管理的高效、精确和智能化。数字化财务管理的核心要素有以下7个方面。

1. 数据集成与分析

合理的数据集成可以将不同来源的财务数据进行有效整合，使不同的财务信息相互关联，揭示更深层次的洞察。例如，数据集成可以将企业的销售数据、采购数据、客户数据等结合起来，分析其对财务报表的影响。全面的数据集成有助于提高信息的准确性和一致性，确保数据质量。

通过高级分析技术，企业可以从海量数据中提取有价值的信息。这种分析不是简单的报表生成，而是利用机器学习和人工智能算法对未来趋势进行预测。超强的预测能力有助于企业及时调整策略，应对市场变化。数据分析的精准性可以为企业战略规划提供有力支撑，使财务管理从传统的后端核算者跃升为前端价值创造的引领者。

2. 决策支持与风险管理

数字化财务管理中的决策支持系统可以及时向管理层提供可视化的财务数据，让决策过程更加透明和高效。决策支持系统通过数据可视化工具，将复杂的财务数据转化为直观的图表和报告，有助于管理层迅速把握企业财务状况，做出明智的决策。

另外，数字化财务管理在风险管理方面也发挥着重要作用。通过构建智能化的风险监控模型，企业可以及时发现潜在的风险点，从而采取预防措施，避免财务风险发生。例如，通过大数据分析，企业可以实时监测客户的信用状态，提前预警应收账款的风险，降低坏账损失。

3. 制度与流程优化

数字化财务管理制度是企业为规范数字化环境下的财务管理行为所制定的一套标准和流程。大数据财务管理制度通常包括数据管理规范、分析审批流程、报告生成标准等。通过这些制度，企业能够更好地管理财务数据，确保数据的安全性和一致性，也可以确保管理的有效性和合规性。

实施大数据财务管理制度的关键在于建立有效的监督机制，确保每个员工都能遵守这些制度。此外，企业还需要定期对制度进行评估和调整，以适应市场变化和技术进步。合理的制度可以显著提高企业的运营效率，降低财务风险，达到更高的透明度。

财务数字化转型是财务组织调整和信息系统建设的过程，同时需要通过财务流程优化再造，实现转型后的运营管理。财务流程标准化可以提升财务流程有效性，加强财务管控和减少财务运营成本，提升财务工作效率。例如，通过梳理优化各项财务流程，企业可以建立标准化的报销流程、采购流程和结算流程，实现财务流程的自动化和智能化。

4. 数据治理与数据安全

数据治理涉及主数据、元数据、数据质量、数据安全、数据标准、数据生命周期等方面的管理。通过规范数据标准、把控数据质量，数据治理可以为数据价值链和应用场景提供可用性更高的数据。

数据安全是数字化财务管理不可忽视的重要方面。随着企业数据量不断增加，数据泄露和数据滥用的风险也在增大。因此，企业必须建立严格的数据安全机制，确保财务数据的安全性和保密性。例如，通过数据加密、访问控制、定期备份等措施，企业可以有效保护财务数据避免受外部攻击和出现内部泄露。

5. 财务数智化转型

财务数智化转型是数字化财务管理的重要方向，是指利用数智化技术，如大数据挖掘、多维数据模型、复杂建模、人工智能分析等，对传统财务管理模式进行革新，帮助企业实现海量、精细的财务数据存储、处理、分析、挖掘，进而实现财务活动的自动化、智能化。财务数智化转型要注重数据服务能力、司库运营能力、合规风控能力、业财融合能力等。

①数据服务能力是财务数智化转型的核心要素之一。在数智技术的推动下，企业应不断提升财务的数据采集、加工和运用能力，实现企业财务从"价值守护型"向"价值创造型"转变，帮助企业释放数据价值。例如，通过引入财务机器人处理重复性工作，使用大数据建模分析财务业务数据，企业可以显著提高财务处理的效率和准确性。

②司库运营能力是财务数智化转型的重要组成部分。依托数智引擎的新动力，企业可以支撑更

广泛的资金资源统筹效率，提供更绿色的智慧结算交易服务，运用更多元的金融要素工具，实施更智能的风险管控措施。例如，通过建立财务共享中心，企业可以实现财务资源的集中管理和优化配置，提高资金使用效率和财务运营效率。

③合规风控能力是财务数智化转型的重要保障。在精细数据基础上，企业通过构建监督事项，灵活配置核对性、分析性等智能化合规风控模型，可以提前发现问题，督促整改反馈，形成财会监督管理闭环，实现外部、机构、自律的合规风控体系。

④业财融合能力是财务数智化转型的重要目标。通过业财数据深度对接、流程全面打通，企业可以实现管理融合，提升财务解放业务、赋能业务的能力。例如，通过应用云计算、移动应用、影像识别等技术，企业可以建立财务共享的工作模式，使业务和财务流程建立连接，实现财务和业务一体化。

【案例 5-1】

青岛银行股份有限公司（以下简称"青岛银行"）作为一家区域性城商行，面临着与国有大行和全国性股份制银行在客户群规模和覆盖范围上的较大差距。为了提升竞争力，青岛银行决定采取差异化的竞争策略，面向本地市场中小型客户群，通过数字化转型提升服务能力。在此背景下，青岛银行推出了"智慧财资管理平台"，旨在赋能企业财务数智化转型，提升针对中小型客户群个性化需求的服务能力。

资料来源：中国上市公司协会.2024 年度上市公司数字化转型最佳实践 | 青岛银行：青岛银行"智慧财资管理平台" [EB/OL]. （2024-08-30）. https：//mp. weixin. qq. com/s？_ _ biz = MzAxMTUyN-TA0OA = =&idx = 2&mid = 2649580031&sn = f19881bf83699c1a74c73f4de95f279a.

6. 财务数字化应用场景

数字化财务管理在多个应用场景中发挥着重要作用。《财务数字化白皮书：从财务走向财经》一书指出，数字化财务应用场景矩阵（FDASM）由"4 横"与"4 纵"共同构成。"4 横"为数字化财务的 4 种工作方式：操作记录、规则计算、统计分析、模型算法。"4 纵"为数字化财务职能的 4 个层次：财务会计、管理会计、业务支持与决策支持。数字化财务管理的重要应用场景有以下几个。

（1）智慧费用报销

通过引入智能化的费用报销系统，企业可以实现报销流程的自动化和智能化，提高报销效率和准确性。例如，通过光学字符识别（optical character recognition，OCR）技术自动识别发票信息、智能审核系统对报销单据进行自动审核，企业可以显著降低人工审核的成本和时间。

（2）智慧纳税计算

通过引入智能化的税务管理系统，企业可以实现税务计算的自动化和智能化，提高税务申报的准确性和效率。例如，通过大数据分析企业的纳税情况，智能税务系统可以自动计算税额、生成税务报表，并实时监测税务风险。

（3）预算管理及绩效管理数字化

通过引入智能化的预算管理系统和绩效管理系统，企业可以实现预算制定、执行、监控和分析的全过程管理，提高预算管理的科学性和准确性。同时，通过绩效管理系统，企业可以对员工的绩效进行量化评估，提高员工的工作积极性和绩效水平。

（4）客户信用风险及应收管理数字化

通过引入智能化的信用管理系统和应收管理系统，企业可以实时监测客户的信用风险，提前预警应收账款的风险，降低坏账损失。例如，通过大数据分析客户的信用记录和交易历史，智能信用管理系统可以自动评估客户的信用等级，并制定相应的信用政策。

（5）采购全生命周期合规管控数字化

通过引入智能化的采购管理系统，企业可以实现采购流程的自动化和智能化，提高采购效率和合规性。例如，通过大数据分析供应商的资质和信誉，智能采购管理系统可以自动筛选合格的供应商，并实时监测采购过程中的风险点。

（6）中长期滚动经营预测数字化和多维经营分析数字化

通过引入智能化的经营预测系统和经营分析系统，企业可以对未来的经营情况进行预测和分析，为战略规划和决策提供有力支持。例如，通过大数据分析市场需求和竞争态势，智能经营预测系统可以自动预测未来的销售收入和利润水平，并制订相应的经营计划。

7. 财务数字化技术平台

财务数字化技术平台是数字化财务管理落地实施的核心要素。其集数据治理、数据采集、数据开发于一体，实现了对企业内外部数据的治理、采集、加工、建模，形成了直观的可视化云图，帮助企业高效决策、敏捷运营。

具体来说，财务数字化技术平台通过数据治理模块，规范数据标准、把控数据质量，为数据价值链和应用场景提供可用性更高的数据。通过数据采集模块，平台可以全面采集企业内外部的数据，包括财务数据、业务数据、市场数据等。通过数据开发模块，平台可以对采集到的数据进行加工、建模和分析，形成有价值的信息和报告。通过可视化云图模块，平台可以将复杂的数据转化为直观的图表和报告，帮助管理层快速了解企业的财务状况和经营情况。

财务数字化技术平台的建设需要企业具备一定的互联网技术能力和技术储备，因此在数字化财务管理的推进过程中，企业应注重培养和引进具备数字化思维和技能的人才，加强互联网技术能力的建设和提升。同时，企业还需要不断关注新技术和新产品的发展动态，及时引入和应用先进的技术手段，以推动数字化财务管理的不断发展和创新。

5.1.3 数字化财务管理的优势与挑战

1. 数字化财务管理的优势

（1）提高工作效率

数字化财务管理通过自动化处理财务数据，大大提高了工作效率。传统的财务管理依赖大量的手工操作和纸质文件，不仅耗时费力，还容易出错；数字化财务管理则利用先进的软件系统和算法，实现了财务数据的自动采集、处理和分析，从而显著提高了工作效率。

（2）提高数据准确性

数字化财务管理通过智能算法和数据分析技术，能够自动识别并纠正数据错误，提高数据的准确性和可靠性。这不仅有助于企业做出更明智的决策，还能降低数据错误引发的财务风险。

（3）优化资源配置

数字化财务管理通过实时分析财务数据，帮助企业了解资源利用情况，发现资源浪费和低效环节。企业可以根据分析结果，优化资源配置，提高资源利用效率，从而降低成本，提高盈利能力。

（4）强化风险管理

数字化财务管理具备智能预警和风险评估功能，能够自动识别财务风险，提供风险预警和解决方案，有助于企业及时发现并应对潜在财务风险，保障企业稳健运营。

（5）提升决策效率

数字化财务管理提供了全面、准确、及时的财务信息，为企业决策提供了有力支持。企业可以实时获取各项财务指标和数据，快速做出决策，把握市场机遇。

（6）促进业务创新

数字化财务管理不仅关注传统的财务管理，还积极与企业的业务创新相结合。通过数据分析和挖掘，数字化财务管理能够发现新的业务机会和增长点，为企业的业务创新提供有力支持。

2. 数字化财务管理面临的挑战

（1）数据安全风险

随着越来越多的敏感财务数据被存储在云端，企业开始面临网络攻击和数据泄露的风险，因此数据安全问题变得尤为重要。在数字化财务转型过程中，企业必须加强数据安全防护，确保客户和企业的信息安全。

（2）技术更新迅速

数字化财务依赖先进的技术手段，而技术更新速度之快使企业难以跟上其步伐。因此，在转型过程中，企业需要不断投入资金和资源来更新技术设备和软件系统，以适应不断变化的市场环境和技术需求。

（3）人才短缺

数字化财务需要既懂财务又懂技术的复合型人才，然而目前市场上这类人才相对短缺，企业难以招聘到合适的人才来支持数字化财务的转型和发展。因此，企业在转型过程中需要加强人才培养和引进，提高财务团队的数字化能力和技术水平。

（4）业务流程变革

数字化财务要求企业对传统的财务管理流程进行数字化改造，实现财务与业务数据的互联互通。然而，这涉及业务流程的变革和重组，需要企业付出较大的努力和时间成本。同时在变革过程中，可能遇到各种阻力和挑战，如员工有抵触情绪、利益冲突等。

（5）跨部门协作困难

数字化财务需要财务、业务、信息技术等多个部门的紧密协作和配合，然而在实际操作中，这些部门之间往往存在沟通不畅、协作困难等问题，可能导致数字化财务转型进度受阻，甚至失败。因此，企业在转型过程中需要加强跨部门沟通和协作，建立有效的沟通机制和协作流程。

（6）文化冲突

数字化财务的转型不仅涉及技术和流程的变化，还涉及企业文化的变革。传统的财务管理文化注重稳定和控制，而数字化财务强调创新和变革，这种文化冲突可能使员工对数字化财务产生抵触情绪和不适应感。因此，企业在转型过程中需要加强文化引导和员工培训，使员工逐渐接受并融入新的企业文化。

3. 数字化财务管理挑战的应对策略

（1）加强数据安全防护

企业应建立完善的数据安全体系，包括数据加密、权限管理、访问控制等措施，同时需要定期对数据进行备份和恢复测试，确保数据的完整性和安全性。

（2）持续投入技术创新

企业应保持对新技术的高度敏感性，积极跟进技术的前沿进展和更新变化，通过持续投入技术创新和研发，不断提升数字化财务的技术水平和应用能力。

（3）加强人才培养和引进

企业应加强数字化财务人才的培养和引进工作，通过内部培训、外部招聘等方式，打造一支具备数字化能力和财务专业知识的复合型人才队伍。

（4）优化业务流程

企业不仅应对传统的财务管理流程进行梳理和优化，实现财务与业务数据的互联互通；还应建立有效的沟通和协作机制，确保各部门之间的顺畅配合和协作。

（5）加强文化引导

企业不仅应在转型过程中加强文化引导，通过培训、宣传等方式，使员工逐渐接受并融入新的企业文化；还应建立有效的激励机制和奖励制度，激发员工的积极性和创造力。

（6）建立风险管理体系

企业应建立完善的风险管理体系，包括风险评估、预警、应对等措施，通过定期的风险评估和预警分析，及时发现并应对潜在的财务风险和业务风险。

5.2 财务信息系统与企业资源规划系统

5.2.1 财务信息系统的功能与模块

1. 财务信息系统的功能

财务信息系统的功能主要围绕财务管理中的各个环节展开，包括会计核算、预算管理、成本管理、资产管理、税务管理等多个方面（图5-2）。

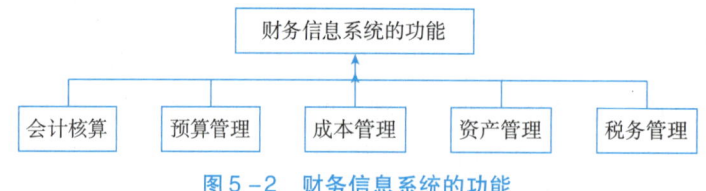

图5-2 财务信息系统的功能

（1）会计核算

会计核算是财务信息系统的基本功能之一，主要负责记录、核算、反映和分析资金在企业经济活动中的变动过程及结果。财务信息系统可以自动化执行会计核算任务，包括财务报表制作、账户管理，银行对账及应收账款、应付账款管理等。这些功能大大减轻了会计人员的工作负担，提高了核算的准确性和效率。

（2）预算管理

预算管理是企业财务管理的重要组成部分。财务信息系统可以帮助企业制定、执行和监控预算，从而实现和控制财务目标。通过财务信息系统，企业可以方便地设定预算目标，将预算分配到各个部门或项目，并实时跟踪预算执行情况。这有助于企业及时发现预算偏差，采取相应的调整措施，确保财务目标实现。

（3）成本管理

成本管理是企业盈利能力的关键因素之一。财务信息系统不仅可以跟踪企业的成本和费用，帮助企业评估业务的盈利能力和成本效益；还可以根据产品结构、工作中心、工序、采购信息等进行产品的各种成本计算，以便进行成本分析和规划。这有助于企业优化生产过程和采购策略，降低成本，提高盈利能力。

（4）资产管理

资产管理是企业财务管理的重要内容之一。财务信息系统可以管理企业的资产和负债情况，包括资产的采购、折旧和处置等。通过财务信息系统，企业可以实时掌握资产的状况和价值，实现资产利用的最大化和资产风险的最小化。

（5）税务管理

税务管理是企业必须面对的重要任务之一。财务信息系统不仅可以自动化执行税务管理任务，包括申报、纳税和申请退税等；还可以根据税法规定，自动计算企业应缴纳的税款，生成税务报表和申报文件，帮助企业遵守法规，最大限度地降低税务风险。

2. 财务信息系统的模块

财务信息系统通常由多个模块组成，每个模块负责不同的财务管理任务，这些模块相互配合，共同构成了完整的财务管理系统。

（1）总账模块

总账模块是财务信息系统的基础和核心，主要负责处理企业的所有财务数据和交易，包括会计凭证的录入、审核、记账及账簿的管理等。总账模块是其他财务和业务子系统有关资金数据最终要归集的地方，以生成完整的会计账簿。

（2）应收账款模块

应收账款模块主要负责企业的应收款项管理，包括发票管理、客户管理、收款管理等。通过应收财款模块，企业可以方便地记录客户的应收账款信息，跟踪款项的回收情况，及时催收欠款，提高应收账款的回收率和周转率。

（3）应付账款模块

应付账款模块主要负责企业的应付款项管理，包括发票管理、供应商管理、付款管理等。通过应付账款模块，企业可以方便地记录供应商的应付账款信息，合理安排付款计划，确保按时支付款项，维护良好的供应商关系。

（4）资产管理模块

资产管理模块主要负责企业的资产和负债管理，包括资产的采购、折旧、处置等。通过资产管理模块，企业可以实时掌握资产的状况和价值，实现资产利用最大化和资产风险最小化。同时，资产管理模块可以提供资产分析报表，帮助企业优化资产配置，提高资产使用效率。

（5）预算管理模块

预算管理模块主要负责企业的预算管理，包括预算制定、预算执行、预算监控等。通过预算管理模块，企业可以方便地设定预算目标，将预算分配到各个部门或项目，并实时跟踪预算执行情况。这有助于企业及时发现预算偏差，并采取相应的调整措施，确保财务目标实现。

（6）成本管理模块

成本管理模块主要负责企业的成本管理，包括成本核算、成本分析、成本控制等。通过成本管理模块，企业可以根据产品结构、工作中心、工序、采购信息等进行产品的各种成本计算和分析。这有助于企业优化生产过程和采购策略，降低成本，提高盈利能力。

（7）税务管理模块

税务管理模块主要负责企业的税务管理，包括税务申报、纳税管理、退税管理等。通过税务管理模块，企业可以方便地计算应缴纳的税款，生成税务报表和申报文件，确保遵守税法规定，最大限度地降低税务风险。

（8）现金管理模块

现金管理模块主要负责企业的现金管理，包括现金流入、现金流出、现金预测等。通过现金管理模块，企业可以实时掌握现金的流动情况，合理安排资金使用计划，确保现金的充足性和安全性。同时，现金管理模块可以提供现金分析报表，帮助企业优化现金管理策略，提高资金使用效率。

（9）固定资产核算模块

固定资产核算模块主要负责企业的固定资产管理和核算，包括固定资产的采购、折旧、处置等。通过固定资产核算模块，企业可以方便地记录固定资产的信息，计算折旧费用，生成固定资产报表。这有助于企业实时掌握固定资产的状况和价值，优化资产配置，提高资产使用效率。

（10）多币制模块

多币制模块主要负责企业的多币种管理，包括汇率管理、多币种核算等。通过多币制模块，企业可以方便地处理不同币种的交易和报表，确保财务数据的准确性和可比性。这有助于企业拓展国际市场，提高国际竞争力。

（11）工资核算模块

工资核算模块主要负责企业的工资管理和核算，包括工资计算、工资发放、工资报表等。通过工资核算模块，企业可以方便地计算员工的工资和福利费用，生成工资报表和发放记录。这有助于企业提高工资管理的效率和准确性，优化人力资源配置。

3. 财务信息系统与企业资源规划系统的融合

企业资源规划系统是基于信息技术的发展，根据现代化企业管理的需要，在制造资源计划（manufacturing resource planning）的基础上发展而来的一种新的管理理念。其以供应链（物流）为基础，集成了支持性价值链（财务、成本、人力资源、质量控制等）和决策性价值链（产品开发、市场定位、销售预测、利润分析等），为企业管理提供一个全面的解决方案。

企业资源规划系统不仅是一个信息系统，更是一种管理理论和管理思想。它利用企业的所有资源，包括内部资源与外部市场资源，为企业制造产品或提供服务创造最优的解决方案，最终达到企业的经营目标。其核心管理思想是实现对整条供应链的有效管理，主要体现在对整个供应链资源进行管理，精益生产、同步工程和敏捷制造，以及事先计划与事中控制的思想上。

在企业资源规划系统中，财务信息系统是核心模块之一。企业资源规划系统通过集成各个业务模块，实现了信息的集中管理和共享，提高了企业的运营效率和管理水平。

（1）信息的集中管理和共享

企业资源规划系统通过集成各个业务模块，实现了信息的集中管理，消除了各部门之间"信息孤岛"的现象。通过企业资源规划系统，企业可以实时掌握各部门的运营情况，包括财务、生产、销售、采购等各个环节的数据。这有助于企业更好地协调各部门的工作，提高整体运营效率。

（2）自动化流程

企业资源规划系统通过自动化流程，减少了人工操作的需求。在处理订单、财务报表、库存管理等日常操作时，借助企业资源规划系统的自动化功能，企业节省了大量的时间和人力资源，并且降低了人为错误的风险，提高了数据的准确性。

（3）强大的数据分析能力

企业资源规划系统的业务智能模块提供了强大的数据分析能力。企业管理层可以通过实时数据分析，快速识别市场趋势和业务瓶颈，从而及时调整战略和运营模式。这种数据驱动的决策方式，有助于企业更好地把握市场机会，提高竞争力。

（4）优化资源配置

企业资源规划系统可以帮助企业优化资源配置。通过实时数据分析，企业可以了解各部门的资源需求和使用情况，合理安排资源分配。这有助于企业提高资源使用效率，降低成本，提高盈利能力。

（5）提升客户服务水平

企业资源规划系统可以帮助企业提升客户服务水平。通过集成客户关系管理模块，企业能更好地了解客户需求，快速响应客户反馈，为客户提供个性化的服务体验。这种客户导向的运营模式，不仅能增强客户的忠诚度，还能提升企业的品牌形象。

5.2.2 企业资源规划系统在财务管理中的应用

随着信息技术的迅猛发展，企业的管理方式和手段也在不断变革。企业资源规划系统作为一种集成信息技术和现代管理思想的管理工具，在企业管理中扮演着越来越重要的角色。其不仅帮助企业实现了资源的全面规划和监控，还显著提升了企业的运营效率和管理水平，特别是在财务管理领域，企业资源规划系统的应用更是带来了革命性的变化。

企业资源规划系统在财务管理中的应用主要体现在以下7个方面。

（1）财务核算自动化

企业资源规划系统能够自动处理日常的会计核算工作，如账务处理、成本计算等，显著提高效率并减少错误。例如，通过企业资源规划系统，企业可以自动记录每一笔备用金费用的产生和冲减，明细反映备用金余额，从而加强财务管理。

（2）预算控制强化

企业资源规划系统支持预算编制和预算执行监控，帮助企业有效控制开支，实现预算与实施的实时对比分析。通过企业资源规划系统，管理层可以制订详细的预算计划，实时监控预算执行情况，及时发现并纠正预算偏差，确保企业的资金使用效率。

（3）财务报表集成

企业资源规划系统能集中生成各类财务报表，包括资产负债表、利润表等，便于决策者快速了解公司财务状况。通过企业资源规划系统的财务报表模块，企业可以自动生成各类财务报表，使成本分析更为直观，有助于管理层做出更明智的决策。

（4）风险管理提升

企业资源规划系统通过数据分析，能够预警潜在的财务风险，如现金流问题或逾期账款，助力企业及时做出应对。例如，企业资源规划系统可以分析供应商的信用记录，辅助企业评估付款风险，同时通过现金流预测，避免流动性危机的发生。

（5）跨部门协作优化

企业资源规划系统能与其他部门（如采购、销售部门）的数据打通，实现无缝协作，提升整体运营效率。例如，采购订单可以无须人工介入便直接触发会计凭证，大大提升了工作效率。通过企业资源规划系统，企业可以收集、存储和跟踪不同部门的数据，优化业务流程，提高工作效率。

（6）精细化成本控制

企业资源规划系统能实现对财务数据的实时采集和分析，帮助企业精确掌握各项成本动因。通过跟踪物料消耗、人工成本和制造费用，企业资源规划系统能帮助企业发现成本高企的环节，从而制定更有效的成本控制策略，提升盈利空间。

（7）数据分析和决策支持

企业资源规划系统提供了强大的数据分析和报告功能，支持实时的业务洞察。通过集成的商业智能（business intelligence，BI）工具，管理层可以迅速获取关键的财务指标，如毛利率、流动比率等，以便快速制定战略决策。企业资源规划系统还可以进行多维度的财务分析，如对比分析、趋势分析等，帮助企业发现潜在的利润增长点和优化空间。

3. 企业资源规划系统在财务管理中的优势

企业资源规划系统在财务管理中的优势主要体现在以下5个方面（图5-3）。

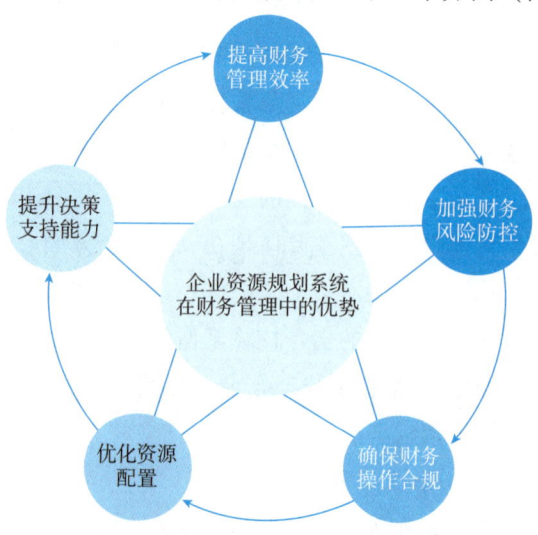

图5-3　企业资源规划系统在财务管理中的优势

(1) 提高财务管理效率

企业资源规划系统的自动化特性显著减少了财务部门的手动操作，提高了工作效率。例如，自动化的账务处理、发票校验和支付审批流程，降低了错误率，也减轻了财务人员的工作负担。

(2) 加强财务风险防控

企业资源规划系统内置的风险管理工具可以帮助企业识别潜在的财务风险，如信用风险、市场风险和操作风险。通过实时监控财务指标，企业资源规划系统能够预警可能的财务危机，让企业有足够的时间采取应对措施。

(3) 确保财务操作合规

企业资源规划系统遵循各种财务法规和行业标准，确保企业的财务操作合规。企业资源规划系统能自动完成复杂的税务计算，避免人为疏忽导致的税务问题。同时，企业资源规划系统的审计追踪功能便于内部审计和外部审计的进行，增强企业的透明度。

(4) 优化资源配置

企业资源规划系统通过整合不同的数据源，为企业提供数据交换和共享的平台。通过企业资源规划系统，企业可以实现资源的优化配置，提高资源利用效率，降低运营成本。

(5) 提升决策支持能力

企业资源规划系统提供了强大的数据分析和报告功能，支持实时的业务洞察。通过企业资源规划系统，管理层可以快速获取关键的财务指标，制定更加科学、合理的决策，提升企业的战略规划和执行能力。

5.2.3 企业资源规划系统实施的挑战与成功要素

1. 企业资源规划系统实施面临的挑战

(1) 复杂的系统集成

企业资源规划系统通常需要与现有业务系统和软件进行集成，而这种集成可能涉及多个业务模块，如财务、人力资源、供应链管理等。每个模块都需要与企业的现有系统进行无缝连接，不仅增加了项目的复杂性，还可能引发系统的兼容性问题。不同模块可能由不同的供应商开发，不同系统之间的数据格式也可能不兼容，企业需要耗费大量时间和资源确保所有模块无缝协作，保持数据的一致性和实时性。

(2) 昂贵的实施成本

企业资源规划系统的实施成本高昂，包括软件购买、硬件设施、实施服务及后续的维护费用。通常企业资源规划软件价格较高，加上需要购买和维护相应的硬件设施，成本会进一步增加。专业的实施服务团队是成功实施企业资源规划系统的关键，但其服务费用通常较高。此外，企业资源规划系统需要持续的技术支持和维护，增加了企业的长期成本。对于中小型企业来说，这些费用可能是一个巨大的负担。

(3) 员工的培训和适应

企业资源规划系统的成功实施不仅依赖技术，还需要企业员工的全面参与和适应。员工需要时间理解新系统，掌握操作技能，适应新的操作流程和界面，可能影响初期的工作效率。此外，企业资源规划系统的实施常伴随着企业管理方式和业务流程的变化，员工需要适应这些变革，可能会遇到阻力，产生抵触情绪。为了让员工熟练使用企业资源规划系统，企业需要投入大量时间和资源对员工进行培训，培训成本也相对较高。

（4）数据迁移困难

在实施企业资源规划系统时，企业需要将现有数据迁移到新系统中，这一过程可能非常复杂和耗时，涉及数据的清理、转换和加载。在数据清理方面，企业需要确保现有数据的准确性和完整性；在数据转换方面，不同系统之间的数据格式可能不兼容，需要进行数据转换以确保数据被正确导入企业资源规划系统。在数据迁移过程中，任何错误都可能导致数据丢失或系统功能障碍，从而影响企业日常运营。

（5）项目管理风险

企业资源规划项目的实施是一个复杂的管理过程，需要在时间、成本和质量之间进行平衡。任何项目管理上的失误都可能导致项目失败。企业资源规划项目通常涉及多个业务模块和部门，需要明确项目范围和目标，避免项目范围被不断扩展。企业资源规划项目的实施通常需要较长时间，需要制订详细的时间计划并严格执行。另外，确保企业资源规划系统的质量和稳定性是项目成功的关键，需要在实施过程中进行严格的质量控制。

（6）组织变革管理和员工沟通

企业资源规划系统的引入往往需要对企业的组织结构和业务流程进行重大调整，容易引起员工的抵触情绪和反对，因此组织变革管理和员工沟通是项目实施过程中需要重点关注的问题。企业需要建立有效的沟通机制，全员参与，并进行充分的程序变革，帮助员工理解和接受新系统，减少变革中的阻力和冲突。

（7）数据安全与隐私问题

随着企业越来越依赖企业资源规划系统进行核心业务管理，数据安全与隐私问题变得尤为重要。企业需要确保企业资源规划系统具备足够的安全防护措施，防止数据泄露或被黑客攻击，这不仅涉及技术层面的安全防护，还涉及合规性与法律责任的考量。

（8）供应商依赖和后续维护

企业资源规划系统实施后，企业可能会对供应商产生依赖，如果管理不当，那么后续的维护、更新和升级工作可能会变得很困难。随着技术的发展，企业资源规划系统需要定期升级，以确保功能的现代化和安全性。然而，企业资源规划系统在升级过程中可能会遇到兼容性问题，甚至导致系统暂时瘫痪，从而影响企业的日常运营。

2. 企业资源规划系统实施的成功要素

（1）明确实施目标和需求分析

企业资源规划系统实施的成功与否关键在于项目策划阶段。在项目策划阶段，企业需要就实施企业资源规划涉及的范围、成本、时间、人员配备、风险等进行充分分析，并根据实际情况制订详细的实施计划和风险预测。同时，企业需要进行全面的需求分析，充分了解企业的业务流程和需求，以确保选择合适的企业资源规划系统解决方案，并进行有效的定制和配置，满足企业的实际需求。

（2）企业高层管理的支持和领导

企业高层管理的支持和领导至关重要，他们需要明确表达对企业资源规划项目的支持，并积极参与项目的决策和推动，为项目提供必要的资源和支持，确保项目的顺利推进和落地实施。管理层的决策需要建立在对企业现状和未来发展的深刻理解上，他们需要清晰地定义企业资源规划系统的目标和价值，制定明确的实施策略和规划。

（3）专业的项目管理团队

企业资源规划项目是一个复杂的、跨部门、跨功能的项目，需要有专门的项目管理团队进行统筹和协调。项目管理团队负责全程跟踪项目进展，并及时处理项目中出现的问题。团队成员之间需要密切合作、充分沟通，形成有效的团队建设，以应对项目实施过程中的各种挑战。

（4）全面的培训和变革管理

企业资源规划系统的成功实施不仅是技术上的实施，还涉及组织文化和员工行为的变革。因此，企业需要对员工进行全面的培训和变革管理，帮助员工适应新系统，提高使用效率，从而实现系统的最大化利用。在培训方面，企业需要投入大量的时间和资源，确保员工能够熟练使用企业资源规划系统；在变革管理方面，企业需要建立有效的沟通机制，进行充分的程序变革，帮助员工理解和接受新系统，减少变革过程中的阻力和冲突。

（5）数据质量管理和数据安全

数据是企业资源规划系统的核心，因此必须建立合理的数据管理机制，确保数据的准确性、完整性和一致性。企业需要建立数据管理体系，对数据的采集、清洗、转换、存储、分析、维护等方面做出相应的规定；需要进行数据清洗和质量检验，确保数据质量达到要求，为决策提供可靠的支持；需要建立数据安全体系，保护企业资源规划系统的安全和机密性，防止数据泄露或被黑客攻击。

（6）业务流程优化

企业资源规划系统的专业性要求企业对自身业务流程进行梳理和优化，建立标准化工作流程。企业需要对现有业务流程重新评估和优化，去除不合理或不必要的环节，提升业务流程的效率和效果。完善企业的业务流程，能够有效提升企业管理水平，优化企业运营效率。

（7）信息技术基础设施建设

企业资源规划系统的实施需要有良好的IT基础设施支持，包括硬件、软件、网络等。在企业资源规划系统实施之前，企业需要进行充分的选型和评估，并对所需的IT基础设施进行规划和建设。在建设IT基础设施时，需要注意系统的灵活性、扩展性、安全性等要素，确保企业资源规划系统稳定运行，并适应企业未来的发展需要。

（8）持续改进和优化

企业资源规划系统的实施不是一次性事件，而是一个持续改进和优化的过程。企业需要建立持续改进机制，不断跟踪系统的使用情况和业务需求变化，及时调整和优化系统，以适应企业发展的需要。其持续改进和优化包括系统功能优化、业务流程改进、数据管理完善等方面。

（9）选择合适的企业资源规划软件供应商

企业资源规划项目的成功实施不仅依赖系统本身，还与供应商的选择和合作关系管理密切相关。企业需要选择具有丰富经验和可靠口碑的供应商，建立良好的合作关系，以确保项目的顺利推进和实施。选择合适的企业资源规划软件供应商，可以确保系统的质量和稳定性，提供及时的技术支持和维护服务。

（10）风险管理

在企业资源规划系统实施过程中，风险是不可避免的，但有效的管理可以降低风险的出现概率，同时保障实施质量和效果。企业需要充分意识到风险的存在和影响，及时制定应对措施，做好准备。风险管理包括项目策划阶段的风险预测、实施过程中的风险控制、项目完成后的风险总结等内容。

5.3 数字化支付与结算

5.3.1 数字化支付系统的种类与功能

随着科技的飞速发展，数字化支付系统已成为现代经济生活中不可或缺的部分。它们不仅改变了传统的支付方式，还极大地提升了交易的便捷性、安全性和效率。

1. 数字化支付系统的种类

数字化支付系统可以根据不同的标准进行分类，常见的分类方式有以下3种。

（1）按照支付主体分类

按照支付主体不同，数字化支付系统可分为个人支付系统、企业支付系统、政府支付系统。

①个人支付系统主要服务个人消费者，如移动支付应用（如支付宝、微信支付）、电子钱包（如Apple Pay、Google Wallet）等。通常，这些支付系统提供便捷的支付体验，支持线上线下消费、转账、充值等功能。

②企业支付系统主要服务企业，用于处理企业间的支付、工资发放、供应链金融等业务。企业支付系统通常具有更高的安全性和更复杂的交易处理能力，以满足企业多样化的支付需求。

③政府支付系统主要服务政府部门（包括向供应商采购办公用品、支付政府工程建设款项等支付行为），同时用于收取税费、行政事业性收费等。

（2）按照支付媒介分类

按照支付媒介不同，数字化支付系统可分为银行卡支付系统、第三方支付系统和数字货币支付系统。

①银行卡支付系统包括借记卡、信用卡等。通过银行卡进行支付，通常涉及银行间的清算和结算。

②第三方支付系统是独立于银行和消费者之间的支付机构，如支付宝、微信支付等。它们通过自身的支付平台，为消费者和商家提供支付服务。

③数字货币也称"加密货币"，是一种利用密码技术进行安全和"去中心化"交易的虚拟或数字形式的货币。它基于区块链技术，通过加密算法保障交易的安全性，实现了"去中心化"的金融交易。数字货币最著名的代表是比特币。但除此之外，还有许多其他类型的数字货币，每种数字货币都有其特点和应用场景。数字货币支付系统具有"去中心化"、匿名性等特点，但目前在监管和法律方面仍存在许多挑战。

（3）按照应用场景分类

按照应用场景不同，数字化支付系统可分为线上支付系统、线下支付系统和跨境支付系统。

①线上支付系统主要服务电子商务、在线娱乐等线上场景，如支付宝、微信支付、PayPal等。

②线下支付系统主要服务实体店铺、公共交通等线下场景，如近场通信技术（NFC）支付、二维码支付等。

③跨境支付系统主要用于处理国际支付业务，如SWIFT、CHIPS等。这些系统通常涉及不同货币间的兑换和跨境清算。

2. 数字化支付系统的功能

数字化支付系统具有多种功能，这些功能共同构成了现代支付体系的基础。数字化支付系统的主要功能有以下6项。

（1）支付功能

支付功能是数字化支付系统最基本的功能，允许用户通过电子方式将资金从一个账户转移到另一个账户，无论是个人与个人之间、个人与企业之间，还是企业与企业之间。支付功能通常包括转账、支付、充值、提现等操作。

①转账。无论是相同支付系统内的账户还是不同支付系统间的账户，用户都可以将资金从一个账户转移到另一个账户。

②支付。用户可以使用数字化支付系统完成线上或线下的商品和服务购买。

③充值。用户可以向自己的支付账户充值，以便进行后续的支付操作。

④提现。用户可以将支付账户中的资金提取到绑定的银行账户中。

（2）清算与结算功能

清算与结算功能是数字化支付系统的重要功能之一，确保了支付指令的准确传递和资金的及时到账。

①清算是支付指令发送、接收和确认的过程。数字化支付系统通过高效的信息传输和处理机制，确保支付指令能够迅速、准确地传递至接收方。

②结算是资金的实际转移过程。数字化支付系统通常与多个银行或支付机构相连，通过高效的结算网络，实现资金的快速到账。

（3）风险管理功能

数字化支付系统具有强大的风险管理功能，能够识别和预防支付过程中的欺诈、洗钱等风险。

①身份验证。数字化支付系统通常采用多种身份验证方式，如密码、指纹、面部识别等，确保用户身份的真实性和安全性。

②交易监控。数字化支付系统能够实时监控用户的交易行为，识别异常交易模式，如频繁的小额交易、大额交易等，以便及时发现并处理潜在风险。

③风险预警。数字化支付系统能够设置风险预警机制，当交易达到预设的风险阈值时会自动触发预警，提醒用户或管理人员进行进一步调查和处理。

（4）信息查询与记录功能

数字化支付系统提供了丰富的信息查询和记录功能，方便用户随时了解自己的账户余额、交易记录等信息。

①账户查询。数字化支付系统用户可以随时查看自己的账户余额、交易记录、支付限额等信息。

②交易记录。数字化支付系统能够保存用户的所有交易记录，方便用户随时查阅和核对。

③电子账单。数字化支付系统能够生成电子账单，方便用户进行财务管理和报销等操作。

（5）增值服务功能

除了基本的支付功能外，数字化支付系统还提供了一系列增值服务功能，以满足用户的多样化需求。

①积分兑换。数字化支付系统用户可以通过支付系统积累积分，并兑换成商品、优惠券等奖励。

②会员服务。数字化支付系统通常提供会员服务，会员可以享受更多的优惠和特权，如免费提现、优先支付等。

③金融服务。一些数字化支付系统还提供金融服务，如理财、保险、贷款等，方便用户进行"一站式"财务管理。

（6）兼容性与扩展性

数字化支付系统通常具有良好的兼容性和扩展性，能够与其他支付系统、银行系统、电子商务平台等进行无缝对接。

①跨平台支付。数字化支付系统用户可以在不同的设备、操作系统和应用程序中使用相同的支付账户进行支付。

②多渠道支付。数字化支付系统支持多种支付方式，如银行卡支付、第三方支付、数字货币支付等，方便用户根据自己的需求选择合适的支付方式。

③API 接口。数字化支付系统通常提供 API 接口，方便其他系统或平台与其进行集成和对接。

3. 数字化支付系统的重要性

统计结果表明，2020—2024 年，中国移动支付用户数及占总人口比例呈逐年上升之势，这意味着未来数字化支付系统在人们生活中将越来越重要（图 5-4）。

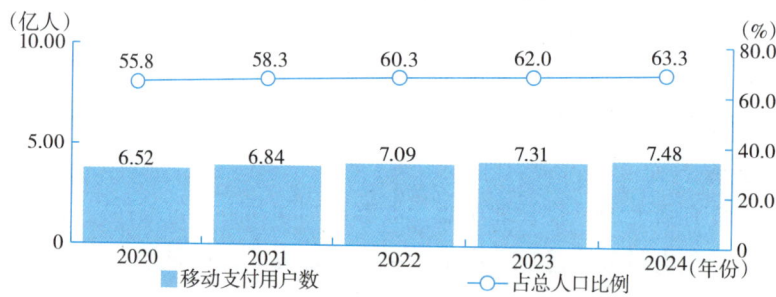

图 5-4　2020—2024 年中国移动支付用户数及占总人口比例

4. 数字化支付系统的未来发展趋势

随着技术的不断进步和应用场景的不断拓展，数字化支付系统正朝着更加便捷、安全、高效的方向发展。

（1）更加注重智能化与个性化服务

未来，数字化支付系统将更加注重智能化和个性化服务。通过大数据分析和人工智能技术，系统能更准确地了解用户的需求和偏好，提供定制化的支付方案和服务。

（2）更多地应用区块链技术

区块链技术具有"去中心化"、不可篡改等特点，将极大地提升数字化支付系统的安全性和效率。未来，将会有越来越多的数字化支付系统采用区块链技术优化支付流程、降低交易成本，并提升用户体验。

（3）注重跨境支付的创新和优化

随着全球化的不断深入，跨境支付的需求日益增长。未来，数字化支付系统将更加注重跨境支付的创新和优化，通过技术手段降低跨境支付成本和时间成本，提升跨境支付的便捷性和安全性。

（4）与金融科技深度融合

金融科技的发展将推动数字化支付系统与金融服务深度融合。未来，数字化支付系统不仅提供支付服务，还提供理财、保险、贷款等全方位的金融服务，以满足用户的多样化需求。

（5）监管与合规问题日益突出

随着数字化支付系统的广泛应用和不断创新，监管与合规问题日益突出。未来，数字化支付系统将在遵守法律法规和监管要求的前提下进行创新和发展，以确保行业的健康稳定发展。

5.3.2 数字货币与区块链技术的应用

在数字化支付与结算的广阔领域中，数字货币与区块链技术正逐渐成为引领变革的重要力量。二者的结合不仅重塑了金融行业的格局，也为全球支付体系带来了前所未有的革新。

1. 数字货币在支付与结算中的应用

（1）跨境支付

数字货币在跨境支付领域具有显著优势。传统的跨境支付通常需要经过多个中介机构，耗时长且费用高，而数字货币可以实现点对点的直接交易，去除了中介环节，降低了交易成本和时间。此外，数字货币还能规避汇率波动、跨境资本流动限制等风险，为国际贸易和跨境转账提供了更加便捷和安全的支付方式。

（2）微支付

由于高昂的交易费用，传统的支付系统往往不适用于小额资金的交易，而数字货币为微支付提供了可行的解决方案。通过数字货币，小额资金可以实现无缝、经济实惠的转移，数字内容为实现货币化、支持创作者及推动新兴市场经济增长带来了新的可能性。

（3）提高金融包容性

在全球范围内，有相当一部分人口没有银行账户或处于银行服务欠发达状态，无法享受传统金融服务。数字货币通过提供"去中心化"、可访问的金融基础设施，填补了这一空白。只需要一部智能手机与互联网连接，个体就可以参与全球数字经济，获得金融服务、储蓄和投资。

2. 区块链技术在支付与结算中的革新作用

（1）"去中心化"的支付系统

区块链技术可以建立"去中心化"的支付结算系统，实现交易的直接对接，减少了交易中的中介环节和费用。这种支付系统不仅提高了交易效率，而且降低了交易风险。由于区块链上的交易记录不可篡改，可以确保交易的真实性和安全性。

（2）智能合约

智能合约是区块链技术的一个重要应用，是一种自动化的合约，能够在满足特定条件时自动执行交易。智能合约的应用使支付结算过程更加高效和准确,避免了人为因素的干扰和误差;同时,智能合约还可以实现自动化的违约处理和提供争议解决机制,降低了交易纠纷的风险。

(3)提高支付安全性

区块链技术通过密码学算法保障交易的安全性。每个交易记录都被加密并存储在多个节点上,难以被篡改,这种安全机制使区块链技术在支付领域具有极高的可信度。即使部分节点受到攻击或发生故障,也不会影响整个系统的正常运行和数据的安全性。

3. 数字货币与区块链技术的未来展望

(1)法规框架逐步完善

随着数字货币和区块链技术不断发展,相关法规框架也在逐步完善。各国政府正在积极制定相关政策和法规,以规范数字货币和区块链技术的使用与发展。这些法规旨在保护消费者权益,防止非法活动,并提高消费者对数字货币支付的信任度。

(2)技术不断创新与融合

数字货币和区块链技术正处于不断创新和融合的阶段。一方面,新的数字货币不断涌现,每种数字货币都有独特的技术特点和应用场景;另一方面,区块链技术正在与其他技术,如人工智能、大数据等进行深度融合,以提供更加高效和智能的支付解决方案。

(3)支付体系深刻变革

数字货币和区块链技术的广泛应用将推动支付体系的深刻变革。传统的支付体系将逐渐向数字化、智能化和"去中心化"的方向发展。未来,数字货币和区块链技术将成为支付体系的重要组成部分,为全球支付体系的革新和发展提供有力支持。

5.3.3 数字化支付的安全与合规问题

1. 数字化支付的安全风险

数字化支付的安全风险主要有以下3个方面(图5-5)。

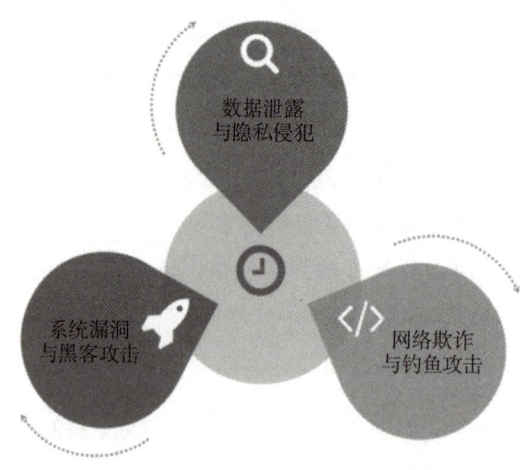

图5-5 数字化支付的安全风险

(1)数据泄露与隐私侵犯

在数字化支付过程中,用户需要提交大量个人信息,包括但不限于姓名、身份证号码、银行账户等敏感数据。一旦这些信息被不法分子窃取或滥用，就会有严重的隐私泄露和财产损失风险。因此，保护用户数据安全，防止数据泄露，是数字化支付安全的首要任务。

（2）网络欺诈与钓鱼攻击

网络欺诈和钓鱼攻击是数字化支付领域常见的安全威胁。不法分子通过伪造支付页面、发送虚假链接或邮件等手段，诱骗用户输入支付密码或进行转账操作，从而窃取资金。这类攻击往往具有高度的隐蔽性和欺骗性，给用户带来极大的经济损失。

（3）系统漏洞与黑客攻击

作为复杂的软件系统，数字化支付系统难免存在漏洞。黑客可能利用这些漏洞对支付系统进行攻击，导致系统瘫痪、数据丢失或资金被盗。因此，加强支付系统的安全防护、及时修复漏洞，是确保支付安全的关键。

2. 数字化支付的合规要求

（1）遵循法律法规

数字化支付必须严格遵守国家的法律法规，包括但不限于《中华人民共和国网络安全法》《中华人民共和国个人信息保护法》等。这些法律法规对支付数据的收集、存储、使用及用户隐私保护等方面提出了明确要求。支付机构需要建立健全的合规体系，确保业务操作符合法律法规要求。

（2）加强反洗钱与反恐怖融资工作

数字化支付具有匿名性和便捷性，这为洗钱和恐怖融资活动提供了便利。因此，支付机构需要加强反洗钱和反恐怖融资工作，建立健全客户身份识别、交易监测和报告制度等，及时发现并报告可疑交易。

（3）保护消费者权益

在数字化支付过程中，保护消费者权益至关重要。支付机构需要确保支付服务的透明度、公平性和安全性，不得进行虚假宣传、误导消费者或侵犯消费者合法权益。同时，支付机构需要建立健全投诉处理机制，及时回应消费者诉求，保护消费者合法权益。

3. 数字化支付的安全与合规问题应对策略

（1）加强技术防护

支付机构需要采用先进的安全技术，如加密技术、防火墙、入侵检测系统等，确保支付系统的安全性和稳定性；同时，定期对系统进行安全评估和漏洞扫描，及时发现并消除潜在的安全隐患。

（2）完善用户身份验证

为防范网络欺诈和"钓鱼"攻击，支付机构需要完善用户身份验证机制，通过采用多因素认证、生物识别技术等手段，提高用户身份验证的准确性和安全性；同时，加强用户教育，提高用户的安全意识和防范能力。

（3）建立健全合规体系

支付机构需要建立健全合规体系，包括合规政策、合规流程、合规培训和合规监督等方面，通过制定明确的合规标准和操作流程，确保业务操作符合法律法规要求；同时，加强合规培训，提高员工的合规意识和能力。

（4）加强监管合作

支付机构需要加强与监管机构的合作，共同维护支付市场的安全和稳定，通过定期向监管机构报告业务情况、接受监管检查和指导等方式，确保业务操作符合监管要求；同时，积极参与行业自律和标准制定工作，推动支付行业健康发展。

（5）提升应急响应能力

支付机构需要建立完善的应急响应机制，包括应急预案、应急演练、应急处理等方面，通过制定详细的应急预案和操作流程，确保在发生安全事件时能迅速响应、有效处置；同时，加强应急演练和培训，提高员工的应急处理能力和协作水平。

5.4 数据分析在财务决策中的应用

5.4.1 财务数据分析的基础概念与工具

财务数据分析是企业管理中至关重要的一项工作。通过对企业财务状况进行深入分析，可以帮助决策者更好地了解企业的经营状况，并做出合理的决策。

1. 财务数据分析的基础概念

财务数据分析主要分析资产负债表、利润表、现金流量表、财务比率等。

（1）资产负债表

资产负债表是反映企业在某一时点上资金运用与来源状况的财务报表，主要由资产、负债和所有者权益3部分构成。在财务数据分析中，资产负债表是了解企业总资产规模、资本结构及稳定性的基础。资产包括流动资产（如现金、应收账款、存货等）和非流动资产（如固定资产、无形资产等）。负债包括流动负债（如应付账款、短期借款等）和非流动负债（如长期借款、递延所得税负债等）。所有者权益包括股本、资本公积、盈余公积、未分配利润等。

（2）利润表

利润表是反映企业在一定时期内经济业绩的财务报表，包括一系列指标，如销售收入、营业利润、净利润等。通过分析利润表，可以了解企业在特定时期的盈利情况，评估企业的经营能力。销售收入是指企业在一定时期内通过销售产品或提供服务获得的收入总额。营业利润是指销售收入减去营业成本和营业费用后的利润。净利润是指营业利润减去所得税后的利润。

（3）现金流量表

现金流量表是反映企业在一定时期内现金流入、流出和余额的财务报表，包括经营活动现金流量、投资活动现金流量、筹资活动现金流量等。通过分析现金流量表，可以了解企业的现金净流量，评估企业的现金流动性和偿债能力。经营活动现金流量是指企业通过日常经营活动产生的现金流入和流出。投资活动现金流量是指企业因购置或处置长期资产（如固定资产、无形资产等）产生的现金流入和流出。筹资活动现金流量是指企业因借款、发行股票或偿还债务等筹资活动产生的现金流入和流出。

（4）财务比率

财务比率是一种用来衡量企业在特定领域的经营能力和财务状况的工具。常用的财务比率包括流动比率、速动比率、资产负债率等。通过分析财务比率，可以评估企业的运营效率、财务风险和盈利能力。流动比率是指流动资产与流动负债的比率，用于衡量企业的短期偿债能力。速动比率是指速动资产（流动资产减去存货和预付费用）与流动负债的比率，用于衡量企业短期内迅速变现资产可以偿还流动负债的能力。资产负债比率是指负债总额与资产总额的比率，用于衡量企业的财务杠杆程度和长期偿债能力。

2. 财务数据分析的工具

（1）Excel

Excel 是最常用的财务分析工具之一。通过利用 Excel 的函数和公式，可以方便地计算财务比率和其他重要指标，制作财务报表和图表。另外，Excel 还具有数据透视表、逻辑函数等高级功能，能够帮助分析师快速地分析和呈现数据。具体来说，Excel 的支持包括 3 个方面。①函数和公式。Excel 提供了丰富的财务函数，如 NPV（净现值）、IRR（内部收益率）、PMT（贷款支付额）等，可以方便地计算财务指标。②数据透视表。Excel 提供的数据透视表是一种强大的数据分析工具，可以帮助分析师快速汇总、分析和呈现大量数据。③图表。Excel 提供了多种图表类型，如柱状图、折线图、饼图等，可以直观地展示财务数据。

（2）RPA

机器人流程自动化（RPA）是一项可以自动处理具备规则性重复工作的技术，可以进行跨系统数据连接，大大提高了数据录入的速度和准确性。在财务分析中，RPA 可以自动完成数据下载、核对、报表汇总等一系列操作，显著提高工作效率。具体来说，RPA 的支持包括 3 个方面。①数据下载。RPA 可以自动从各个系统下载财务数据，减少人工操作的时间，降低错误率。②数据核对。RPA 可以自动对下载的财务数据进行核对，确保数据的准确性和一致性。③报表汇总。RPA 可以自动将核对后的数据汇总成财务报表，减少人工汇总的工作量。

（3）OpenRefine

OpenRefine 是一款强大的数据清洗工具，支持将数据从一种格式转换为另一种格式，还可以通过网络服务和外部数据进行扩展。在财务分析中，OpenRefine 可以帮助分析师清洗、转换、扩展财务数据，确保数据的准确性和一致性。具体来说，OpenRefine 的支持包括 3 个方面。①数据清洗。OpenRefine 提供了丰富的数据清洗功能，如去除重复数据、填补缺失值、转换数据格式等。②数据转换。OpenRefine 可以将财务数据从一种格式转换为另一种格式，方便后续的分析和处理。③数据扩展。OpenRefine 可以通过网络服务和外部数据进行数据扩展，丰富财务数据的内容和维度。

（4）MySQL

MySQL 是最流行的开源数据库之一。在财务分析中主要使用 MySQL 存储数据，其可处理的数据量远超 Excel。通过 MySQL，分析师可以高效地管理和查询、备份、恢复财务数据，为深入分析财务数据提供基础。具体来说，MySQL 的支持包括 3 个方面。①数据存储。MySQL 可以存储大量财务数据，支持多种数据类型和存储引擎。②数据查询。MySQL 提供了强大的查询功能，可以通过 SQL 语句快速查询和分析财务数据。③数据备份和恢复。MySQL 支持数据的备份和恢复功能，确保财务数据的安全性和可靠性。

（5）Tableau

Tableau 是一款功能强大的数据可视化工具，可以创建各种类型的图表和仪表板，如柱状图、折线图、饼图等，直观地呈现财务数据。通过 Tableau，分析师可以快速地发现数据中的规律和趋势，为决策提供支持。具体来说，Tableau 的支持包括 3 个方面。①图表类型。Tableau 提供了多种图表类型，可以根据需要选择合适的图表来展示财务数据。②仪表板。Tableau 可以将多个图表组合成一个仪表板，方便分析师进行综合分析和比较。③数据连接。Tableau 支持多种数据源连接，如可以方便地连接 MySQL、Excel 等数据源，获取和分析财务数据。

（6）Power BI

Power BI 提供交互式的数据可视化报告和仪表板功能、丰富的财务分析功能，如财务比率、现金流量分析等。此外，Power BI 与微软生态集成较好，无论用户的数据是简单的 Excel 表格，还是基于云和本地混合数据仓库的集合，用户都可轻松地连接到数据源。具体来说，Power BI 的支持包括 3 个方面。①数据可视化。Power BI 提供了丰富的数据可视化功能，可以创建各种图表和仪表板，直观地展示财务数据。②财务分析。Power BI 内置了多种财务分析功能，如财务比率分析、现金流量分析等，可以帮助分析师快速进行财务分析。③数据连接。Power BI 支持多种数据源连接，如可以方便地连接 Excel、SQL Server、Azure 等数据源，获取和分析财务数据。

（7）FineBI

FineBI 是定位于自助大数据分析的 BI 工具，能提供数据处理、即时分析、多维度分析、可视化等服务。FineBI 支持多种数据源，可以快速创建表格或图表以使数据可视化，添加过滤条件筛选数据，即时排序。具体来说，FineBI 的支持包括 3 个方面。①数据处理。FineBI 提供了丰富的数据处理功能，可以对财务数据进行清洗、转换和整合。②即时分析。FineBI 支持即时分析功能，可以快速生成各种分析报表和图表，为决策提供及时支持。③多维度分析。FineBI 支持多维度分析功能，可以从不同角度和维度对财务数据进行深入分析，发现数据中的规律和趋势。

5.4.2　数据驱动的预算管理与预测

1. 数据驱动的预算管理概念

数据驱动的预算管理是一种基于大数据、人工智能和先进算法的新型预算管理模式。其利用现代信息技术手段，通过收集、分析、利用企业内部和外部的海量数据，为预算管理提供科学依据和决策支持。数据驱动的预算管理不仅关注历史数据，更重视实时数据和未来预测数据，从而帮助企业实现更精准、更高效的预算管理。

数据驱动的预算管理涵盖企业各个部门和各项业务流程，包括销售预算、生产预算、投资预算、人力资源预算等多个方面。通过数据分析，企业能更准确地预测未来的经营情况和市场环境，从而制定更合理的预算目标和计划。

2. 数据驱动的预算管理主要特点

数据驱动的预算管理主要有以下 5 个特点（图 5-6）。

（1）全方位的数据覆盖

数据驱动的预算管理能利用大数据技术覆盖企业财务、业务、市场、竞争等各个方面的数据。

这种全方位的数据覆盖使企业能够更全面地了解自身的运营情况和市场环境，为预算管理提供更全面的支持。

（2）智能化的预测分析

数据驱动的预算管理能够利用人工智能和机器学习技术，进行智能化的预测分析。通过对历史数据的挖掘和分析，企业可以建立科学的预测模型，对未来的经营情况进行准确预测。这种智能化的预测分析不仅提高了预算的精准度，还为企业提供前瞻性的决策支持。

（3）动态化的预算管理

数据驱动的预算管理具有动态化的特点。传统的预算管理往往基于静态的历史数据，而数据驱动的预算管理能实时获取和分析数据，根据市场环境的变化和企业运营的实际情况进行动态调整。这种动态化的预算管理使企业能够更灵活地应对市场变化，提高预算的适应性和灵活性。

（4）精细化的管理控制

数据驱动的预算管理能实现精细化的管理控制。通过对各项预算指标进行细致的分析和监控，企业能及时发现预算执行过程中的问题和偏差，并采取相应的措施进行调整。这种精细化的管理控制有助于企业提高预算的执行效率和管理水平。

图5-6 数据驱动的预算管理主要特点

3. 数据驱动的预算管理实施步骤

（1）数据收集与整合

数据驱动的预算管理的第一步是进行数据收集与整合。企业需要收集各个方面的数据，包括财务数据、业务数据、市场数据等，并进行整合和清洗，以确保数据的准确性和完整性。

（2）建立预测模型

企业需要在数据收集与整合的基础上建立科学的预测模型。预测模型应基于历史数据进行分析和挖掘，并考虑市场环境的变化和企业运营的实际情况。通过建立预测模型，企业能够对未来的经营情况进行准确预测。

（3）制定预算目标和计划

企业需要基于预测模型的结果制定预算目标和计划。预算目标应与企业的发展战略和市场环境相适应，并考虑各项预算指标之间的关联性和相互影响。在制定预算目标和计划时，企业应充分考虑市场变化和企业运营的不确定性，以确保预算的合理性和可行性。

（4）预算执行与监控

在制定预算目标和计划后，企业需要进行预算执行与监控。通过实时获取和分析数据，企业能够及时发现预算执行过程中的问题和偏差，并采取相应的措施进行调整。预算执行与监控应贯穿预算管理的全过程，以确保预算的有效执行和管理目标的实现。

（5）评估与反馈

企业需要对预算管理的效果进行评估与反馈。通过对预算执行的结果进行分析和评估，企业能够了解预算管理的效果和问题,并提出相应的改进措施和建议。评估与反馈是数据驱动的预算管理的重要环节,有助于企业不断优化预算管理的流程和方法,提高预算管理的效果和水平。

4. 数据驱动的预算管理未来发展趋势

(1) 智能化程度进一步提高

随着人工智能和机器学习技术的不断发展,数据驱动的预算管理智能化程度将进一步提高。未来,企业可以利用更加先进的算法和模型进行预测及分析,提高预算的精准度和可靠性;同时,智能化的预算管理能够更快速地响应市场变化和企业运营需求,提高预算管理的灵活性和适应性。

(2) 更加注重数据集成与共享

未来,数据驱动的预算管理更加注重数据的集成与共享。企业将通过建立统一的数据平台和共享机制,实现各个部门之间数据的无缝对接和共享。这种数据集成与共享将有助于企业更好地利用数据资源,提高预算管理的效率和效果。

(3) 更加注重可视化与交互性

数据驱动的预算管理将更加注重可视化和交互性。通过可视化技术和交互性工具,企业能够将复杂的预算数据以直观、易懂的方式呈现出来,方便企业决策者进行分析和决策;同时,交互性工具能使企业更方便地进行数据查询和分析,提高预算管理的便捷性和易用性。

(4) 更加注重风险管理与预警

未来,数据驱动的预算管理更加注重风险管理与预警。通过实时获取和分析数据,企业能够及时发现潜在的风险和问题,并采取相应的措施进行防范和应对。风险管理与预警将有助于提高企业的风险抵御能力和市场竞争力。

(5) 更加注重业财一体化

随着企业数字化转型的深入推进,数据驱动的预算管理将更加注重业财一体化。企业将通过建立统一的业务与财务系统,实现业务流程和财务流程的无缝对接及协同。业财一体化将有助于企业更好地实现预算管理与业务管理的融合,提高预算管理的针对性和实效性。

5.4.3 数据分析在投资与风险管理中的应用

1. 数据分析在投资与风险管理中的应用内容

数据分析是指利用统计学、机器学习、数据挖掘等技术手段,对收集到的数据进行处理、分析和解释,以提取有用信息和洞察力的过程。在投资与风险管理领域,数据分析的应用主要涵盖以下4个方面。

(1) 市场趋势分析

通过对历史市场数据进行分析,投资者可以识别出市场的长期趋势和短期波动,为投资决策提供依据。

(2) 风险评估与量化

数据分析技术可以帮助投资者对投资组合的风险进行量化评估,包括市场风险、信用风险、流动性风险等,从而制定合适的风险管理策略。

(3) 投资策略优化

通过数据分析，投资者可以发现市场中的投资机会，优化投资策略，提高投资回报率。

(4) 风险管理决策支持

数据分析为风险管理者提供了科学、客观的决策依据，能帮助他们更好地识别、评估和控制风险。

2. 数据分析在投资中的主要方法

(1) 时间序列分析

时间序列分析是一种用于研究数据随时间变化的规律的方法。在投资领域，时间序列分析常被用于预测股票价格、市场指数等金融变量的未来走势。通过构建时间序列模型，投资者可以捕捉市场的趋势和周期性波动，为投资决策提供参考。

(2) 回归分析

回归分析是一种用于研究变量之间关系的统计方法。在投资中，回归分析常被用于研究股票价格与宏观经济指标、公司业绩等因素之间的关系。通过回归分析，投资者可以了解不同因素对股票价格的影响程度，从而制定投资策略。

(3) 数据挖掘

数据挖掘是一种从大量数据中提取有用信息和模式的技术。在投资领域，数据挖掘技术可以帮助投资者发现市场中的隐藏机会和潜在风险。例如，通过挖掘社交媒体数据，投资者可以了解市场情绪和投资者情绪的变化，从而调整投资策略。

(4) 机器学习

机器学习是一种基于数据训练的算法，能够自动地从数据中学习并做出预测。在投资中，机器学习技术被广泛应用于股票价格预测、市场趋势分析等方面。通过训练机器学习模型，投资者可以实现对市场走势的精准预测，提高投资成功率。

3. 数据分析在风险管理中的主要方法

数据分析在风险管理中的主要方法有以下 4 个（图 5-7）。

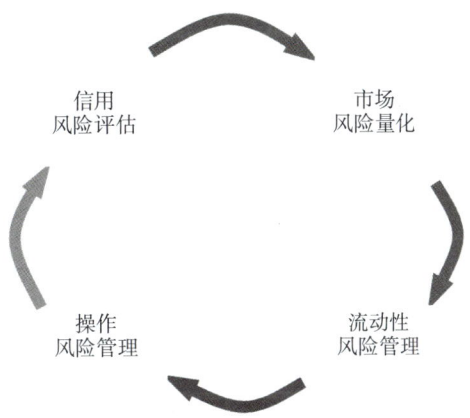

图 5-7　数据分析在风险管理中的主要方法

(1) 信用风险评估

信用风险评估是金融机构和投资者面临的重要风险之一。通过数据分析技术，金融机构可以建立信用评分模型，对借款人的信用状况进行评估。这些模型通常基于借款人的历史还款记录、财务状况、担保措施等因素进行构建，为金融机构提供决策支持。

（2）市场风险量化

市场风险是指由市场价格波动导致投资组合价值下降的风险。数据分析技术可以帮助投资者对市场风险进行量化评估。例如，通过构建市场风险模型，投资者可以计算投资组合在不同市场情况下的损失概率和损失幅度，从而制定合适的风险管理策略。

（3）流动性风险管理

流动性风险是指资产无法迅速转换为现金以满足资金需求的风险。在数据分析的帮助下，金融机构可以建立流动性风险预警系统，实时监测投资组合的流动性状况。这些系统通常基于市场数据、交易数据等因素进行构建，能够及时发现潜在的流动性风险，并采取相应的措施应对。

（4）操作风险管理

操作风险是指由内部流程、人员、系统等因素导致的风险。数据分析技术可以帮助金融机构对操作风险进行识别和量化。例如，通过挖掘和分析内部数据，金融机构可以发现潜在的操作风险点，并制定相应的风险控制措施。

4. 数据分析在投资与风险管理中的未来发展趋势

（1）越来越智能化与自动化

随着人工智能和机器学习技术的不断发展，数据分析在投资与风险管理中的应用将越来越智能化和自动化。未来，投资者和风险管理者能利用更加先进的算法和模型进行数据分析，提高分析的准确性和效率。

（2）大数据和云计算技术普及

大数据和云计算技术普及将推动数据分析在投资与风险管理中的广泛应用。通过大数据和云计算技术，投资者和风险管理者可以获取更加全面、及时的数据资源，并进行高效的数据处理和分析。

（3）越来越注重跨领域融合

数据分析在投资与风险管理中的应用将越来越注重跨领域融合。未来，投资者和风险管理者需要综合运用金融、计算机科学、统计学等多个领域的知识和技术进行数据分析，以应对复杂多变的金融市场环境。

（4）数据分析结果的可视化与交互性

数据分析结果的可视化与交互性将成为未来发展的重要趋势。通过可视化和交互性技术，投资者和风险管理者可以更加直观地了解数据分析结果，并进行更加深入的分析和探讨。这将有助于提高数据分析的效率和准确性，为投资决策和风险管理提供更有力的支持。

【案例 5-2】

阿里巴巴的风险管理

阿里巴巴作为中国最大的电子商务平台之一，面临着巨大的市场风险、信用风险和操作风险。为了有效管理这些风险，阿里巴巴采用了先进的数据分析技术。例如，阿里巴巴建立了信用评分模型，对商家的信用状况进行评估，从而降低了信用风险；同时，建立了市场风险预警系统，实时监测市场波动情况，为投资者提供决策支持。

资料来源：许佳.基于阿里巴巴平台数据的信用评价模型研究［D］.杭州：浙江大学，2011.

BlackRock 的投资管理

BlackRock 是全球最大的资产管理公司之一。为了优化投资策略并提高投资回报率，BlackRock 采用了数据分析技术对市场数据进行深入分析，使其发现市场中的投资机会和潜在风险，从而制定合适的投资策略。此外，BlackRock 还利用机器学习技术对股票价格进行预测，提高了投资成功率。

资料来源：美股介绍. 美国最大投资管理公司：贝莱德集团 BlackRock（BLK）[EB/OL]. (2017-11-02). https://www.sohu.com/a/201856643_99948794.

JPMorgan Chase 的信用风险评估

JPMorgan Chase 是一家全球领先的金融服务公司。为了降低信用风险，JPMorgan Chase 采用了数据分析技术对借款人的信用状况进行评估。通过构建信用评分模型，JPMorgan Chase 能够对借款人的还款能力和还款意愿进行准确评估，从而降低了信用风险。

资料来源：星光璀璨. 摩根大通（JPMorgan Chase &Co.）[EB/OL]. (2023-01-09). https://www.jobxzc.com/hrxueyuan/article_4547068.html.

章节练习题

一、选择题

1. 数字化财务管理的核心是（　　）。
   A. 手工记账的电子化替代　　　　　B. 数据驱动决策
   C. 提高财务人员的工作效率　　　　D. 减少企业运营成本

2. 在数字化财务管理的（　　）阶段，企业开始探索业务与财务的深度融合。
   A. 会计电算化与信息化初探　　　　B. 业务财务一体化与企业资源规划系统应用
   C. 财务共享服务与云计算　　　　　D. 智能化与数字化转型深化

3. 数字化财务管理的核心要素中，（　　）要素强调通过规范数据标准、把控数据质量，提供可用性更高的数据。
   A. 数据集成与分析　　　　　　　　B. 决策支持与风险管理
   C. 数据治理与数据安全　　　　　　D. 财务数字化技术平台

4. 下列各项中不是数字化财务管理重要应用场景的是（　　）。
   A. 智慧费用报销　　　　　　　　　B. 智慧纳税计算
   C. 客户关系管理　　　　　　　　　D. 客户信用风险及应收管理数字化

5. 相较传统财务管理，（　　）不是数字化财务管理的显著优势。
   A. 提高工作效率　　　　　　　　　B. 提高数据准确性
   C. 增加纸质文件使用　　　　　　　D. 优化资源配置

6. 在应对数字化财务管理的挑战时，以下（　　）策略不是有效的解决方法。
   A. 加强数据安全防护　　　　　　　B. 忽视技术更新速度
   C. 加强人才培养和引进　　　　　　D. 优化业务流程

7. 财务信息系统不包括（　　）。
   A. 总账模块　　　B. 市场营销模块　　　C. 应收账款模块　　　D. 税务管理模块

8. 企业资源规划系统通过（　　）功能实现了信息的集中管理和共享。
A. 自动化流程　　　　　　　　　　B. 强大的数据分析能力
C. 集成各个业务模块　　　　　　　D. 优化资源配置

9. 企业资源规划系统是基于（　　）技术的发展，并根据现代化企业管理的需要发展而来的。
A. 信息　　　　B. 人工智能　　　　C. 物联网　　　　D. 区块链

10. 企业资源规划系统在财务管理中的主要优势不包括（　　）。
A. 提高财务管理效率　B. 确保财务操作合规　C. 加强财务风险防控　D. 降低企业利润

11. 在企业资源规划系统实施过程中，（　　）不是主要挑战。
A. 较低的实施成本　B. 复杂的系统集成　C. 员工的培训和适应　D. 数据迁移困难

12. 在企业资源规划系统实施的成功要素中，（　　）强调了企业高层管理的作用。
A. 明确的实施目标和需求分析　　　B. 全面的培训和变革管理
C. 专业的项目管理团队　　　　　　D. 企业高层管理的支持和领导

13. 按支付媒介分类，数字化支付系统不包括（　　）。
A. 个人支付系统　　B. 银行卡支付系统　　C. 第三方支付系统　　D. 政府支付系统

14. 主要服务电子商务、在线娱乐等线上场景的支付系统是（　　）
A. PayPal　　　　　　　　　　　　B. SWIFT
C. NFC 支付
D. Apple Pay（线下也常用，但更偏向于线上的是 PayPal）

15. 数字化支付系统的（　　）功能允许用户查看自己的账户余额和交易记录。
A. 支付　　　　　　　　　　　　　B. 清算与结算
C. 信息查询与记录　　　　　　　　D. 风险管理

16. 区块链技术在支付领域的（　　）革新作用是通过密码学算法保障交易的安全性。
A. 提高支付安全性　　　　　　　　B. 智能合约
C. "去中心化"的支付系统　　　　　D. 跨境支付创新

17. （　　）不是财务分析中常用的财务报表。
A. 资产负债表　　B. 利润表　　C. 现金流量表　　D. 员工薪酬表

18. 以下不是数字货币支付系统特点的是（　　）。
A. "去中心化"　　B. 中心化监管　　C. 匿名性　　D. 基于区块链技术

19. 在财务数据分析中，用于衡量企业短期偿债能力的是（　　）。
A. 资产负债率　　B. 速动比率　　C. 流动比率　　D. 销售毛利率

20. 主要用于数据清洗和整理的工具是（　　）。
A. Excel　　　　B. MySQL　　　　C. OpenRefine　　　　D. Power BI

21. 数据驱动的预算管理利用（　　）技术能够进行智能化的预测分析。
A. 大数据　　B. 机器学习　　C. Excel 函数　　D. 数据透视表

二、判断题（正确的打"√"，错误的打"×"）

1. 数字化财务管理仅仅是对传统手工记账、报表编制等财务活动的电子化替代。（　　）
2. 在数字化财务管理的演变过程中，云计算技术的兴起为财务管理提供了新的解决方案，实现

了财务数据的远程访问和管理。（ ）

3. 数字化财务管理中的数据集成与分析仅仅是简单的报表生成，不涉及对未来趋势进行预测。（ ）

4. 财务数字化技术平台的建设不需要企业具备一定的互联网技术能力和技术储备。（ ）

5. 数字化财务管理通过智能算法和数据分析技术，能够自动识别并纠正数据错误，从而完全消除数据错误的可能性。（ ）

6. 在数字化财务管理转型过程中，企业不需要对传统的财务管理流程进行任何变革。（ ）

7. 财务信息系统可以自动化执行会计核算任务，包括财务报表制作、账户管理、银行对账等，但无法管理应收账款和应付账款。（ ）

8. 企业资源规划系统只能提高企业的运营效率，无法帮助企业优化资源配置和提升客户服务水平。（ ）

9. 企业资源规划系统仅仅是一个信息系统，不包含管理理论和管理思想。（ ）

10. 企业资源规划系统不能实现跨部门的数据打通和无缝协作。（ ）

11. 对于中小型企业来说，企业资源规划系统的实施成本通常是一个较小的负担。（ ）

12. 在企业资源规划系统实施过程中，数据质量管理和数据安全不是必须考虑的因素。（ ）

13. 数字化支付系统极大地提升了交易的便捷性、安全性和效率。（ ）

14. 企业支付系统主要服务个人消费者，提供便捷的支付体验。（ ）

15. 数字化支付系统的风险管理功能不包括交易监控和风险预警。（ ）

16. 数字化支付系统通常不提供金融服务，如理财、保险、贷款等。（ ）

17. 财务比率分析只能用于评估企业的运营效率，不能用于评估财务风险和盈利能力。（ ）

18. RPA技术可以自动完成数据下载、核对、报表汇总等操作，但不能进行跨系统数据连接。（ ）

19. MySQL只能用于存储财务数据，不能用于数据查询和分析。（ ）

20. 数据驱动的预算管理主要基于静态的历史数据进行预算制定，不考虑实时数据和未来预测数据。（ ）

三、简答题

1. 简述数字化财务管理的核心要素。
2. 简述财务数智化转型的重要目标及其实现方式。
3. 简述数字化财务挑战的应对策略。
4. 简述财务信息系统的功能。
5. 简述企业资源规划系统在财务管理中的主要应用。
6. 简述在企业资源规划系统实施过程中全面培训和变革管理的原因。
7. 简述数据驱动的预算管理的主要特点。
8. 简述数字化支付系统的主要功能。

第6章

数字化旅游管理

本章引言

在当今信息技术日新月异的时代，数字化已成为各行各业转型升级、提升竞争力的关键驱动力，旅游业也正经历着从传统服务模式向数字化、智能化方向转型的深刻变革。作为旅游业与现代科技深度融合的产物，数字化旅游的产生与发展具有深刻的时代背景。随着互联网的普及和移动智能设备的广泛应用，人们的旅游消费行为和习惯正在发生深刻变化，对旅游信息的获取、旅游产品的预订及旅游服务的体验都提出了更高要求。在这一背景下，数字化旅游应运而生，成为满足游客多样化、个性化需求的重要途径。

学习目标

1. 掌握数字化旅游的概念、产生背景和特征。
2. 了解我国数字化旅游的发展进程和现状。
3. 了解数字化对旅游业的影响及数字化旅游发展态势。
4. 学会数字化技术在旅游管理中的应用。
5. 了解数字化旅游安全与风险管理。
6. 了解数字化旅游的未来发展趋势。

6.1 数字化旅游概述

数字化旅游是指利用数字技术对旅游产业链进行全方位、多角度的改造和提升，将信息技术深度融入旅游产业的各个环节，从而实现旅游信息的数字化采集、处理、传播和应用，以及旅游业务的智能化管理和运营，为游客提供更加高效、便捷、个性化的旅游体验。数字化旅游的特征构成了数字化旅游的独特魅力和优势，推动了旅游行业的创新发展和转型升级。

6.1.1 数字化旅游的产生背景和特征

1. 数字化旅游的产生背景

数字化旅游的产生和发展源于信息技术飞速进步、市场需求变化，以及旅游行业自身需求等多方面的推动。

（1）信息技术飞速进步

数字化旅游的发展离不开信息技术的飞速进步。自20世纪80年代以来，随着信息高速公路的全面建设，网络宽带技术、3S［RS（遥感）、GIS、GPS］技术、多元数据库技术、电子商务技术、虚拟现实技术等得到了飞速发展，为数字化旅游的实现提供了坚实的技术基础。特别是进入21世纪以来，智能手机、互联网和人工智能技术的兴起使数字化旅游变得越来越普及。

互联网的普及使旅游信息快速传播和共享，打破了时空限制，让旅游企业与游客之间的沟通更加顺畅和及时。移动通信技术的发展，特别是智能手机的广泛普及，使游客能够随时随地获取旅游相关信息、进行预订和支付等操作，极大地提高了旅游消费的便利性。大数据技术的兴起，使旅游企业能够收集、存储和分析海量的旅游数据，深入了解游客的行为偏好、需求特点等，从而实现精准营销和个性化服务。云计算为旅游企业提供了强大的计算能力和存储资源，降低了企业运营成本，提高了业务处理效率。

（2）市场需求变化

现代消费者越来越依赖互联网，通过在线旅游平台、社交媒体、旅游攻略网站等渠道，广泛收集旅游目的地、酒店、交通等信息，并参考其他游客的评价和经验分享，做出更加明智和个性化的旅游决策。此外，消费者对于旅游体验的期望也日益提高，传统的旅游方式已无法满足他们对信息获取、行程规划、服务质量等方面的需求。游客渴望更加便捷、高效、个性化和丰富多样的旅游服务，而数字化旅游通过提供在线预订、电子票据、移动应用程序等服务，满足了游客的个性化需求，提升了旅游体验。

（3）旅游行业自身需求

在日益激烈的市场竞争环境下，传统的旅游经营模式面临诸多挑战，如产品同质化严重、营销渠道单一、客户服务质量难以提升等。而数字化技术为旅游企业提供了创新的手段和工具，通过数字化转型，企业可以优化业务流程，创新产品和服务，拓展营销渠道，提升客户体验，从而增强自身竞争力，在市场中脱颖而出。

2. 数字化旅游的特征

（1）平台化与网络化

数字化旅游的核心在于利用数字技术，如互联网、移动通信、大数据、云计算等，对旅游资源和信息进行数字化处理。通过网络平台，游客可以随时随地获取旅游信息、预订旅游产品、享受旅游服务，实现了旅游活动的全面网络化。这不仅方便了信息的快速检索和更新，还提高了信息的准确性和完整性。

（2）个性化与定制化

数字化旅游能够根据游客的需求和偏好，提供个性化的旅游服务和产品。通过分析和挖掘数据，旅游企业可以精准了解游客的消费习惯、兴趣爱好等，从而为其量身定制旅游路线，推荐景点和活动。

（3）便捷性与高效性

数字化旅游为游客提供了更加便捷、高效的旅游体验。游客可以通过 App、在线旅游平台等渠道，轻松完成旅游信息查询、产品预订、支付等操作，大大提高了旅游服务效率。

（4）互动性与参与性

数字化旅游强调游客的参与和互动。通过虚拟现实、增强现实等技术，游客可以身临其境地体验旅游目的地的风光和文化，与旅游资源进行深度互动。此外，数字化旅游提供了在线评论、分享等功能，让游客能够积极参与旅游社区的互动和交流。

（5）实时化与智能化

数字化旅游推动了旅游行业的实时化和智能化发展。通过物联网、人工智能等技术，旅游企业可以实现对旅游资源的实时监测和管理，提高运营效率和服务质量。同时，数字化旅游还提供了智能化的旅游服务，如智能导览、智能推荐等，为游客提供更加贴心、个性化的服务体验。

（6）数据驱动与决策支持

数字化旅游的发展离不开大数据技术的支持。通过收集和分析游客的行为数据、消费数据等，旅游企业可以深入了解市场需求和游客偏好，为产品开发和市场营销提供科学依据。此外，大数据还可以用于旅游行业的决策支持，帮助政府和企业制定更加合理的旅游政策与战略规划。

6.1.2 我国数字化旅游的发展进程和现状

1. 发展进程

伴随着现代信息技术的飞速发展，我国旅游业数字化发展经历了以下 3 个阶段。

（1）数字化萌芽阶段（1980—1996 年）：数字化接入

1981 年，中国国际旅行社总社引进美国 PRIME550 型超级小型计算机系统，并将其应用于旅游财务管理、旅行团数据整理、旅游数据统计等管理过程，标志着我国旅游业数字化的萌芽。此外，锦江饭店、上海春秋旅行社等旅游企业也开始了数字化的尝试。这一阶段的旅游业数字化水平还相对较低，主要推动力是原国家旅游局的旅游信息化政策和实践。

（2）数字化发展阶段（1997—2006 年）：数字化建设

1997 年，随着中国互联网元年的到来，中国旅游网正式开通。随后，我国的旅游信息化建设开始全面发展，建立起国家、省（自治区、直辖市）、重点旅游城市、旅游企业四级计算机网络。在这一阶段，我国的旅游信息化系统得到全面发展。

(3) 数字化加速阶段（2007年至今）：数字化决策

2007年，第一台苹果手机发布。智能手机的出现和逐渐普及，使数字信息获取、数字化交易、数字化管理等变得更加便捷，旅游业数字化加速发展。2015年，国务院办公厅印发《关于进一步促进旅游投资和消费的若干意见》，明确提出智慧景区和智慧旅游乡村的建设目标，我国旅游业数字化进入发展的快车道。2022年，国务院印发《"十四五"旅游业发展规划》指出，加快推进以数字化、网络化、智能化为特征的智慧旅游，深化"互联网+旅游"，扩大新技术场景应用。我国旅游业数字化进入深化发展阶段。

2. 发展现状

(1) 中国宏观经济发展现状

数字经济已经深刻融入我国经济社会的各个领域，成为经济发展的新动能。2023年，中国GDP达到126.05万亿元，其中数字经济规模达到53.9万亿元，较上年增长3.7万亿元，占GDP比重达到42.8%，较2022年提升1.3个百分点（图6-1）。我国5G、人工智能等技术创新持续取得突破，数据要素市场加快建设，数字经济产业体系不断完善，有效支撑了经济稳增长，为数字化旅游提供了广阔的市场空间和发展机遇。

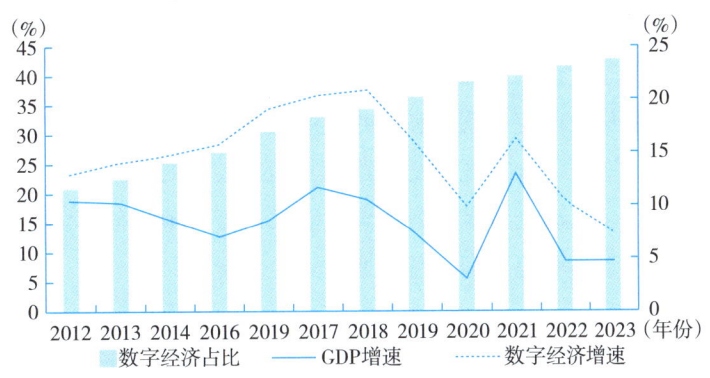

图6-1 2012—2023年中国宏观经济与数字经济发展情况

(2) 数字文化旅游行业发展现状

随着市场规模的持续扩大，数字化旅游业已成为文化旅游产业的重要组成部分，对经济增长的贡献率不断提高。一是市场规模扩大。据统计，数字文旅市场规模从2017年的7870.5亿元增长至2022年的9698.1亿元，增长率高达23.22%（图6-2）。二是产业升级加速。数字技术的广泛应用促进了文化旅游产业的转型升级，提高了产业效率和质量。数字博物馆、数字展览馆等新型文化消费模式，为游客提供了更加便捷、丰富的文化体验。相较传统文化旅游服务，数字文旅的未来前景更为广阔。

(3) 旅游数字化发展现状

我国旅游业数字化发展涉及旅游资源、旅游住宿、旅游交通等多个方面，呈现出不同的发展特点。

①旅游资源数字化。旅游资源数字化包括人文旅游资源数字化和自然旅游资源数字化。我国人

文旅游资源的数字化始于20世纪90年代初，如今借助数字化建模、虚拟修复、数字化展示等关键技术，人文旅游资源数字化发展取得了重要成果。例如，秦始皇兵马俑博物馆运用全景摄影、虚拟现实等科技手段为公众游览和学术研究提供数字信息，利用计算机复原技术解决文物修复难题。自然旅游资源数字化就是利用技术手段对旅游资源的属性和时空分布进行实时调查与监测，并在调查与监测的基础上构建旅游资源数据库。例如，利用遥感技术发现新的旅游资源，提高对自然旅游资源的观测能力。

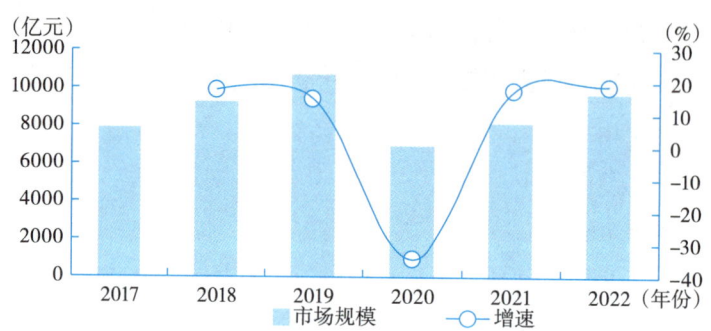

图6-2　2017—2022年中国数字文化旅游行业市场规模及增速

②旅游住宿数字化。酒店利用智能化设备营造个性化和人性化的入住环境，根据顾客的消费特点和偏好为其提供个性化服务，并利用大数据、数字化营销等手段实现精准营销，提升顾客的智慧化体验。2017年，无人智慧酒店"乐易住"面市，标志着传统酒店向全感应式智能化酒店转型。虽然新冠疫情给酒店业带来了重创，但是催生了"无接触服务"等新型服务。

③旅游交通数字化。运用全球定位系统和公共交通大数据，可以掌握车辆的行进路线及不同路段的客流量，据此智能调度车次，合理规划交通路线，满足人们的出行需求。例如，浙江南浔古镇推出的景区自动导览系统，可以满足游客的各种导航需求，极大地方便了游客。此外，信息技术的进步还促进了无人驾驶、自动驾驶等新型智慧交通方式的发展。

6.1.3　数字化对旅游业的影响

在21世纪的科技浪潮中，数字化成为推动经济社会发展的重要力量。旅游业作为全球经济的重要支柱之一，同样在这场数字化革命中经历着深刻的变革。数字化不仅改变了旅游业的运作方式，更在提升游客体验、扩大市场规模、促进文化传承与创新等方面发挥了重要作用。

1. 推动旅游业转型升级

数字化技术的应用，首先推动了旅游业转型升级。传统的旅游业务主要依赖实体服务，如旅行社的线路设计、酒店的住宿安排、景区的门票销售等。然而，随着互联网的普及和数字化技术的发展，旅游业开始逐渐向线上化、智能化方向转型。

在线旅游预订平台（如携程、去哪儿等）的兴起，让游客可以轻松通过互联网查询和预订旅游产品，极大地提高了预订的便捷性和效率。这些平台不仅提供了丰富的旅游产品选择，还通过大数据分析，为游客提供个性化的推荐和服务，使旅游预订过程更加智能化和精准化。

数字化推动了旅游服务的智能化。例如，智能导览系统通过增强现实/虚拟现实技术，为游客提供沉浸式的参观体验；智能客服系统能实时解答游客的疑问，提供7×24小时的在线服务。这些智能化服务不仅提升了游客的满意度，还降低了旅游企业的运营成本。

2. 提升游客体验与满意度

数字化技术的应用极大地提升了游客的旅游体验与满意度。通过数字化手段，游客可以更加便捷地获取旅游信息，如景点的开放时间、门票价格、交通路线等。此外，数字化还提供了更加多元化的旅游体验方式。不仅丰富了游客的感官体验，而且促进了游客对旅游目的地的兴趣和了解。

数字化推动旅游服务的个性化发展。通过大数据分析和人工智能技术，旅游企业可以精准地了解游客的需求和偏好，为他们量身定制旅游路线和推荐景点。这种个性化的服务方式，提高了游客的满意度和忠诚度。

3. 扩大旅游市场规模与促进消费增长

数字化技术的应用进一步扩大了旅游市场的规模，促进了旅游消费的增长。数字化平台为旅游企业提供了更广阔的市场空间，使它们能够突破地域限制，吸引全球游客的关注。另外，数字化还促进了旅游消费的升级。通过数字化手段，游客可以更加便捷地支付旅游费用，享受更加智能化的旅游服务。

4. 促进文化传承与创新

数字化技术的应用不仅推动了旅游产业的发展，还促进了文化的传承与创新。通过数字化手段，一方面，优秀传统文化和旅游资源得到了更好的保护与传承；另一方面，游客可以更加深入地了解旅游目的地的文化背景和历史渊源。例如，数字化技术可以被用于文化遗产的数字化保护和修复，让游客能够在虚拟环境中感受优秀传统文化的魅力。另外，数字化还推动了旅游产业的创新发展，如数字化景区的建设、数字博物馆的开设、文化旅游产品的设计、文化旅游活动的组织等，为游客提供了更加便捷、高效、丰富的文化旅游体验。

5. 数字化旅游面临的挑战及其应对策略

尽管数字化发展对旅游产生了积极影响，但是仍面临着一些挑战。例如，数字化技术的应用需要大量技术投入和人才支持；数字化旅游市场的竞争日益激烈，需要旅游企业不断创新和提升服务质量；数字化旅游产品的安全性和隐私保护问题急需得到重视和解决。

为了应对这些挑战，旅游企业需要加强技术创新和人才培养，提高数字化技术的应用能力和水平；加强市场研究和分析，了解游客的需求和偏好，提供个性化的服务和产品；加强与其他行业的合作与联动，推动旅游产业融合发展。

未来，随着数字化技术的不断发展和应用，旅游业会迎来更加广阔的发展前景和更加多元化的旅游体验。

6.1.4 数字化旅游发展态势

全球和国内数字化旅游呈现出蓬勃发展的态势，但各有特点。

1. 全球数字化旅游发展态势

放眼全球，数字化旅游的发展已取得了显著成效。许多国家都在积极推进数字化旅游建设，利用数字技术和互联网提升旅游行业的竞争力与服务质量。

（1）数字化旅游市场呈现快速增长趋势

数据显示，近年来全球在线旅游市场规模逐年扩大，在线旅游预订收入在旅游总收入中的占比不断提高。这主要得益于互联网普及率的提高，消费者对在线旅游服务的接受度不断增强，以及旅游企业数字化转型的加速推进。

（2）数字化旅游技术创新不断涌现

在全球范围内，虚拟现实、增强现实技术在旅游目的地营销、景区导览等方面得到了越来越广泛的应用，人工智能技术在旅游客服、智能推荐、行程规划等领域发挥着重要作用，区块链技术在旅游供应链管理、旅游积分、忠诚度计划等方面的应用探索正在逐步展开。这些技术创新为全球数字化旅游发展注入了新的活力。

（3）数字化旅游正在加速推进技术融合与创新

物联网、大数据、人工智能等先进技术的应用，使数字化旅游更加智能化和个性化。国际大型旅游企业纷纷加大对数字化技术的投入，加快数字化转型进程。例如，全球知名在线旅游平台，如Expedia、Booking.com等不断优化网站和移动应用的功能，以提升用户体验；酒店集团，如万豪国际、希尔顿等通过数字化手段加强客户关系管理，实现个性化服务和精准营销；航空公司积极推进数字化服务，如自助值机、电子登机牌、机上无线网络等，提高运营效率和客户满意度。

（4）数字化旅游发展在不同区域之间存在一定的不平衡性

欧美等发达国家和地区，由于信息技术基础雄厚、互联网普及率高、消费者数字化消费习惯成熟等，数字化旅游发展相对领先。这些国家和地区的旅游企业，在数字化技术应用、商业模式创新等方面处于世界前沿水平，在线旅游市场渗透率较高。而在一些发展中国家，虽然数字化旅游正在快速发展，但由于基础设施建设相对滞后、技术人才短缺等，与发达国家仍存在一定差距。不过，随着全球信息技术的普及和发展中国家经济的快速增长，这种差距正在逐渐缩小。

2. 国内数字化旅游发展现状

党的二十大报告提出，"实施国家文化数字化战略"。党的二十届三中全会强调聚焦建设社会主义文化强国，坚持马克思主义在意识形态领域指导地位的根本制度，健全文化事业、文化产业发展体制机制，推动文化繁荣，丰富人民精神文化生活，提升国家文化软实力和中华文化影响力。《"十四五"文化和旅游发展规划》提出，推进文化和旅游数字化、网络化、智能化发展，推动5G、人工智能、物联网、大数据、云计算、北斗导航等技术在文化和旅游领域的应用。

未来，文化和旅游深度融合发展，数字化赋能全产业链，数字逐渐渗透旅游业，展现出以下两大发展态势（图6-3）。

（1）以文塑旅、以旅彰文，文旅融合加速

《"十四五"旅游业发展规划》提出，要打造"一批文化特色鲜明的国家级旅游休闲城市和街区"，充分利用好旅游的流量入口效应，看好在供需两端形成动态平衡的旅游企业，缓解消费收缩、扩大市场需求，助力经济企稳回升。

（2）数字化推动文旅快速复苏，推动行业高质量发展

《"十四五"文化和旅游发展规划》指出，要以提升便利度和改善服务体验为导向，推动智慧旅游公共服务模式创新，培育云旅游、云直播，发展线上数字化体验产品，鼓励定制、体验、智

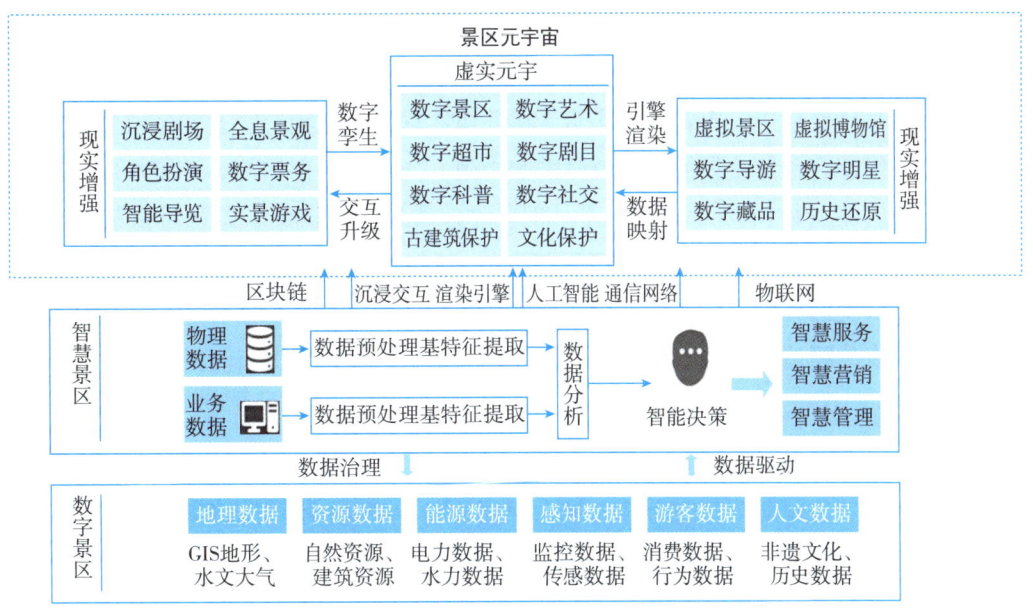

图 6-3 数字景区和智慧景区的文旅关系图谱

能、互动等消费新模式发展，打造沉浸式旅游体验新场景。伴随人工智能生成图形与文本技术升级迭代，基于人工智能、物联网、区块链等技术打造的智慧景区、数字景区将进入公众视野，提升景区的管理效率和服务水平，为游客提供更优质、便捷、智能的旅游体验，降本增效效能凸显。

6.2 数字化技术在旅游管理中的应用

以物联网、云计算、区块链等为代表的新一代信息技术为文化和旅游科技创新提供了不竭动力，新一轮科技革命和产业变革深入推进，文化和旅游科技创新集成应用、跨界协同特征进一步凸显，加速推动文化和旅游发展方式变革。

6.2.1 物联网技术在旅游管理中的应用

物联网技术通过 RFID、红外感应器、GPS 等信息传感设备，按照约定的协议，对物品进行智能化识别、定位、跟踪、监控和管理。物联网技术在旅游管理中的应用正在逐步深化，为旅游产业的数字化转型提供了有力的支持。

1. 物联网构建智慧旅游景区感知体系

（1）智慧旅游景区物联网设备部署与数据采集

在智慧旅游景区中，物联网设备的合理部署是实现智能化管理的基础。环境传感器被广泛分布于景区各处，监测空气质量、温湿度、水质、噪声等环境指标。例如，空气质量传感器实时检测景区内的污染物浓度，为游客提供清新环境保障；温湿度传感器助力景区根据气候变化调整服务；人流传感器如摄像头、红外感应器等被安装在关键节点，统计游客流量、流向，在热门景点和狭窄通道精准把控人员密度；设备状态传感器监测景区设施设备（如缆车、电梯、游乐设施等）的运行参数（如振动、温度、能耗等），确保设备安全稳定运行。这些传感器通过无线通信技术将数据实时传输至景区管理中心，为景区后续分析决策提供丰富且精准的数据支持。

（2）基于物联网数据的景区智能监测与管理决策支持

物联网数据在景区管理中发挥着关键作用。在环境数据监测方面，一旦空气质量超标、水质污染或噪声过大，系统就会预警，促使景区及时采取措施，如加强环保措施、调整游客路线等，保障景区生态环境。游客流量数据助力动态管理。旺季时，通过实时监测，景区可以提前预警拥挤状况，利用智能引导系统分流游客，避免拥堵踩踏事故，同时优化资源配置，提高游客游览舒适度。设施设备运行数据实现远程监控与维护、故障预测性维护。通过分析数据提前发现潜在问题，安排维修，减少设备突发故障造成的损失，确保景区运营顺畅，提升管理决策的科学性与及时性。

2. 物联网助力智慧酒店服务升级

（1）智慧酒店客房物联网设备与智能化服务

智慧酒店客房内的物联网设备能为客人带来便捷体验。智能门锁支持多种开锁方式，如密码、指纹、手机蓝牙等，实现无接触入住与快速退房，提升入住效率。智能灯光系统可根据客人需求调节亮度、颜色和场景模式，营造舒适氛围。智能窗帘能自动或远程控制开合，提高便利性。智能温控系统让客人自主设定房间温度，保持舒适环境。智能客房控制系统将这些设备集成，客人通过手机或控制面板不仅可以集中操作，还可以享受个性化服务，如根据客人习惯自动调整设备状态，提供贴心住宿体验。

（2）智慧酒店设施设备物联网监控与能源管理

智慧酒店利用物联网技术对设施设备进行全面监控与能源管理。为电梯、空调、给排水等设备安装传感器，实时监测运行状态、能耗等参数。远程监控系统随时掌握设备状况，出现故障时自动报警并定位，便于维修人员及时处理。能源管理系统根据设备运行和环境数据，智能调控能源消耗，如优化空调运行模式、控制照明亮度等，降低酒店运营成本，实现节能减排，同时确保设施设备稳定运行，提高服务质量。

【案例6-1】

大连云朵智慧酒店

云朵智慧酒店位于大连市普兰店区台山路4号，由国际化酒店设计师团队设计。酒店将每一间客房当成艺术品打造，每间客房均有不同的风格，从"后现代"到Pop Culture，再到地中海复兴建筑风格等。酒店在灯光模式、进门音乐及室温控制等方面采用了先进的科技；采用建筑声学打造的隔音客房，达到了高达60分贝的隔音效果。

与传统酒店相比，云朵智慧酒店利用微信平台或App，将酒店住宿流程虚拟化，从而减少客人与前台面对面的服务场景，帮助酒店实现以下目标。

（1）开源节流，综合节能

智慧酒店客控系统通过对客房及公共区域空调终端进行智能网络远程控制，帮助酒店实现空调智能控制节能。在智能云、网关的传输下，将信息发射到系统进行身份识别，并对持卡人身份进行判断，根据不同身份人员的控制权限进行设置，杜绝非法取电等。

（2）提升酒店管理水平

智能化设施的后台可以全面监测客房服务状态，当客人有清理、退房等需求时，可以及时传达至服务员，从而为客人提供高效便捷的智能化服务。同时，系统软件还可以对服务人员的响应时间长短做记录，以便酒店进行相应考核管理。

（3）为客人提供人性化智能服务及舒适安全的环境

通过远程网络控制，让客人在入住时享受到宾至如归的待遇，睡眠、阅读、娱乐模式的切换，体现了智慧酒店无微不至的人文关怀及个性化服务。其弱电操作面板不仅设计美观、安装简便，而且便于酒店维护，保证客人居住安全。

因此，现代化酒店的运营已不是仅凭单一的人力就能实现的，而是利用智能化控制系统大幅提升用户体验，提高酒店工作效率，节约成本。

资料来源：杨栋. 智慧旅游运营实务［M］. 北京：旅游教育出版社，2022.

3. 物联网在旅游交通与旅游购物中的应用

（1）旅游交通中的物联网应用

在旅游交通领域，物联网技术提升了出行体验与管理效率。智能交通系统通过传感器收集路况、车辆位置等信息，实时导航为游客提供最优路线，避免拥堵，节省时间。机场、车站等交通枢纽利用物联网实现自助值机、行李跟踪等服务，提高旅客通行速度。交通工具内部的物联网设备，如飞机、火车上的传感器，监测设备运行状态，保障飞行和行驶安全。此外，无人驾驶技术在旅游交通中的探索应用，有望进一步提高交通效率与安全性，为游客带来全新的出行方式。

（2）旅游购物中的物联网应用

在旅游购物环节，智能货架系统利用传感器监测商品库存、陈列状态等信息，提醒商家及时补货和调整陈列，确保商品供应。消费者通过智能终端扫描商品二维码获取详细信息，如产地、材质、使用方法等，辅助做出购买决策。另外，物联网技术还实现非接触式支付，提高支付的便捷性与安全性。一部分旅游购物场所利用室内定位技术为游客提供个性化购物推荐和导航服务，提升游客购物体验，促进旅游消费增长。

物联网技术在旅游管理中的应用前景广阔，将持续推动旅游产业的智能化、便捷化发展，为游客提供更优质的旅游体验，为旅游企业和管理部门带来更高的运营效率与管理水平。随着技术的不断进步，物联网有望在更多方面深度融入旅游管理，助力旅游产业蓬勃发展。

【案例6-2】

国内首个自动驾驶主题景区落户龙灵山

无人驾驶售货车不停穿行，游客只需要挥挥手，就能扫码购买饮料；无人驾驶环卫车定时启动清扫，7千米道路，2个多小时就能自动完成打扫；无须司机，无人驾驶观光车可以带着游客逛遍景区……2020年12月9日，我国首个自动驾驶主题景区——龙灵山自动驾驶主题景区，在国家智能网联汽车（武汉）测试示范区内建成，自动驾驶接驳车、自动驾驶出租车、无人售货车、无人环卫车等7大类19台自动驾驶车辆穿行，让游客体验未来城市智慧出行的多种场景。

景区内的无人驾驶观光车东风Sharing-VAN，为国内首款完全自主研发的L4级5G自动驾驶汽车，具备一键招车、动态避障、多车编队、自动泊车及远程控制等多项功能。考虑到景区人多路窄，特意强化了其安全系数，在距离15米左右发现动态障碍物，车辆就会自动避开或停车。景区内的4台无人驾驶巴士，主要负责龙灵山与鸟语林景区之间的游客接驳，车上专门配备安全员，可随时进行人工和智能驾驶两种模式的切换，最大限度确保游客出行安全。

资料来源：杨栋. 智慧旅游运营实务［M］. 北京：旅游教育出版社，2022.

6.2.2　云计算在旅游管理中的应用

云计算技术以强大的计算能力、高效的数据存储与处理能力及灵活的资源调配特性，在旅游管理领域发挥着日益重要的作用，推动着旅游产业向数字化、智能化方向快速发展。

1. 旅游信息存储与管理

（1）云计算架构与存储模式

云计算为旅游信息提供了可靠且可扩展的存储解决方案，其架构主要包括基础设施即服务（IaaS）、平台即服务（PaaS）和软件即服务（SaaS）三种模式。在旅游管理中，IaaS 模式为旅游企业提供了虚拟的计算资源、存储设备和网络基础设施，企业可以根据自身需求灵活配置和管理这些资源，无须自行建设和维护昂贵的数据中心。例如，旅游景区可租用云服务商的存储资源存放大量的游客信息、景区监控数据等。PaaS 模式在 IaaS 模式基础上，为旅游企业提供了开发和部署应用程序的平台，降低了软件开发的难度和成本。旅游企业可以利用该平台快速开发诸如旅游预订系统、游客服务平台等应用。在 SaaS 模式下，旅游企业直接使用云服务商提供的软件应用，如在线旅游办公软件、客户关系管理系统等，只需要通过互联网访问即可，无须安装和维护软件，极大地提高了企业的工作效率。

（2）数据安全与备份保障

旅游信息涉及游客的个人隐私、企业的商业机密等重要内容，云计算通过多种技术手段确保数据安全。云服务提供商采用先进的加密算法，在传输和存储数据过程中，对数据进行加密处理，防止数据被窃取或篡改；同时，建立严格的访问控制机制，根据用户扮演的角色和权限设置不同级别的访问权限，只有授权用户才能访问特定的数据。在数据备份方面，云计算具有天然的优势。云存储通常采用分布式存储技术，将数据冗余存储在多个地理位置的服务器上，即使某个服务器或数据中心出现故障，也能迅速从其他备份节点恢复数据，确保数据的完整性和可用性。例如，一家大型旅游集团旗下众多子公司的客户数据都存储在云端，每天进行多次自动备份，一旦某个子公司的本地数据出现问题，就会立即从云端恢复，避免数据丢失带来巨大损失。

2. 旅游业务系统支持

（1）弹性资源调配应对业务高峰

旅游行业具有明显的季节性和波动性，云计算的弹性资源调配功能能够有效应对业务高峰。在旅游旺季，如春节、国庆节等假期，旅游预订网站、酒店预订系统、景区票务系统等的业务量会急剧增加，对计算资源和存储资源的需求大幅提升。云计算平台可以根据实时业务负载情况，自动快速地增加服务器资源、带宽等，确保系统的稳定运行，避免系统崩溃或响应迟缓导致的客户流失。在旅游淡季业务量减少时，云计算平台能自动回收多余的资源，降低企业的运营成本。例如，在旅游旺季时，云计算平台自动为某在线旅游平台分配了很多计算资源，使网站能够流畅地处理海量的旅游产品搜索和预订请求；在旅游淡季时，云计算平台自动释放多余资源，企业只需要按照实际使用量支付费用，大大提高了资源利用效率。

（2）助力旅游业务创新与拓展

云计算为旅游业务的创新与拓展提供了有力的技术支持。基于云计算平台，旅游企业可以方便地整合各类旅游资源，开发出更加个性化、多样化的旅游产品和服务。例如，利用云计算的大数据分析能力，企业可以深入了解游客的需求和偏好，推出定制化旅游线路，满足不同游客群体的个性化需求。同时，云计算平台还便于旅游企业与其他行业进行跨界融合和合作。旅游企业可以与金融机构合作，在云计算平台上推出旅游金融产品，如旅游分期付款、旅游保险等；与科技公司合作，利用人工智能、虚拟现实等技术开发创新旅游体验项目，如虚拟旅游、智能导游等，拓展旅游业务的边界，提升旅游产品的竞争力和吸引力，为游客带来全新的旅游体验。

3. 旅游数据分析与处理

（1）云计算平台的大数据处理能力

旅游行业每天都会产生海量的数据，云计算平台凭借强大的分布式计算架构和并行处理能力，高效地处理这些大数据。云计算平台可以将大数据分割成多个小块，分配到多个计算节点上同时进行处理，大大缩短了数据处理的时间。例如，对旅游企业收集的游客行为数据、市场趋势数据、旅游产品销售数据等进行分析，挖掘其中潜在的模式和规律，为企业的决策提供有力支持。通过分析游客的历史预订记录、浏览行为、消费习惯等数据，企业可以预测游客未来的需求，提前做好旅游产品的规划和准备工作，优化旅游产品的定价策略、营销方案等，提高企业的运营效率和盈利能力。

（2）实时数据分析与决策支持

云计算能使旅游企业实时获取和分析数据，为及时决策提供依据。在旅游管理过程中，企业可以实时监测旅游市场动态、游客流量变化、旅游产品销售情况等信息。例如，旅游景区可以通过云计算平台实时分析游客流量数据，当某个景点的游客过于密集时，及时采取限流措施或引导游客前往其他景点，优化游客游览体验；旅游企业可以根据实时市场数据，快速调整旅游产品的价格、促销活动等策略，以适应市场变化。云计算平台提供的实时数据分析功能，能帮助旅游企业和管理部门迅速做出决策，及时应对各种突发情况，提高旅游管理的科学性和灵活性，提升游客满意度，增强旅游企业在市场中的竞争力。

云计算技术在旅游管理中的应用，从信息存储、业务系统支持到数据分析处理，全方位地推动了旅游产业的数字化转型和升级，为旅游产业的可持续发展注入了强大动力。随着云计算技术的不断发展和完善，其在旅游管理领域的应用前景将更加广阔。

【案例6-3】

携程的云计算应用

携程作为国内领先的在线旅游服务平台，广泛应用了云计算技术。在旅游产品管理方面，携程利用云计算实现对海量旅游产品信息的存储和快速检索。无论是酒店、机票、旅游套餐，还是景点门票等信息，携程都可以通过云计算平台进行高效管理。例如，当用户在携程上搜索某个旅游目的地的酒店时，云计算系统能瞬间从庞大的数据库中筛选出符合用户需求的酒店信息，包括价格、位置、评价等，并以清晰的界面展示给用户。在用户数据分析方面，云计算助力携程更好地了解用户需求和行为习惯。通过对用户的搜索历史、预订记录、评价等数据进行分析，携程可以为用户提供个性化的旅游推荐。例如，一位用户经常预订海滨度假酒店，携程的云计算系统会在该用户下次登录时，优先推荐一些热门的海滨旅游目的地及相关酒店。在应对旅游高峰时期的流量压力方面，云计算的弹性扩展能力发挥了重要作用。在节假日等旅游旺季，携程的访问量会大幅增加。云计算平台可以根据实际需求自动调整服务器资源，确保系统的稳定运行和快速响应，为用户提供流畅的服务体验。

资料来源：豆丁网．携程网旅游云计算和大数据应用研究［EB/OL］．（2024-03-26）．https://www.docin.com/p-4630867833.html.

6.2.3 区块链在旅游管理中的探索

随着区块链技术的发展，越来越多的机构开始重视并参与区块链的技术与应用探索，区块链的研究生态也从最初的比特币及以太坊等公有链项目的开源社区，发展到各类型的区块链创业公司、风险投资基金、金融机构、科技企业、产业联盟、学术机构等。国内外在加密数字货币，智能合约、证券、资产管理，公证防伪，知识版权保护，医疗记录，产品供应链溯源，星际文件系统（IPFS）等多个应用领域使用区块链技术。

基于区块链产生的新技术、新思维应着眼提升旅游服务体验，开发旅游新产品，维护旅游过程中涉及的各方利益，最终实现"旅游+区块链"融合发展，实现区块链技术在数字化旅游中的应用。

1. 数字身份管理

区块链具有身份认证功能，其可追溯性、透明性、不可篡改性保证了区块中所有人身份信息的真实性，可用于旅游中数字身份的管理。区块链系统中每个人的身份都真实可靠，游客在旅行途中无须重复认证身份，机票订购、住宿等环节的管理机构也无须反复核实游客信息，为游客和管理人员节省了时间。

2. 诚信服务

以往各酒店、旅行社等为争夺游客，在网络平台上对本店服务做虚假评价，使游客无法获得真实的信息。防止信息造假、信息泄露与信息不对称是区块链技术的长项，区块链平台利用区块链信息不可篡改、公开透明的属性和智能合约的支持建立全新的诚信机制。在出现虚假信息时，可追溯存证，任何不良行为都会被区块链记录，从而迫使旅游从业人员及相关旅游服务提供商诚信服务。旅游服务供应商可以直接对接游客，游客可以通过以区块链技术为基础的旅游平台在线查询景区、订购门票等，基于区块链"去中心化"及信息不可篡改、多次复制、公开透明的特点，保证区块链平台中景区、门票信息的真实可靠性。同时，旅游服务供应商可以在消费者生态系统中，通过使用区块链智能合约，灵活、安全、高效地"零费用"操作跨境支付。

3. 数字藏品

数字藏品是使用区块链技术，对应特定的作品、艺术品生成的唯一数字凭证，在保护其数字版权的基础上，实现真实可信的数字化发行、购买、收藏和使用。数字藏品的形式可以是区块链上的照片、声音、文字、视频、3D建模等，具有唯一性、不可分割和稀有性数字作品。再通俗一点，就是给每一件物品都配上独一无二、不可篡改的身份证号。

例如，Uniswap 一双袜子卖16万美元，推特创始人5个单词拍出250万美元。2021年3月，一幅名为 *Everydays：The First 5000 Days* 的艺术作品在佳士得（christie's）拍卖行以6930万美元的价格售出（图6-4）。千万金额的艺术品拍卖并不稀奇，真正引人注目的是这幅作品没有实体，而是作为不同质化代币（Non-Fungible Tokens，NFT，区块链的一个条目）出售的一种电子凭证，对应的是完全存在于数字世界中的图像。换言之，有人为互联网上的一张照片支付了近4.5亿元人民币。

图6-4 英国拍卖平台佳士得作品 *Everydays：The First 5000 Days*

毫无疑问，数字藏品形成了一种新的艺术消费方式。2021年10月23日，支付宝小程序鲸探（原蚂蚁链粉丝粒）及腾讯旗下NFT发行平台"幻核"内页中，NFT全部被改为数字藏品，这让人们看到了数字藏品的一片蓝海。

2022年11月25日，由中国数字文化集团有限公司携手中国联通打造的中数藏品平台正式上线（图6-5）。中数藏品平台基于中国数字文化集团、中国联通、中国文物交流中心等"国家队"，专门为数字藏品打造了联盟链——中国数字文化链。该联盟链拥有分布式记账、智能合约、不可篡改及可溯源等技术特性。使用中国数字文化链铸造的数字藏品，用户可以实时了解数字藏品的动态和分布情况，实现数字藏品数据可查询、可验证、可跟踪，最大化保障用户知情权、公平交易权、自主选择权。

图6-5 中数藏品官网界面

在元宇宙爆发的风口，景区、博物馆、企业、艺术家个人发售数字藏品已屡见不鲜。景区开发数字藏品，为景区文创产品提供了一种新的思路和可能性，不仅能为景区品牌营销提供新的触点，更能突破时空限制，向更多线上消费者推介景区文化，形成一种全新的数字消费模式。在数字藏品和文旅融合后，一张图片、一首歌曲、一个吉祥物，甚至是一个头像都能成为承载美好回忆的重要载体，消费者也可以购买数字藏品装饰自己的虚拟空间。黄山风景区、成都金沙遗址博物馆、上海博物馆、大唐不夜城等都已在数字藏品开发方面走在了行业前列（图6-6）。

图6-6　新华数藏平台大唐不夜城数藏展示

6.3　数字化旅游安全与风险管理

数字化旅游安全与风险管理是数字化运营与管理领域的重要组成部分。随着旅游行业的数字化程度日益加深，旅游企业的运营效率和市场竞争力得到了显著提升，但也面临着网络安全与隐私保护、在线支付安全、危机管理与突发事件响应等多方面挑战。

6.3.1　网络安全与隐私保护

1. 数字化旅游面临的网络安全威胁

（1）数据泄露风险

在数字化旅游蓬勃发展的今天，旅游企业和相关机构在运营中积累了海量的游客信息，这些信息涵盖个人身份识别数据（如姓名、身份证号码、护照号码等）、联系方式（手机号码、电子邮箱等）、支付详情（信用卡卡号、有效期、CVV码等）及旅游行程安排、偏好等多方面内容，构成了丰富且极具价值的数据宝库。然而，这也使其成为网络攻击者垂涎的目标，数据泄露风险如影随形。

黑客的攻击手段日益多样化且复杂多变，常见的手段包括但不限于恶意软件植入、网络扫描漏洞利用、社会工程学攻击等。恶意软件如病毒、木马、蠕虫等可能通过恶意链接、电子邮件附件、感染的移动应用程序或不安全的网站悄然潜入用户设备，进而窃取存储在设备上或在网络传输过程中的游客数据。网络扫描技术能使黑客探测旅游企业网络系统中的安全漏洞，一旦发现可乘之机，就会发起针对性攻击，获取非法访问权限以窃取数据。社会工程学攻击利用人的心理弱点，如欺骗用户点击虚假链接、回复"钓鱼"邮件或提供敏感信息等，达到获取游客数据的目的。

内部人员违规操作同样是数据泄露的严重隐患。员工可能因缺乏安全意识、受到利益诱惑或漠视企业安全政策，有意或无意地泄露游客信息。例如，私自复制游客数据用于非法目的，在不安全的网络环境中处理敏感信息，或因疏忽导致数据存储设备丢失或被盗。

数据泄露事件将对游客和旅游企业造成严重的后果。对于游客来说，个人隐私受到侵犯可能导致身份盗窃、信用卡欺诈、骚扰电话、垃圾邮件泛滥等问题，严重影响其日常生活和财产安全，甚至可能遭受经济损失和精神困扰。对于企业来说，数据泄露可能让其面临巨大的声誉危机，客户信任度急剧下降，导致客户流失和业务受损。此外，旅游企业还可能面临法律诉讼和监管机构的严厉处罚，承担巨额经济赔偿责任，对其生存和发展构成直接威胁。

（2）网络攻击类型

数字化旅游领域面临着多种类型的网络攻击，每种攻击都具有一定的特点和危害。

①恶意软件攻击。这是较为常见且危害严重的攻击方式，其通过传播恶意软件实现非法目的。恶意软件的传播途径广泛，如隐藏在看似正常的软件下载链接中、伪装成电子邮件附件或通过感染的移动应用程序进入用户设备。一旦成功入侵，恶意软件就会执行多种恶意操作，如窃取用户输入的敏感信息（包括登录凭据、支付信息等）、记录键盘操作以获取更多机密数据、劫持浏览器转向恶意网站或控制设备发起大规模的分布式拒绝服务（DDoS）攻击。DDoS攻击通过向目标服务器发送海量请求，耗尽服务器资源，使其无法正常响应合法用户的访问请求，导致旅游企业的网站、在线预订系统或其他关键服务陷入瘫痪，严重影响游客的预订体验和企业的正常运营。

②网络"钓鱼"攻击。这是一种极具欺骗性和危害性的网络攻击方式，攻击者通过精心伪造与正规旅游企业或机构高度相似的网站、电子邮件或短信，诱使游客点击链接并输入个人敏感信息。这些虚假页面在外观设计、域名使用等方面与真实页面极为相似，普通游客往往难以辨别真伪。网络"钓鱼"攻击不仅直接导致游客个人信息泄露和财产损失，还损害旅游企业的品牌形象和声誉，引发客户对企业安全性的质疑。

（3）网络攻击防范措施

为有效防范这些网络攻击，旅游企业和相关机构必须采取一系列综合性的防范措施。

①安装防火墙。安装功能强大且先进的防火墙，是网络安全防护的基础防线。防火墙能够根据预设的安全策略，对网络流量进行实时监控和过滤，阻止未经授权的访问和恶意流量进入内部网络，有效保护企业内部网络和数据安全。入侵检测系统（IDS）和入侵防范系统（IPS）则进一步增强网络安全监测能力，能够实时分析网络活动，识别和检测各种可疑行为与攻击迹象，并在发现异常时及时发出警报来通知管理员。IPS还具备主动防御能力，可在检测到攻击时自动采取措施，如阻断攻击源、阻止恶意流量等，有效防止攻击造成实际损害。

②使用加密技术。加密技术在保护数据传输和存储安全方面发挥着至关重要的作用。采用SSL（secure sockets layer）/Tls（transport layer security）等加密协议，对游客在网络上传输的个人信息、

支付数据等进行加密处理，确保数据在传输过程中即使被黑客截获，也难以被解密和窃取。同时，对于存储在服务器上的数据，也应采用加密算法进行加密存储，防止数据因服务器被攻破而泄露。此外，企业应定期更新加密算法，以应对不断演进的密码破解技术，确保数据始终处于高度安全的加密状态。

③组织员工参加网络安全培训。员工网络安全培训是构建网络安全防线不可或缺的环节。旅游企业应定期组织员工参加网络安全培训，提高员工对网络安全威胁的认识和防范意识，使其了解网络攻击的常见手段和应对方法，避免人为疏忽导致的安全漏洞。培训内容应包括如何识别"钓鱼"邮件、避免点击可疑链接、正确使用企业网络和设备、保护个人账号和密码安全等实用知识和技能。通过提高员工的网络安全素养，从源头上减少网络安全风险，形成企业内部人人重视网络安全的良好氛围。

2. 游客隐私保护的重要性与措施

（1）隐私保护法律法规与行业标准

随着数字化旅游的迅猛发展，游客隐私保护问题越发凸显，引起了全球范围的高度关注。为了规范旅游企业和相关机构对游客个人信息的处理行为，保障游客的隐私权益，国内外纷纷出台了一系列法律法规。于2018年生效的欧盟《通用数据保护条例》（GDPR）作为全球隐私保护领域的重要法规，具有广泛的影响力。

GDPR赋予了数据主体诸多权利，包括对个人数据的访问权，即游客有权随时了解旅游企业收集和存储了哪些关于自己的信息；更正权，允许游客对不准确的个人数据进行修改；删除权（被遗忘权），在特定情况下，游客可要求旅游企业删除其个人数据；限制处理权，游客可以限制旅游企业对其个人数据的处理方式；数据可移植权，方便游客在不同服务提供者之间转移自己的数据；等等。同时，GDPR对数据控制者和处理者提出了严格的义务要求，如在进行数据处理活动前必须进行数据保护影响评估，确保数据处理行为的合法性、公正性和透明度；在发生数据泄露事件时，必须及时向监管机构和数据主体通报，以降低数据泄露可能带来的风险和损害。

在我国，为适应数字化时代的发展需求，加强个人信息保护，近年来相继颁布实施了《中华人民共和国网络安全法》《中华人民共和国数据安全法》《中华人民共和国个人信息保护法》等一系列法律法规。这些法律法规明确了个人信息处理者的合规义务，强调个人信息处理应遵循合法、正当、必要的原则，确保数据处理活动具有明确的法律依据，不得违反法律法规的规定和当事人的约定。在信息收集方面，要求数据处理者必须以明确、易懂的方式告知数据主体收集信息的目的、方式和范围，并获得数据主体的明确同意，不得通过欺诈、胁迫等不正当手段获取个人信息。同时，个人信息处理者应采取必要的安全措施保障信息安全，包括建立健全内部管理制度、技术防护措施、应急处置机制等，防止个人信息泄露、篡改和丢失。此外，对于个人信息的跨境传输，我国法律也做了严格限制，要求必须符合相关规定，并经主管部门批准或通过安全评估，以确保个人信息在跨境流动过程中的安全。

旅游行业也积极响应隐私保护的需求，制定了一系列行业标准和规范。国际航空运输协会（IATA）制定了旅客数据保护标准，对航空公司在旅客信息收集、存储、使用、共享等各个环节提出了详细要求，确保旅客数据在航空运输领域得到妥善保护。在线旅游行业协会（如中国旅游协会旅游电子商务分会等）也发布了相关自律公约和指南，引导会员企业提高隐私保护意识，规范数据处理行为，促进行业健康有序发展。这些行业标准和规范在法律法规的框架基础上，进一步细化了旅游企业在隐私保护方面的具体操作流程和要求，为企业提供了更具针对性和可操作性的指导，有助于推动旅游行业整体隐私保护水平的提升。

（2）旅游企业隐私保护策略与实践

旅游企业作为游客个人信息的主要收集者和处理者，在日常运营中应将游客隐私保护作为重中之重，贯穿整个业务流程。

①制定清晰明确且易于理解的隐私政策，是旅游企业保护游客隐私的首要任务。隐私政策应向游客全面、准确地告知企业收集、使用、存储和共享个人信息的目的、方式、范围，确保游客在充分知情的基础上自愿同意。政策内容应避免使用过于专业或晦涩难懂的法律术语，而应以通俗易懂的语言表达，使普通游客能够轻松理解其个人信息将被如何处理。

②建立严格的数据访问控制机制，是保障游客隐私的关键措施之一。旅游企业应根据员工的工作职责和业务需求，合理分配数据访问权限，确保只有经过授权且具有正当业务理由的人员才能访问特定的游客信息。例如，前台工作人员可能仅需要访问游客的基本预订信息，而财务人员可访问与支付和结算相关的数据，但他们均无法获取超出自身职责范围的其他敏感信息。企业应采用多因素身份认证技术，如密码与动态验证码、指纹识别或面部识别等相结合的方式，提高用户身份验证的安全性，降低账号被盗用的风险。当密码被泄露时，攻击者只有提供额外的验证信息才能成功登录系统，从而有效保护游客数据免受非法访问。

③对游客个人信息进行分类管理和加密存储，是保护隐私的核心环节。旅游企业应根据信息的敏感程度将游客信息划分为不同类别，如高度敏感的支付信息、身份证号码等，一般敏感的联系方式、旅游偏好等，以及相对不敏感的基本预订信息等。对于高度敏感的信息，企业必须采用高强度的加密算法进行存储，确保数据在存储介质上的保密性，即使存储设备被盗或被非法访问，黑客也难以获取其中的明文信息。同时，企业应定期备份数据，并将备份数据存储在安全的地理位置，防止数据丢失或损坏导致的游客信息泄露。同样地，备份数据也应采取加密措施，并建立严格的访问控制机制，确保备份数据的安全性。

④定期开展数据安全审计，是确保游客隐私持续安全的有力保障。企业可以通过内部审计团队或聘请第三方专业机构进行审计，对数据处理活动的合规性、安全控制措施的有效性进行全面审查。审计内容应包括数据收集是否符合隐私政策和法律法规的要求、数据存储和传输过程中的加密措施是否到位、数据访问控制机制是否严格执行、员工对隐私政策和安全规定的遵守情况等。审计结束后，企业内部审计团队或第三方专业机构应出具详细的审计报告，明确指出存在的问题和风险，并提出改进建议和整改期限。根据审计结果，企业应制订具有针对性的改进计划，持续完善隐私保护体系，确保游客信息始终处于安全可靠的状态。

6.3.2 在线支付安全

1. 在线支付在数字化旅游中的应用现状

在数字化旅游的交易场景中，多种在线支付方式为游客提供了便捷的支付选择，极大地提高了旅游交易的效率和便利性。当前旅游市场中常见的在线支付方式有以下3种。

（1）银行卡支付

银行卡支付作为传统且被广泛使用的支付方式，在旅游消费中占据着重要地位。游客在预订旅游产品时，需要在支付页面准确输入银行卡卡号、有效期、CVV 码及持卡人姓名、身份证号码等信息，这些数据将通过安全加密通道传输至银行支付网关进行验证和授权。银行在确认支付信息无误且账户余额或信用额度充足后，完成支付交易，并将支付结果返回给旅游企业和游客。银行卡支付方式具有安全可靠、适用范围广等优点，能够满足大多数旅游消费场景的需求，尤其适用于大额旅游支出，如国际旅游中的机票预订、高端酒店住宿等费用支付。

（2）第三方支付平台支付

近年来，第三方支付平台迅速崛起，成为数字化旅游支付领域的重要力量。以支付宝和微信支付为代表的第三方支付平台凭借便捷性、集成性和丰富的功能，受到广大游客的青睐。游客首先需要在平台上注册账号并绑定银行卡或其他支付渠道，在旅游消费时，选择相应的第三方支付平台进行支付。在支付过程中，游客可能需要支付密码、指纹识别或面部识别等的验证，平台根据用户预先设置的支付方式和安全验证机制完成支付授权。第三方支付平台作为支付中介，与银行和旅游企业交互，确保交易资金的安全流转。其优势在于，集成了多种支付方式，方便游客选择，同时提供了诸如账单查询、交易记录管理、资金理财等附加功能，为游客带来了更加便捷和丰富的支付体验。

（3）移动支付

NFC 如 Apple Pay、Samsung Pay 等，以及二维码扫描支付如支付宝、微信支付的二维码支付功能等，都是移动支付的主要实现方式。游客只需要将手机靠近支持 NFC 功能的支付终端或使用手机扫描商家提供的二维码，输入支付密码或进行生物识别验证（如指纹、面部识别）即可完成支付。移动支付方式因具有简单快捷、无须携带现金或银行卡等优点，在旅游场景中得到了广泛应用，尤其适用于购买景区门票、支付小额旅游消费（如餐饮、纪念品等）等场景。它不仅提高了支付效率，减少了游客排队等待时间，还提升了游客的消费体验，使旅游支付更加便捷和高效。

在线支付在旅游预订、门票购买、酒店结账等环节发挥着不可或缺的作用，极大地改变了传统旅游消费的支付模式。游客无须前往实体店或银行柜台办理支付手续，只需要在手机或计算机上点击几下屏幕或鼠标，即可完成整个支付过程，节省了时间和精力。同时，在线支付支持多种货币结算，方便了国际游客的消费，促进了旅游全球化的发展。旅游企业也受益于在线支付，加快了资金回笼速度，降低了现金管理成本，提高了运营效率。在线支付系统的实时性和准确性，使旅游企业能及时确认订单和收款情况，更好地安排旅游服务和资源调配，为游客提供更加优质和高效的旅游体验。

2. 在线支付安全风险与防范机制

（1）支付安全风险因素分析

在线支付过程虽然为游客和旅游企业带来了诸多便利，但是也伴随着一系列不容忽视的安全风险因素。

支付信息被窃取是当前最常见且严重的风险之一，可能发生在信息传输过程中或存储在旅游企业或支付机构服务器上。在信息传输过程中，如果网络通信协议存在漏洞或加密技术不够先进，那么黑客可能通过网络监听、中间人攻击等手段截获游客的支付信息。例如，在不安全的公共 Wi-Fi

环境下进行在线支付，黑客更容易获取用户传输的数据。当信息存储在旅游企业或支付机构服务器时，若服务器安全防护不足，数据库被攻破，游客的支付信息就面临泄露的风险。此外，内部人员的违规操作，如私自窃取支付信息或因疏忽导致信息泄露，也可能引发严重后果。

网络诈骗是对在线支付安全构成严重威胁的风险因素之一。犯罪分子利用各种手段欺骗游客泄露支付信息，常见的手段包括创建虚假旅游网站或"钓鱼"邮件，伪装成正规旅游企业或在线支付平台，诱使游客点击链接并输入个人敏感信息。一些诈骗分子还会以旅游产品退款、航班改签等名义，通过电话或短信联系游客，要求其提供支付账号和验证码等信息，进而盗刷游客资金。网络诈骗手段层出不穷且具有很强的迷惑性，普通游客往往难以辨别真伪，容易上当受骗。

交易纠纷也是在线支付可能面临的风险之一，可能由旅游产品与宣传不符、行程变更、服务质量问题等引发。游客可能因此拒绝支付或要求退款，如果处理不当，那么不仅会影响游客的消费体验，还可能导致支付机构和旅游企业之间的资金结算争议，损害双方的利益和声誉。此外，支付系统故障、网络延迟等技术问题也可能导致支付失败或重复支付等情况，给游客和旅游企业带来不便和经济损失。

（2）安全防范技术与措施

除了加密技术和数字证书，令牌化技术也在在线支付安全领域发挥着重要作用。令牌化技术将敏感的支付信息（如银行卡卡号）替换为一个随机生成的令牌（token），在支付过程中仅使用令牌进行交易处理，而实际的支付信息则安全地存储在令牌服务提供商的系统中。即使令牌被窃取，黑客也无法获取原始的支付信息，有效降低了支付信息泄露的风险。例如，在一些移动支付应用中，当用户添加银行卡时，银行卡信息会被转换为唯一的令牌，在后续支付过程中使用该令牌进行交易，从而保护用户的银行卡信息安全。

旅游企业和支付机构应建立完善的风险评估体系，定期对在线支付系统进行安全评估和漏洞扫描，及时发现并消除潜在的安全隐患。安全评估可以包括对系统架构、网络配置、应用程序代码等的全面检查，以确保系统符合安全标准和最佳实践。漏洞扫描可以利用专业的扫描工具，检测系统中可能存在的已知漏洞，如操作系统漏洞、应用程序漏洞、网络协议漏洞等，并及时安装安全补丁进行修复。同时，加强对交易过程的实时监控，通过建立异常交易监测模型，识别和预警可疑的交易行为，如大额异常消费、异地频繁交易、短时间内多次交易等，并及时采取措施进行核实和处理，防止资金损失。例如，支付机构可以利用机器学习算法分析用户的历史交易数据，建立正常交易行为模式，当出现与正常模式偏差较大的交易时，系统会自动触发预警机制，通知用户进行确认或采取相应的风险防范措施。

此外，提高游客的安全意识也是防范在线支付风险的重要环节。旅游企业和支付机构应通过多种渠道向游客宣传在线支付安全知识，如在网站上发布安全提示、发送短信提醒、开展线上安全培训等，教导游客如何识别网络诈骗手段、选择安全的支付环境、保护个人支付信息等，引导游客养成良好的在线支付安全习惯。例如，提醒游客避免在公共网络环境下进行在线支付，尽量使用官方网站或正规应用进行交易，不轻易点击来路不明的链接，定期更换支付密码等。同时，建立健全客户投诉处理机制，及时处理游客在支付过程中遇到的问题和纠纷，增强游客对在线支付的信任。

6.3.3 危机管理与突发事件响应

1. 数字化旅游中的危机类型与特点

（1）自然与人为灾害引发的危机

自然与人为灾害对数字化旅游构成了重大威胁，其影响范围广泛且具有较强的破坏性。

自然灾害如地震、洪水、台风、森林火灾等，往往具有突发性和不可预测性，能够在短时间内对旅游目的地的基础设施、自然景观和旅游服务设施造成严重破坏。例如，地震可能导致景区内的建筑物倒塌、道路损坏、通信中断，游客被困等。这些自然灾害不仅直接影响游客的旅游体验，还可能导致旅游企业的业务中断，收入锐减，甚至面临长期的恢复重建工作。

另外，人为灾害也给数字化旅游带来了巨大挑战。恐怖袭击事件会对旅游目的地的形象造成极大损害，引发游客的恐慌情绪，导致游客数量急剧下降。例如，某地区发生恐怖袭击后，游客往往会对该地区的安全性产生担忧，从而取消或改变旅游计划。公共卫生事件，如全球性的传染病疫情（如新冠疫情），对旅游行业的冲击更是深远而持久。疫情期间，为了防控疫情传播，各国纷纷采取限制人员流动、关闭边境、隔离等措施，导致旅游市场几乎陷入停滞状态，旅游企业面临大量订单取消、资金链断裂、员工失业等问题，整个旅游产业链遭受重创。社会安全事件，如大规模的抗议活动、暴乱等，也会破坏旅游目的地的社会秩序，影响游客的出行意愿和旅游体验。

自然与人为灾害引发的危机具有以下特点：一是突发性，往往难以提前准确预测发生的时间、地点和规模，给旅游企业和管理部门的应急准备带来困难；二是破坏性大，不仅会对旅游设施和自然环境造成直接破坏，还会对旅游目的地的形象、游客信心和旅游经济产生长期的负面影响；三是影响范围广，可能涉及多个地区、多家旅游企业和众多游客，需要各方协同应对；四是救援难度大，灾害发生后，由于交通、通信中断等原因，救援人员和物资难以迅速到达受灾现场，增加了救援工作的难度和复杂性。

（2）旅游企业经营危机事件

旅游企业经营危机事件主要源于企业内部管理不善或外部市场环境变化等因素，对企业的正常运营和可持续发展构成严重威胁。资金链断裂是旅游企业面临的常见危机之一，可能由企业过度扩张、投资失误、资金回笼困难等导致。例如，一些旅游企业在市场繁荣时期盲目扩张业务，大量投资新项目建设，但由于市场变化或经营不善，新项目未能达到预期收益，同时原有业务的资金回笼又出现问题，最终导致资金链断裂，企业无法正常运转，甚至面临破产倒闭的风险。

服务质量问题引发的公关危机也是旅游企业不容忽视的问题。旅游企业提供的产品和服务直接面向游客，服务质量不达标，如酒店卫生条件差、导游强制购物、旅游行程安排不合理等，很容易引发游客的不满和投诉。在社交媒体时代，这些负面事件都可能迅速传播并发酵，对企业的品牌形象造成严重损害。例如，某酒店被曝光存在卫生问题后，相关视频和照片在网络上被广泛传播，引发了公众的强烈关注和谴责，导致该酒店预订量大幅下降，企业声誉一落千丈。

旅游企业经营危机事件虽然具有一定的可预见性和可控性，但如果处理不当，就会对企业造成严重影响。相较自然与人为灾害引发的危机，企业经营危机更多的与企业自身管理决策、经营策略和服务质量有关，因此企业在日常运营中，应加强风险管理，建立健全内部控制制度，提高应对危机的能力。

2. 应急响应机制与预案制定

（1）应急指挥体系与协调机制

建立健全应急指挥体系是数字化旅游应对危机的关键。应设立专门的应急指挥中心，由旅游管理部门、相关政府职能部门（如公安、交通、卫生、消防等部门）、旅游企业代表等组成，明确各成员单位的职责和权限，确保在危机发生时能够迅速、有效地组织和协调各方力量，开展应急救援和处置工作。应急指挥中心应具备高效的决策指挥能力，能够根据危机的性质、规模和影响程度，及时制定应对策略和措施，并下达指令。

在协调机制方面，应加强各部门之间的信息共享和沟通协作。通过建立统一的信息平台，实现旅游企业、管理部门和相关职能部门之间的实时信息传递，确保各方及时了解危机的发展动态和救援工作进展情况。例如，旅游企业应及时向应急指挥中心报告游客的伤亡情况、被困位置、企业受损情况等信息，公安部门应提供交通管制、社会治安等方面的信息，交通部门应通报道路通行状况、救援物资运输情况等。

（2）应急预案的制定与完善

应急预案是应对危机的行动指南，应根据不同类型的危机制定相应的预案。预案应包括危机预警机制、应急响应级别划分、应急处置流程、资源调配方案、游客疏散与救援方案、信息发布与沟通策略等内容。危机预警机制是通过监测和分析各种可能引发危机的因素，提前发现危机迹象，并发出预警信号，为应急处置争取时间。

应急响应级别应根据危机的严重程度和影响范围划分，通常可分为一般、较大、重大和特别重大4个级别，每个级别对应不同的响应措施和资源调配方案。例如，在一般危机情况下，启动企业内部应急响应机制，由企业自行组织力量处置；在较大危机情况下，旅游管理部门介入，协调相关部门和企业共同应对；在重大和特别重大危机情况下，政府应全面启动应急响应机制，调集各方资源，全力开展应急救援和处置工作。

应急预案应定期进行演练、修订和完善，以确保其科学性、实用性和有效性。通过演练，检验预案的可行性和各部门之间的协调配合能力，发现问题及时整改。同时，根据演练结果和实际情况的变化，对预案进行修订和完善，使其不断适应新的危机形势和应对需求。

3. 危机后的恢复与重建策略

（1）旅游市场信心恢复措施

危机过后，恢复旅游市场信心是推动旅游行业复苏的关键。旅游目的地和企业应积极开展宣传推广活动，通过多种渠道向游客展示危机后的安全状况和旅游产品的新变化、新特色。利用社交媒体、旅游网站、旅游展会等平台发布景区景点的修复情况、旅游设施的更新情况、旅游服务质量的提升情况等信息，吸引游客的关注。旅游企业可以针对游客、旅游代理商等不同对象，制定门票折扣、酒店住宿优惠、旅游线路套餐优惠等政策，降低游客的旅游成本，吸引更多游客前来旅游。政府可以通过发放旅游消费券、补贴旅游企业等方式刺激旅游消费，促进旅游市场的复苏。

提升旅游服务质量是恢复市场信心的根本保障。旅游企业应加强员工培训，提高员工的服务意识和业务能力，确保为游客提供更加优质、高效、贴心的服务；加强对旅游产品的质量监管，严格把控旅游产品的设计、采购、销售等环节,确保旅游产品符合质量标准;积极收集游客的反馈意见,及时解决服务中存在的问题,不断提升游客的满意度。

(2) 旅游基础设施与企业经营恢复重建

对于在危机中受损的旅游基础设施,企业应制订科学合理的恢复重建计划,根据基础设施的受损程度,合理安排修复和重建的时间顺序与资金投入。①对于受损较轻的设施,如部分道路、桥梁、建筑物等,可以进行修复和加固,使其尽快恢复使用。②对于受损严重或完全损毁的设施,如景区内的核心景点、大型旅游场馆等,应进行重新规划和建设,在保证质量的前提下,加快工程进度,确保旅游基础设施满足游客的需求。

旅游企业在恢复经营过程中,应根据市场变化调整经营策略。①重新评估市场需求和竞争态势,优化旅游产品结构,推出符合市场需求的新产品和新线路。②加强与合作伙伴的沟通与协作,共同应对危机带来的挑战,稳定供应链。例如,旅行社可以根据游客的新需求,开发一些小众、特色旅游线路,如生态旅游、文化体验旅游等。③加强内部管理,控制成本,提高资金使用效率,确保企业的可持续发展。

在恢复重建过程中,旅游企业还应注重生态环境的保护和可持续发展。①对于在危机中遭受破坏的自然生态环境,应采取有效的生态修复措施,如植树造林、治理水土流失、恢复湿地生态等,确保旅游资源的可持续利用。②加强对旅游开发活动的环境监管,避免过度开发对生态环境造成新的破坏。

【案例6-4】

让景区插上"智慧"的翅膀——鸣沙山月牙泉

景区范围大,无法防范非法进入者;景区旅游项目多,多次购票手续繁杂;营销成本高、目标不明确、散客旅游体验差等,是令很多景区运营管理者头疼的问题。地处我国甘肃省的鸣沙山月牙泉景区通过智慧景区建设,让景区插上"智慧"的翅膀,初步解决了以上问题。

图6-7 甘肃鸣沙山月牙泉景区

(1) 解决非法进入问题

安装景区电子围栏报警系统,只要一定体量的热源体靠近电子围栏,报警系统就会自动报警,并全程播放警告,附近的景区工作人员也会收到指令并前往制止。这样可以有效杜绝闲杂人员及部分游客非法进入景区,实现24小时对景区资源、客流、票证及交通、安全的管理和控制。

（2）提升游客体验

①自助解说体验系统。鸣沙山月牙泉景区利用现代通信技术、地理信息技术，开发了景区的虚拟全景展示系统，实现了景区内部景点的虚拟化、数字化、网络化，让世界各地的人都可以从网上全方位感知、认识、享受景区的美景、美文、美图；推出了互动游览、手机客户端服务，为游客提供景点介绍、电子地图、自主导览、语音讲解服务，实现了把"导游装进手机里"的目标。

②免费上网。鸣沙山月牙泉景区全覆盖Wi-Fi网络免费向游客开放。

③打包购买景区产品，一次购票可多次进入景区。游客在线上不仅可以购买鸣沙山月牙泉景区门票，直接扫码进入，而且该景区的大漠乘驼、沙漠摩托、滑翔机、直升机等娱乐项目均可以打包购买、网上支付、扫码消费。同时，鸣沙山月牙泉景区通过独一无二的指纹验票功能，为游客提供一次购票、三天内多次入园游览的服务，既满足了游客深度体验要求，也有效延长了游客在敦煌的逗留时间。

（3）解决营销成本高、目标不明确问题

鸣沙山月牙泉景区建设了景区指挥中心，接入显示全景区监控点的视频，对景区游客和管理人员进行可视化管理；与百度网盟合作，通过对游客上网轨迹进行精准画像，得出对敦煌感兴趣的游客年龄、性别、属地、职业等大数据，经过沉淀的大数据会对敦煌旅游人群精确画像、精准营销、精细服务、综合管理，分析、预测、研判敦煌旅游的近期、远期走势，做好规划、调度、服务，由经验管理转向数据管理，并为敦煌旅游宣传营销、优惠政策制定提供数据支持；建立了功能完备的"敦煌线上服务窗口"，并提供实时互动、私人定制等个性化、全天候服务。另外，鸣沙山月牙泉景区可以通过Wi-Fi向游客推送景区公告、景区动态、商家信息、预警信息等文字图片、视频信息，便于管理服务和应急处理。

鸣沙山月牙泉通过智慧景区建设为游客带来了超出预期的旅游体验和无处不在的旅游服务，信息服务无障碍、沟通体验"零距离"，真正实现了管理、服务、营销的智慧化。

资料来源：作者根据《敦煌：数字赋能全过程》改写。（甘肃省文化和旅游厅官方账号.敦煌：数字赋能全过程［EB/OL］.（2024-11-13）.https：//mbd.baidu.com/newspage/data/landingshare?context=%7B%22nid%22%3A%22news_9763965964039734822%22%2C%22sourceFrom%22%3A%22other%22%7D&isBdboxFrom=1&pageType=1&rs=1305635490&ruk=uE0tgKxNtzM7cQY5egn9Uw&sid_for_share=&urlext=%7B%22cuid%22%3A%22ga-qiliWvt_puviXg8SOuguMvfgqiHaP_u2l8_8pH8_6Pvi_javp80ilWupDt1MKt1UmA%22%7D.）

6.4 数字化旅游的未来发展趋势

6.4.1 元宇宙与沉浸式旅游体验

1. 元宇宙的概念与特征

元宇宙是一个融合了虚拟现实、增强现实、人工智能、区块链等多种新兴技术的虚拟与现实融合的数字世界。在元宇宙中，用户可以通过虚拟现实设备或其他终端，以数字化的身份参与各种活动，与其他用户进行互动交流，体验丰富多彩的虚拟场景和服务。

元宇宙具有以下主要特征。

(1) 沉浸感

沉浸感是元宇宙最显著的特征之一。通过先进的虚拟现实和增强现实技术，用户可以身临其境地感受各种虚拟场景，仿佛置身于真实的旅游目的地。例如，用户可以佩戴虚拟现实头盔，瞬间穿越到古老的历史遗迹、美丽的自然景观或未来的科幻世界，享受逼真的视觉、听觉和触觉体验。

(2) 交互性

交互性是元宇宙的重要特征之一，用户可以与虚拟环境中的物体、人物进行互动，参与各种活动，如探索古迹、参加文化活动、进行体育比赛等。

(3) 开放性

开放性意味着元宇宙是一个开放的平台，任何人都可以参与其中，创造和分享自己的内容和体验。

(4) 持续性

持续性保证了元宇宙的世界是不断发展和演变的，用户的行为和活动都会对这个世界产生持久影响。

2. 元宇宙在旅游领域的潜在应用场景

元宇宙为旅游行业带来了前所未有的创新和发展机遇，在旅游领域的潜在应用场景广泛而丰富。

虚拟旅游体验是元宇宙在旅游领域的重要应用之一。通过虚拟现实和增强现实技术，游客可以在出发前提前体验旅游目的地的风光和文化，从而更好地规划行程。例如，游客可以在家中通过虚拟现实设备游览世界各地的著名景点，了解各景点的历史文化背景、特色景观和旅游攻略。虚拟旅游体验不仅可以节省时间和成本，还可以满足由于身体条件、时间限制或其他原因无法亲自前往旅游目的地的人们的旅游需求。

元宇宙可以为旅游景区提供全新的营销和推广手段。景区可以利用虚拟现实和增强现实技术，打造沉浸式的虚拟景区，吸引游客的关注。例如，景区可以制作精美的虚拟景区宣传片，通过社交媒体、在线旅游平台等渠道推广，让游客在未到达景区之前就能感受到景区的魅力。

在旅游教育方面，元宇宙具有巨大的潜力。学校和教育机构可以利用元宇宙技术，为学生提供沉浸式的旅游教育体验。例如，学生可以通过虚拟现实设备参观历史遗迹、博物馆等文化场所，学习历史文化知识；通过参加虚拟的生态旅游活动，了解自然环境保护的重要性。

3. 沉浸式旅游体验的技术实现与创新

(1) 虚拟现实与增强现实技术在旅游中的应用

虚拟现实和增强现实技术是实现沉浸式旅游体验的关键技术。虚拟现实技术通过创建完全虚拟的环境，让用户沉浸其中，感受身临其境的旅游体验。例如，游客可以通过佩戴虚拟现实头盔，参观虚拟的历史博物馆，观看古代文物的三维展示，了解文物的历史背景和文化价值。增强现实技术是将虚拟信息与现实世界相结合，为用户提供更加丰富的旅游体验。例如，游客在参观旅游景区时，可以通过手机或平板电脑上的虚拟现实应用，看到景区中隐藏的历史建筑、文化遗迹等虚拟信息，了解景区的历史文化背景。

虚拟现实和增强现实技术在旅游中的应用不仅可以提高游客的旅游体验，还可以为旅游企业和景区带来新的商业机会。旅游企业可以开发、销售虚拟现实和增强现实旅游产品，如虚拟旅游体验软件、增强现实导览应用等，为游客提供更加便捷和个性化的旅游服务。

（2）人工智能与大数据技术在沉浸式旅游中的作用

人工智能和大数据技术在沉浸式旅游中发挥着重要作用。人工智能技术可以为游客提供个性化的旅游服务和推荐。通过分析游客的历史旅游数据、兴趣爱好、行为习惯等信息，人工智能系统可以为游客推荐适合他们的旅游目的地、旅游线路和旅游活动。例如，根据游客的历史旅游记录和偏好，人工智能系统可以为喜欢历史文化的游客推荐具有丰富历史文化底蕴的旅游目的地和文化活动；为喜欢自然风光的游客推荐美丽的自然景观和户外活动。

大数据技术可以帮助旅游企业和景区更好地了解游客的需求和行为，优化旅游产品和服务。通过收集和分析游客的旅游数据，如游客的来源地、旅游时间、消费习惯等信息，旅游企业和景区可以了解游客的需求及偏好，有针对性地开发和推广旅游产品和服务。

（3）创新的旅游体验设计与互动方式

为了实现沉浸式的旅游体验，旅游企业和景区需要不断创新旅游体验设计与互动方式。例如，可以设计更加逼真的虚拟场景和角色，让游客在虚拟旅游中有更加真实的体验；可以开发更加丰富多样的互动活动，如虚拟游戏、文化体验活动、艺术表演等，让游客在旅游中积极参与，增强互动性和趣味性；还可以利用社交媒体和在线平台，让游客与游客之间进行互动和分享，扩大旅游体验的影响力和传播范围。

6.4.2 数字化与可持续旅游发展的结合

1. 可持续旅游发展的重要性与挑战

（1）可持续旅游的概念与目标

可持续旅游强调旅游发展的公平性和包容性。旅游发展应惠及当地社区和居民，提高他们的生活水平和幸福感；应考虑不同游客群体的需求和利益，提供多样化的旅游产品和服务，满足不同游客的旅游需求。

（2）数字化对可持续旅游发展的挑战与机遇

数字化技术可以促进旅游目的地的社区参与和可持续发展。通过社交媒体、在线平台等渠道，当地社区和居民可以参与旅游规划与决策，表达自己的意见和需求，从而促进旅游发展与社区发展的有机结合。同时，数字化技术可以为当地社区和居民提供创业和就业机会，推动当地经济发展。

2. 数字化技术在可持续旅游中的应用

（1）智能旅游管理系统促进资源节约与环境保护

智能旅游管理系统可以实现对旅游交通的优化管理。通过大数据分析和智能调度技术，旅游管理部门可以优化旅游交通线路和运力配置，提高交通效率，减少交通拥堵和环境污染。同时，智能交通系统可以为游客提供实时的交通信息和导航服务，方便游客出行。

（2）数字化营销推动可持续旅游理念传播

数字化营销可以通过用户生成内容（UGC）和社交媒体互动，提高游客对可持续旅游的参与度和认同感。游客可以通过分享自己的可持续旅游经历和故事，影响更多人关注和参与可持续旅游。旅游企业和旅游目的地也可以通过与游客的互动和反馈，不断改进与完善可持续旅游产品和服务。

（3）虚拟现实与增强现实技术助力文化遗产保护与传承

虚拟现实和增强现实技术可以为文化遗产的教育和培训提供新的手段。学校和教育机构可以利用这些技术，为学生提供生动有趣的文化遗产教育课程，提高学生的文化素养和文化遗产保护意识；文化遗产保护机构可以通过这些技术，对专业人员进行培训和技能提升，提高文化遗产保护的水平和质量。

6.4.3 旅游产业数字化生态系统的构建

1. 旅游产业数字化生态系统的概念、特征、组成要素

旅游产业数字化生态系统是一个由旅游企业、旅游目的地、游客、技术提供商、政府部门等多个参与方组成的复杂系统。它以数字化技术为支撑，通过数据的共享和交互，实现旅游产业各参与方之间的协同合作和价值共创。

旅游产业数字化生态系统具有开放性、协同性、创新性、可持续性等特征。开放性是指系统中的各个参与方可以自由地加入和退出，共同参与系统的建设和发展；协同性是指各参与方之间通过数据共享和交互，实现协同合作，共同为游客提供优质的旅游服务；创新性是指系统不断引入新的技术和理念，推动旅游产业的创新和发展；可持续性是指系统在实现经济价值的同时，注重环境保护和社会文化保护，实现旅游产业的可持续发展。

在旅游产业数字化生态系统中，游客的需求和反馈是推动系统发展的重要动力。游客通过数字化渠道表达自己的旅游需求和期望，为旅游企业和旅游目的地提供了创新和改进的方向。同时，游客的评价和反馈会对旅游企业和旅游目的地的服务质量和信誉评价产生重要影响，促使其不断提高服务水平和质量。

2. 构建旅游产业数字化生态系统的策略与方法

（1）加强技术创新与应用

注重与旅游产业的实际需求相结合。旅游企业、技术提供商和政府部门应深入了解旅游产业的特点及需求，开发出符合旅游产业实际需求的数字化技术和解决方案。例如，针对旅游行业的季节性和波动性特点，开发出能够灵活调整资源配置和服务内容的数字化技术；针对旅游行业的个性化和定制化需求，开发出能够提供个性化服务和推荐的人工智能算法。

（2）促进数据共享与合作

在数据共享与合作过程中，需要建立健全数据安全和隐私保护机制。旅游企业、旅游目的地、技术提供商和政府部门应加强对数据安全与隐私保护的重视，采取有效的技术和管理措施，确保游客的个人信息和旅游数据安全。例如，采用加密技术、访问控制技术等保障数据的传输和存储安全；制定严格的数据使用和管理规范，明确各方的责任和义务。

（3）推动多方协同与合作

在多方协同与合作过程中，需要建立有效的沟通和协调机制。旅游企业、旅游目的地、游客、

第6章 数字化旅游管理

技术提供商和政府部门不仅应加强沟通与交流，及时解决合作过程中出现的问题和矛盾；还应建立健全利益分配机制，确保各方在合作中实现共赢。

（4）培养数字化人才、推动数字化发展

培养数字化人才需要加强国际合作和交流。旅游企业、旅游目的地、技术提供商和政府部门应积极开展国际合作和交流，引进国外先进的数字化人才培养理念和方法，提高我国旅游产业数字化人才培养的水平和质量；同时，可以通过国际合作和交流，输出我国的数字化旅游经验和技术，推动全球旅游产业的数字化发展。

章节练习题

一、选择题

1. 以下各项中不属于数字化旅游产生背景的是（　　）。
   A. 旅游行业的需求　　　　　　　　B. 传统旅游模式的高效性
   C. 市场需求的变化　　　　　　　　D. 信息技术的飞速进步

2. 数字化对旅游业的影响不包括（　　）。
   A. 降低旅游服务质量　　　　　　　B. 推动旅游业转型升级
   C. 扩大市场规模与促进消费增长　　D. 提升游客体验与满意度

3. 在数字化旅游中，区块链的应用不包含（　　）。
   A. 数字身份管理　　B. 诚信服务　　C. 数字藏品　　D. 导游服务

4. 关于网络安全与隐私保护，以下措施不正确的是（　　）。
   A. 在公共 Wi-Fi 环境下随意进行在线支付　　B. 使用加密技术
   C. 安装防火墙　　　　　　　　　　　　　　D. 组织员工网络安全培训

5. 在数字化旅游未来趋势中，元宇宙为旅游提供的内容不包括（　　）。
   A. 沉浸式旅游体验　　　　　　　　B. 传统旅游线路规划
   C. 虚拟旅游体验　　　　　　　　　D. 旅游景区的创新营销手段

二、判断题（正确的打"√"，错误的打"×"）

1. 数字化旅游只对旅游企业有益，对游客没有影响。　　　　　　　　　（　　）
2. 物联网技术在旅游管理中只能用于景区管理。　　　　　　　　　　　（　　）
3. 大数据与云计算在旅游管理中的应用主要是提高数据存储量。　　　　（　　）
4. 在线支付安全只需要旅游企业关注，游客不需要注意。　　　　　　　（　　）
5. 法律风险评估是旅游企业法律合规工作的一部分。　　　　　　　　　（　　）

三、简答题

1. 简述数字化旅游的特征。
2. 简述云计算在旅游管理中的应用。
3. 谈谈数字化旅游未来的发展趋势。

第7章
人工智能工具的使用

本章引言

伴随着科技的飞速发展，人工智能工具如同璀璨的星辰照亮了人们生活与工作的各个角落，其以强大的智能和高效的性能，重塑着人们的认知方式和行动模式。人工智能工具既是对传统方法的挑战，也是开启未来新纪元的钥匙。在数字化运营管理中，人工智能工具至关重要，带来了前所未有的变革，助力企业在竞争激烈的市场中高效、智能运营。

学习目标

1. 了解人工智能的发展历程和现状。
2. 了解人工智能工具在企业数字化运营管理中的作用。
3. 掌握常见人工智能工具的功能和使用方法。
4. 学会人工智能在企业数字化运营管理中的应用。

7.1 人工智能的发展历程和现状

7.1.1 人工智能的发展阶段

1. 起步发展期（20世纪50年代中期至60年代初）

1956年，美国达特茅斯学院举行了为期两个月的学术讨论会，首次提出了"人工智能"这一术语，标志着人工智能学科正式诞生。此后，人工智能取得了一系列令人瞩目的研究成果，如机器定理证明、跳棋程序等，掀起了发展的第一个高潮。

2. 反思发展期（20世纪60年代初至70年代初）

人工智能发展初期的突破使人们对其期望过高，开始尝试更具挑战性的任务，但接二连三的失败和预期目标落空让人工智能发展陷入低谷。例如，当时的人工智能程序在面对复杂问题时表现不佳，无法真正实现智能的表现。

3. 应用发展期（20世纪70年代初至80年代中期）

专家系统的出现是应用发展期的重要标志。专家系统模拟人类专家的知识和经验解决特定领域的问题，在医疗、化学、地质等领域取得成功，推动人工智能从理论研究走向实际应用，进入了应用发展新高潮期。

4. 低迷发展期（20世纪80年代中期至90年代中期）

随着人工智能应用规模不断扩大，专家系统存在的应用领域狭窄、缺乏常识性知识、知识获取困难、推理方法单一、缺乏分布式功能、难以与现有数据库兼容等问题逐渐被暴露出来，人工智能再次进入低迷发展期。

5. 稳步发展期（20世纪90年代中期至2010年）

网络技术特别是互联网技术的发展，加速了人工智能的创新研究，促使其技术进一步走向实用化。例如，数据挖掘、搜索引擎等应用开始普及，人工智能在这些领域发挥了重要作用。

6. 蓬勃发展期（2011年至今）

在大数据、云计算、互联网、物联网等信息技术发展，以及图形处理器等计算平台推动下，以深度神经网络为代表的人工智能技术飞速发展。诸如图像分类、语音识别、知识问答、人机对弈、无人驾驶等人工智能技术，实现了从"不能用、不好用"到"可以用"的技术突破，迎来爆发式增长的新高潮。

7.1.2 人工智能的现状

1. 技术突破不断

（1）自然语言处理

当前，人工智能语言模型的能力不断提升，能够理解和生成人类语言。例如，OpenAI 的 Chat-

GPT 及其后续版本，能够进行自然流畅的对话、文本创作、代码生成等任务，大大提高了人们对自然语言处理技术的认知和应用。

（2）计算机视觉

当前，人工智能的图像识别、目标检测等技术已经非常成熟，被广泛应用于安防监控、自动驾驶、医疗影像诊断等领域。例如，在安防领域应用的人脸识别技术，能够快速准确地识别人员身份；自动驾驶汽车通过摄像头和传感器对周围环境进行感知与识别，实现了自动驾驶。

（3）强化学习人工智能

人工智能在游戏、机器人控制等领域取得了显著成果。例如，AlphaGo 在围棋比赛中战胜人类棋手，展示了其强化学习算法的强大能力；机器人通过强化学习算法能够自主学习和优化行为策略，提高任务执行的效率和准确性。

2. 应用领域广泛

（1）医疗保健

人工智能在辅助诊断、疾病预测、药物研发等方面发挥着重要作用。通过对大量医疗数据的分析，人工智能可以帮助医生更准确地诊断疾病，预测疾病的发展趋势，提高医疗效率和质量。

（2）金融领域

在风险评估、信用评级、智能投顾等业务中广泛应用人工智能技术，能快速分析大量的金融数据，识别风险因素，为投资者提供个性化的投资建议。

（3）交通运输领域

自动驾驶技术是人工智能在交通运输领域的重要应用方向。此外，智能交通系统能够实时监测交通流量，优化交通信号控制，提高交通效率。

（4）教育领域

智能教育平台、个性化学习系统等应用不断涌现，能根据学生的学习情况和特点，提供个性化的学习方案和教学资源，帮助学生更好地学习。

3. 产业发展迅速

（1）企业投入增加

众多企业纷纷加大对人工智能的研发投入，希望在人工智能领域占据一席之地。大型科技公司如谷歌、微软、百度等，在人工智能技术研发和应用方面投入了大量资源，推动了人工智能产业发展。

（2）创业公司涌现

人工智能领域的创业公司不断涌现，专注特定的应用场景和技术方向。这些创业公司为人工智能产业带来了新的技术和创新应用，推动了产业发展。

4. 社会影响深远

（1）就业结构发生变化

人工智能的发展虽然会导致一些传统的工作岗位减少，但会创造出新的工作岗位，如人工智能工程师、数据分析师、算法设计师等。因此，人们需要不断学习和提升自己的技能，以适应就业结构变化。

（2）出现伦理和法律问题

人工智能的应用带来了一些伦理和法律问题，如数据隐私保护、算法偏见、人工智能武器等。这些问题需要社会各界共同关注和解决，制定相关的伦理准则和法律法规，确保人工智能的发展符合人类的利益和价值观。

7.2 人工智能工具在企业数字化运营管理中的作用

数字化时代，企业面临着日益复杂的内外部环境和海量数据，传统的管理方式已难以满足企业高效运营和持续发展的需求。人工智能工具的出现为企业数字化运营管理带来了革命性变化，在多个维度上深刻影响着企业的管理模式和运营效率，从数据处理到业务流程优化，从客户关系管理到战略决策支持，全方位助力企业在激烈的市场竞争中脱颖而出。

7.2.1 数据处理与分析

1. 高效的数据挖掘与深度洞察

企业在运营过程中会产生各种各样的数据，包括结构化数据（如销售记录、财务报表）和非结构化数据（如客户反馈、社交媒体评论）。人工智能工具能够运用先进的算法和技术，对这些数据进行高效挖掘。例如，关联规则挖掘算法可以发现不同数据元素之间的隐藏关系，如哪些产品经常被一起购买，从而为企业的产品组合和营销策略提供有价值的信息。

在市场研究中，人工智能工具通过对大量消费者行为数据进行分析，可以洞察消费者的购买动机、偏好和消费习惯的变化。以电商企业为例，人工智能工具可以分析用户的浏览路径、停留时间、购买频率等数据，使电商企业了解消费者对不同品类商品的感兴趣程度，以及不同促销活动对购买决策的影响。这种深度洞察有助于企业更精准地定位目标市场和客户群体，为产品开发和营销活动提供有力依据。

2. 精准的预测与预警功能

基于历史数据和机器学习模型，人工智能工具可以对企业的关键业务指标进行精准预测。在销售预测方面，时间序列分析模型结合神经网络算法，可以考虑季节性因素、市场趋势、促销活动等多种变量，准确预测未来一段时间的销售额。这使企业能够合理安排生产计划、采购原料和调配人力资源，避免出现库存积压或缺货现象。

此时，人工智能能够建立预警系统，实时监控数据的异常变化。在金融领域，信用风险预警是人工智能的重要应用之一。通过分析客户的信用历史、交易行为、财务状况等数据，人工智能模型可以及时发现客户信用风险的上升趋势，帮助金融企业提前采取措施，如调整信贷额度、加强风险监控等，减少坏账损失。在供应链管理中，人工智能工具可以监测物流运输中的异常延误、库存水平的异常波动等情况，及时向企业发出预警，以便企业迅速做出应对，保障供应链的稳定运行。

7.2.2 业务流程优化与自动化

1. 实现业务流程自动化

企业中有许多重复性、规律性的任务,如数据录入、文档处理、订单处理等,人工智能工具中的 RPA 技术可以模拟人类操作,自动执行这些任务。在财务部门,RPA 技术可以自动地从不同系统中提取财务数据,完成发票验证、账目核对等工作,大大提高了财务处理的效率和准确性。

在客户服务领域,聊天机器人是一种常见的自动化工具。它可以根据预设的规则和机器学习算法自动回答客户的常见问题,如产品咨询、售后服务问题等。聊天机器人可以同时处理多个客户的咨询,提供 7×24 小时不间断的服务,有效减轻了人工客服的负担,提高了客户服务的响应速度和质量。

2. 优化业务流程

人工智能工具通过对业务流程中各个环节的数据进行分析,可以找出流程中的瓶颈和低效环节。在生产制造企业中,通过对生产线上的设备运行数据、工人操作数据、物料流动数据进行分析,人工智能工具可以发现生产流程中的延迟点、质量问题高发环节等。例如,在发现某一生产环节的设备故障率较高,影响整体生产效率时,企业可以有针对性地进行设备维护或升级。

此外,人工智能工具还可以对业务流程进行模拟和优化。利用数字孪生技术,企业可以创建虚拟的业务流程模型,通过改变不同的参数和条件,模拟不同场景下的流程运行情况。这有助于企业找到最优的业务流程设计,提高资源利用效率,降低成本。例如,在物流配送流程中,通过模拟不同的配送路线、车辆调度方案等,可以做出最节省时间和成本的配送策略。

7.2.3 客户关系管理

1. 精准的客户细分与个性化营销

人工智能工具能根据客户的各种属性和行为数据对客户进行细分。聚类分析算法可以将具有相似特征的客户划分为不同的群体,如按照购买频率、购买金额、产品偏好等维度进行分类。企业可以针对不同的客户群体制定个性化的营销策略。

对于高价值客户群体,企业可以提供专属的优惠活动、优质的售后服务,以提高客户忠诚度。在个性化营销方面,推荐系统是人工智能工具的典型应用。基于协同过滤算法或内容推荐算法,推荐系统可以根据客户的历史购买行为和浏览记录,向客户推荐他们可能感兴趣的产品或服务。例如,在视频流媒体平台上,推荐系统根据用户的观看历史推荐相似类型的视频,提高用户的观看时长和平台的用户黏性。

2. 卓越的客户服务与支持

智能客服系统除了可以回答常见问题外,还可以通过自然语言处理技术理解客户的复杂问题和情感需求。情感分析功能可以判断客户在咨询过程中的情绪状态,如不满、焦虑或满意。当遇到情绪激动的客户时,智能客服可以采取更温和、更有针对性的回答方式,及时安抚客户情绪。

此外,人工智能工具可以整合客户在不同渠道(如网站、社交媒体、客服热线)的交互数据,形成完整的客户画像。这使客服人员在与客户沟通时能全面了解客户的历史问题和需求,提供更贴心、更高效的服务。同时，一些人工智能客服系统还具备学习能力，不断从新的客户问题和解决方案中学习，提升自身的问题解决能力。

7.2.4 决策支持与战略规划

1. 提供全面的决策辅助

人工智能工具可以整合企业内外部的大量数据，运用数据分析和建模技术为企业管理层提供决策支持。在战略决策方面，人工智能工具可以分析宏观经济数据、行业竞争态势、技术发展趋势等外部因素，结合企业自身的财务状况、市场份额、生产能力等内部数据，通过情景分析、模拟模型等方法，评估不同战略方案的潜在风险和收益。

在日常运营决策中，如产品定价决策，人工智能工具可以考虑成本结构、市场需求弹性、竞争对手价格等多种因素，通过价格优化模型确定最优价格点。同时，人工智能工具可以对不同决策方案进行实时评估和比较，帮助管理层快速做出决策。例如，在市场营销活动决策中，人工智能工具可以预测不同广告投放渠道、不同促销方式的效果，为企业选择最佳的营销方案。

2. 助力战略规划与创新发展

通过对行业大数据进行分析，人工智能工具可以帮助企业发现新的市场机会和潜在的业务增长点。在新兴技术领域，如区块链、新能源等，人工智能工具可以分析相关技术的发展趋势、市场应用前景、潜在的合作伙伴和竞争对手等信息。企业可以据此制定战略规划，提前布局新的业务领域或进行技术创新。

此外，人工智能工具还可以协助企业进行创新管理。在产品创新方面，通过分析市场需求、客户反馈和技术可行性，人工智能工具可以为企业提供产品创新的方向和思路。例如，通过对消费者在社交媒体上对产品功能的讨论和需求的挖掘，企业可以发现新的产品特性需求，开发出更具竞争力的产品。

7.2.5 风险管理

1. 准确识别与评估风险

企业面临着多种风险，包括市场风险、信用风险、操作风险等，人工智能工具可以通过对大量数据的分析识别这些风险的早期迹象。在市场风险方面，人工智能工具可以监测宏观经济指标、行业市场波动、汇率变化等因素，通过建立风险预测模型，评估这些因素对企业业务的影响。

对于信用风险，除了传统的信用评估模型以外，人工智能工具还可以纳入更多非传统数据，如社交媒体信息、网络行为数据等，从而更全面地评估客户的信用状况。在操作风险方面，人工智能工具可以分析企业内部的业务流程、信息系统、人员操作等环节的数据，识别可能导致操作失误、欺诈等风险的因素。例如，通过对交易数据的异常检测，可以发现潜在的欺诈交易行为。

2. 有效合规管理

在合规管理方面，企业需要遵守众多法律法规和行业规定。人工智能工具可以自动监测企业的业务活动是否符合这些要求。在金融行业，反洗钱监管是一项重要的合规任务。人工智能工具可以分析客户的交易模式、资金来源和去向等数据，识别可疑的洗钱行为，及时向监管部门报告。

在数据隐私保护方面，人工智能工具可以对企业的数据处理活动进行监控，确保企业在收集、存储、使用和共享客户数据时符合相关的隐私法规。例如，人工智能工具可以自动检测企业是否存在未经授权而访问客户数据的情况，保障客户数据的安全和隐私。

7.2.6 产品创新与研发方面

1. 提供深入的需求分析与产品设计指导

人工智能工具可以通过对市场和客户数据的分析为企业的产品创新提供方向。在需求分析阶段，人工智能工具可以收集和整理来自客户、市场研究机构、竞争对手等多方面的信息，挖掘客户尚未满足的需求和潜在的痛点。例如，通过对客户在产品评论和社交媒体上的反馈信息进行分析，企业可以了解客户对产品功能、外观、易用性等方面的期望和不满。

基于这些需求分析结果，人工智能工具可以协助企业进行产品设计。在设计过程中，人工智能工具可以利用计算机辅助设计（CAD）技术和模拟算法，对产品的结构、性能、外观等进行优化。例如，在汽车制造行业，人工智能工具可以通过模拟不同的设计方案，评估车辆的空气动力学性能、燃油经济性等指标，帮助设计师选择最佳的设计方案。

2. 参与产品研发过程并促进合作创新

在产品研发过程中，人工智能工具可以参与实验设计、数据分析、模型优化等环节。在药物研发领域，人工智能工具可以通过分析大量的药物分子结构数据和临床试验结果，预测药物的疗效和安全性，帮助研发人员筛选出更具潜力的药物分子，减少研发过程中的试错成本。

此外，人工智能工具还可以促进企业与外部研发机构、高校等的合作创新。通过大数据平台和人工智能分析技术，企业可以快速找到合适的合作伙伴，共同开展研发项目。同时，人工智能工具可以对合作过程中的知识产权、技术转移等问题进行管理和监控，保障合作创新的顺利进行。

7.3 常见人工智能工具的功能和使用方法

7.3.1 ChatGPT

1. 简介

ChatGPT 是 OpenAI 于 2022 年 11 月推出的一款强大的语言交互模型，其基于 Transformer 架构，通过大量文本数据训练而成。在功能上，ChatGPT 能够与用户自然流畅地对话，回答逻辑连贯。其知识覆盖广泛，无论是科学、历史，还是娱乐等领域的问题都能尝试回答。同时，其有多种用途，如文本创作、智能客服、代码编写等。ChatGPT 的发展是 OpenAI 长期研发的成果，前身 GPT 系列的不断改进为其奠定了基础。ChatGPT 的出现引起了人们巨大反响，在推动自然语言处理技术发展方面有积极影响，促使更多公司投入相关研发。但 ChatGPT 也存在争议，如可能产生虚假信息、冲击就业市场及引发伦理道德问题。总的来说，ChatGPT 在人工智能发展历程中的地位不可忽视。

2. 功能

（1）智能对话

ChatGPT 可以与用户进行自然流畅的对话，回答各种问题，提供解释、建议、观点等，对于日常生活、学术研究、工作业务等方面的问题都能有所应对。例如，询问"如何提高工作效率"，ChatGPT 会给出多种方法和策略。

（2）文本创作

ChatGPT 可以辅助用户进行文章写作、故事创作、诗歌创作等，为用户提供创意、思路和文本框架。例如，给出一个主题"未来的城市"，ChatGPT 可以生成一篇相关文章梗概。

（3）语言翻译和语法修正

ChatGPT 可以在一定程度上进行语言翻译，虽然准确性不如专业的翻译软件，但能提供大致的翻译参考。同时，ChatGPT 能帮助用户修正文本中的语法错误和语言表达问题。

（4）知识问答和信息检索

ChatGPT 可以利用庞大的知识库，回答各个领域的知识问题，并且可以根据用户的进一步提问不断深入和细化回答。

3. 使用方法

（1）注册账号

访问 OpenAI 的官方网站，按照提示完成注册流程，获取账号和密码。

（2）登录

在网页上输入账号和密码登录 ChatGPT 平台。

（3）输入问题或指令

在 ChatGPT 聊天界面的输入框中输入想要询问的问题、请求的任务或指令等内容。

（4）获取回答

ChatGPT 会根据输入的内容进行分析和理解，然后生成回答并显示在聊天界面上；用户可以根据回答进一步提问或提出修改建议，让 ChatGPT 不断优化其回答。

7.3.2 文心一言

1. 简介

文心一言是百度公司打造的人工智能大语言模型，于 2023 年 3 月 16 日正式发布，8 月 31 日全面开放。它具有跨模态、跨语言的深度语义理解与生成能力，可应用于文学创作、商业文案创作、数理逻辑推算、数据分析、代码生成等场景。截至 2024 年 11 月，文心一言的用户规模达到 4.3 亿个，日调用次数达 15 亿次。文心一言由文心大模型驱动，具备理解、生成、逻辑、记忆 4 大基础能力。在理解方面，文心一言能听懂潜台词、复杂句式及专业术语；在生成方面，文心一言可快速生成文本、代码、图片等内容；在逻辑方面，文心一言能解决复杂逻辑难题和数学计算等；在记忆方面，文心一言能记住多轮对话重点。文心一言一直在不断升级优化，为用户提供更准确、高效、智能的服务。可以说，文心一言在人工智能领域具有重要的地位和广泛的应用前景。

2. 功能

（1）知识问答

文心一言能够快速、准确地回答各种知识类问题，涵盖科学、历史、文化、技术等多个领域。例如，询问"中国古代四大发明是什么"，它会立即给出正确答案。

（2）文本创作辅助

文心一言为用户提供写作方面的帮助，如文章创作、文案撰写、广告语生成等。例如，输入"为一款智能手表写一段广告语"，它会生成多个有创意的广告语供用户选择。

（3）语言理解和语义分析

文心一言可以对输入的文本进行深入理解和语义分析，帮助用户更好地理解文本的含义和意图。例如，分析一篇文章的主题、情感倾向等。

（4）智能对话

文心一言支持多轮对话，能根据上下文理解用户的问题，并做出连贯、准确的回答。

3. 使用方法

（1）申请使用

访问文心一言的官方网站，按照要求申请使用权限，可能需要填写一些个人信息或企业信息等。

（2）登录

获得使用权限后，使用账号和密码登录到文心一言平台。

（3）提问和交互

在输入框中输入问题或指令，然后点击发送或提交按钮，文心一言会对输入的内容进行处理并给出回答，用户可以根据回答进一步交流和提问。

7.3.3 Midjourney

1. 简介

Midjourney 是一款先进的人工智能绘画程序，以独特的功能和出色的性能在数字艺术领域备受关注。Midjourney 能利用先进的算法和大量的图像数据训练，根据用户输入的文本描述生成高质量、极具创意的图像。无论是奇幻的神话场景、未来的科幻世界，还是写实的人物肖像、细腻的风景画等，Midjourney 都能快速生成。Midjourney 操作界面相对简洁，用户通过简单的指令即可获得想要的图像效果。而且，Midjourney 为艺术家、设计师、创作者等提供了丰富的灵感来源，极大地拓展了创作的可能性。在商业领域，Midjourney 可用于广告设计、产品包装设计、影视制作等环节以快速生成概念图。在教育领域，Midjourney 有助于培养学生的想象力和艺术鉴赏力。不过，也有人担心 Midjourney 可能对传统绘画艺术创作的独特性产生一定的冲击。

2. 功能

（1）艺术创作

Midjourney 可以根据用户输入的文本描述，生成极具创意和艺术感的图像且风格多样，包括油画、水彩画、素描、卡通等多种艺术风格。例如，输入"梦幻森林中的小精灵"，Midjourney 可以生成一幅充满奇幻色彩的森林场景，里面有可爱的小精灵形象。

（2）风格转换

Midjourney 可以将现有图片转换为不同的艺术风格，让用户轻松获得风格独特的图片。

（3）创意启发

Midjourney 可以为设计师、艺术家等提供创意灵感，帮助他们开拓思维，探索新的创作方向。

3. 使用方法

（1）加入频道

在 Discord 平台上加入 Midjourney 频道。如果没有 Discord 账号，则需要先注册一个。

（2）输入指令

在 Midjourney 频道的聊天窗口中输入"imagine"命令，在后面跟上想要生成的图像文本描述。例如，"imagine a beautiful sunset over the ocean"（生成一幅海上美丽日落的图片）。

（3）调整参数（可选）

Midjourney 提供了一些参数可以调整，如生成图片的尺寸、风格强度、迭代次数等，用户可以根据自身需求进行设置。例如，使用"--ar 16:9"可以设置生成图片的长宽比为 16:9。

（4）获取结果

Midjourney 会根据用户的指令和参数生成图片，在聊天窗口中显示生成的过程和结果。用户可以选择对生成的图片做进一步的细化、修改或重新生成。

7.3.4 Stable Diffusion

1. 简介

Stable Diffusion 是一款具有开创性的从文本到图像的生成式人工智能模型，其基于扩散模型技术，通过在潜在空间中逐步去噪生成图像。与同类模型相比，Stable Diffusion 最大的优势之一是开源性，这使得全球开发者可以对其进行改进和拓展。在功能上，用户只需要输入详细的文本提示，如"中世纪风格的城堡坐落在云雾缭绕的山顶"，Stable Diffusion 就能生成相应的高质量图像。Stable Diffusion 能生成多种风格的画面，包括但不限于写实、卡通、油画风等，这在艺术创作领域为插画师、概念艺术家等提供了强大的创意辅助，可快速生成灵感草图。在商业应用方面，Stable Diffusion 可用于广告、游戏、影视等行业的视觉内容创作前期阶段，加快制作流程。同时，Stable Diffusion 引发了关于版权和道德问题的讨论，如生成图像的版权归属和可能被用于虚假信息传播等问题。

2. 功能

（1）高质量图像生成

Stable Diffusion 能生成高分辨率、细节丰富的图像，在图像质量上具有较高的水平，可以满足专业设计、艺术创作等领域对图像质量要求较高的需求。

（2）自定义风格和主题

在 Stable Diffusion 中，用户可以通过调整模型的参数、使用特定的训练数据或引入外部的风格模型等方式，实现对生成图像的风格和主题的自定义，创造出符合自己需求的独特图像。

（3）图生图功能

除了根据文本描述生成图像以外，Stable Diffusion 还支持以现有图片为基础，通过添加文本描述或调整参数等方式，生成与原图片相关但具有新特点的图片，为图像的二次创作提供了便利。

3. 使用方法

（1）安装和配置

由于 Stable Diffusion 是一个开源项目，需要在本地进行安装和配置，因此首先需要具备一定的硬件条件，如 NVIDIA 显卡等；其次根据官方文档或相关教程，下载和安装 Stable Diffusion 的软件包，并进行相应的配置，包括设置环境变量、安装依赖库等。

（2）选择模型和参数

Stable Diffusion 有多个预训练模型可供选择，用户可以根据自身需求选择合适的模型。同时，用户需要设置一些生成图像的参数，如迭代次数、学习率、图像尺寸等，这些参数会影响生成图像的质量和速度。

（3）输入文本描述或选择初始图片

在 Stable Diffusion 上，如果是基于文本描述生成图像，那么用户需要在输入框中输入详细的文本描述，描述越准确、详细，生成的图像越符合预期。如果使用图生图功能，则需要上传一张初始图片，并在图片的基础上添加文本描述或调整参数。

（4）生成图像

设置好模型和参数后，点击生成按钮，Stable Diffusion 会开始生成图像。生成过程可能需要一定的时间，具体时长取决于硬件性能和参数设置。最后，用户可以查看和保存生成的图片。

7.3.5 DeepL

1. 简介

DeepL 是一款备受赞誉的人工智能翻译工具，由德国的一家深度学习公司于 2017 年推出。DeepL 最初以欧洲语系翻译服务为主，后来加入了汉语、日语等语言，目前支持汉语、英语、德语、法语、日语、西班牙语等共 26 门语言之间的互译。DeepL 的优势众多，如利用人工智能技术、神经网络不断训练其提升翻译能力和准确性，翻译结果准确、自然、流畅。DeepL 能捕捉到语言中的细微差别，在翻译文学性、专业性较强的文本时表现出色。除了网页版外，DeepL 还有客户端版，并且支持翻译 Word、PPT 或 PDF 格式的文件。不过，免费版存在文件大小限制等情况。总的来说，DeepL 在翻译质量和功能上具有较高的水准，是翻译领域的优秀工具。

2. 功能

（1）高质量翻译

DeepL 能够提供准确、流畅的翻译结果，尤其在专业文献、学术论文、法律文件等复杂文本的翻译上具有较高的准确性和可靠性。

（2）多语言支持

DeepL 支持多种语言之间的翻译，包括常见的欧洲语言、亚洲语言等，可以满足用户不同语言翻译的需求。

(3）文档翻译

DeepL 可以翻译整篇文档，并且保留原文档的格式，方便用户对翻译后的文档直接使用和编辑。

(4）术语库和自定义翻译

在 DeepL 中，用户可以创建自己的术语库，对一些特定术语或短语的翻译进行自定义，以确保在翻译过程中这些术语能够得到准确的翻译。

3. 使用方法

(1）网页使用

访问 DeepL 官方网站，在网页的左侧输入框中输入需要翻译的文本，然后在右侧选择目标语言，DeepL 会自动将输入的文本翻译为目标语言，并显示在右侧的输出框中。

(2）桌面应用程序使用（可选）

如果用户需要经常使用 DeepL 进行翻译，则可以下载并安装 DeepL 的桌面应用程序。打开 DeepL 应用程序，在界面中进行文本输入和翻译操作，使用方法与网页版类似。

(3）文档翻译

DeepL 的网页版或桌面应用程序都支持文档翻译功能。用户可以首先点击相应的按钮，选择需要翻译的文档（支持的文档格式包括 Word、PDF 等）；其次选择目标语言，对文档进行翻译，并且翻译后生成的文档可供用户下载。

7.3.6 一帧秒创

1. 简介

一帧秒创是一款强大的智能视频创作工具，主要基于新壹视频大模型和一帧 AIGC 智能引擎内容生成平台，为创作者和机构提供文字续写、文字转语音、文生图、图文转视频等多种人工智能生成服务。一帧秒创的核心功能"图文转视频"，支持文字、文章链接和 Word 文档3种导入形式，能进行智能语义分析和匹配，自动分镜头并搭配素材画面、人工智能语音、配乐和字幕，实现一键成片。还有智能数字人播报平台，可还原真人形象、动作、神态、声音，甚至能定制专属数字人。此外，具备人工智能帮写、人工智能作画、智能配音、智能字幕、私有素材库等功能。用户反馈一帧秒创在视频素材匹配、智能配音、文案生成等方面表现出色。截至 2023 年 9 月，一帧秒创已积累用户 200 多万个，视频累计制作时长达到 1000 万分钟。

2. 功能

(1）图文转视频

一帧秒创可以将输入的文字内容自动转换为视频，通过对文字的语义理解和分析，匹配相应的图片、视频素材、音频等，快速生成一个完整的视频。例如，输入一篇新闻报道的文字内容，一帧秒创可以将其转化为一个新闻视频。

(2）文字续写

一帧秒创根据用户输入的开头或部分内容可以自动续写文本，帮助用户快速扩展文章内容，提供创作思路。

（3）文字转语音

一帧秒创将输入的文字转化为自然流畅的语音，支持多种语言风格和音色选择，可用于视频配音、有声读物制作等。

3. 使用方法

（1）注册和登录

访问一帧秒创的官方网站或下载相应的移动应用程序，注册一个账号并登录。

（2）输入文本或上传文档

在一帧秒创上，如果使用图文转视频功能，则在输入框中输入文字内容，或者上传一个包含文字内容的文档；如果使用文字续写或文字转语音功能，则在相应的功能模块中输入文字。

（3）选择模板和设置参数（可选）

一帧秒创提供了多种视频模板和风格可供选择，用户不仅可以根据自身需求选择合适的模板，还可以设置视频的时长、分辨率、音频等参数。

（4）生成和编辑

点击生成按钮，一帧秒创会根据用户的输入和设置要求生成视频或语音。生成完成后，用户可以对视频或语音进行预览和编辑，如添加字幕、调整音频、裁剪视频等，如剪映。

7.3.7 美图设计室

1. 简介

美图设计室是美图公司于 2022 年推出的面向办公场景的智能设计服务，其产品定位聚焦商业设计，围绕"AI 电商设计"与"AI 平面设计"为用户设计工作流提供解决方案。该平台拥有诸多强大的功能，如"AI 海报"可一键生成宣传海报；"AI 商品图"能在用户上传产品图后生成海量场景图；"AI 模特"功能无须实际拍摄，即可轻松实现模特试穿效果。美图设计室还提供了丰富的商用海报模板，覆盖电商、行政办公、新媒体、微信生态等多客户群场景，用户只需要改字换图就能快捷生成手机宣传海报、自媒体封面等设计物料。自上线以来，美图设计室深受用户欢迎，服务用户超过 1.8 亿个，为近百万中小电商卖家提供人工智能商拍服务，累计设计物料超过 12 亿张。美图设计室不仅为用户提供了高效便捷的设计工具，也在电商等领域助力商家实现降本增效。

2. 功能

（1）人工智能设计

美图设计室通过人工智能技术，根据用户输入的关键词或描述，自动生成海报、PPT、商品图等设计作品，为用户提供设计创意和灵感。

（2）模板修改

美图设计室提供了大量设计模板，用户可以在模板的基础上修改和编辑，快速制作出符合自己需求的设计作品。例如，选择一个海报模板，然后修改模板中的文字、图片、颜色等元素，使其符合自己的品牌风格或宣传需求。

（3）智能排版

美图设计室具备智能排版功能，能够自动对图片、文字等元素进行排版和布局，使设计作品更加美观、专业。

3. 使用方法

（1）登录和选择功能

访问美图设计室的官方网站或使用相应的移动应用程序，登录账号后，选择需要使用的功能，如人工智能海报设计、人工智能 PPT 设计等。

（2）输入指令或选择模板

在美图设计室中，如果使用人工智能设计功能，则输入关键词或描述，让系统自动生成设计作品；如果使用模板修改功能，则浏览并选择一个合适的模板。

（3）编辑和调整

美图设计室对生成的设计作品或选择的模板进行编辑和调整，包括修改文字内容、更换图片、调整颜色、添加特效等，以满足用户的设计需求。

（4）保存和分享

美图设计完成后，会保存设计作品到本地或分享到社交媒体等平台上。

7.4 人工智能在企业数字化运营管理中的应用案例分析

7.4.1 亚马逊公司

在当今数字化和智能化的商业时代，亚马逊作为全球领先的电子商务和科技巨头，在利用人工智能技术方面走在了前列。人工智能在亚马逊的广泛应用不仅改变了其运营模式和竞争优势，也对全球电子商务和零售行业产生了深远影响。从个性化推荐到供应链优化，从客户服务到新产品开发，人工智能已经渗透到亚马逊业务的各个核心环节，成为其持续发展和创新的关键驱动力。

1. 个性化推荐系统

（1）技术原理与模型

亚马逊的个性化推荐系统是基于复杂的机器学习算法构建的。其中，协同过滤是一种重要的方法，分为基于用户的协同过滤和基于物品的协同过滤。

基于用户的协同过滤会寻找与目标用户行为相似的其他用户，然后根据这些相似用户喜欢的物品向目标用户推荐。例如，如果用户 A 和用户 B 购买、浏览的商品有很高的相似度，那么当用户 B 购买了某种新商品而用户 A 尚未购买时，用户 B 就可能将该商品推荐给用户 A。

基于物品的协同过滤侧重分析物品之间的相似性，通过计算物品之间的关联度，如果购买了商品 X 的用户也经常购买商品 Y，那么当有新用户购买商品 X 时，就会向其推荐商品 Y。此外，深度学习技术也在推荐系统中得到应用，如利用神经网络对用户和物品的特征进行深度挖掘与表示学习，以更好地捕捉用户的偏好和物品之间的复杂关系。

（2）数据来源与特征提取

亚马逊拥有海量的用户数据，这些数据构成了推荐系统的基础。数据来源包括用户的历史购买记录、浏览行为、搜索关键词、商品评价、加入购物车但未购买的商品信息等，通过对这些数据进行分析，系统可以提取出丰富的用户特征和物品特征。

例如，从购买记录可以了解用户的消费品类偏好、购买频率、价格敏感度等，从浏览行为可以分析用户对不同类型商品的兴趣程度和浏览时间分布，搜索关键词直接反映了用户当前的需求和潜在兴趣点。对于物品来说，其特征包括类别、品牌、价格、功能、用户评价等内容。这些特征经过处理和编码后被输入推荐算法，为个性化推荐提供依据。

（3）对业务的影响

①个性化推荐大大增加了用户发现和购买商品的机会。据统计，亚马逊约35%的销售额来自推荐系统的贡献。用户在看到符合自己兴趣的推荐商品时，更容易产生购买冲动，尤其是对于一些长尾商品，推荐系统能够将它们展示给可能感兴趣的用户，从而提高这些商品的销售概率。例如，对于一些小众的手工艺品或专业书籍，通过精准推荐找到特定兴趣群体，促进销售。

②用户在得到符合自己需求的个性化推荐时，会感觉平台更懂自己，购物体验得到显著提升。这种良好的体验会增加用户对亚马逊平台的信任和依赖，使用户更愿意在平台上持续购物，提高用户的忠诚度。从长期来看，降低了用户流失率，有助于亚马逊建立稳定的客户群体，巩固其在电子商务市场的领先地位。

2. 供应链优化

（1）需求预测

① 预测模型与算法。亚马逊在供应链需求预测中运用了多种人工智能算法，包括时间序列分析、回归分析及深度学习中的长短期记忆网络（LSTM）等。时间序列分析用于分析具有时间序列特征的数据，如季节性商品的销售数据。通过对历史销售数据的季节性、周期性和趋势性进行分析，预测商品未来的销售情况。回归分析则可以考虑多种影响因素，如宏观经济数据、市场趋势、促销活动等与商品需求之间的关系，建立预测模型。LSTM等深度学习模型在处理复杂的非线性数据关系方面表现出色，它可以处理长期依赖问题，对于包含多个影响因素且相互关系复杂的商品需求预测具有优势。例如，对于一些受技术更新换代影响较大的电子产品，LSTM可以通过综合考虑产品发布周期、技术创新速度、市场竞争等因素预测其市场需求。

② 数据整合与处理。需求预测使用的数据来源广泛，包括历史销售数据、市场研究报告、竞争对手数据、社交媒体趋势、宏观经济数据等，这些数据需要经过清洗、整合和特征工程处理。例如，对于来自不同渠道的销售数据，需要统一数据格式和时间戳；对于社交媒体趋势数据，需要提取与商品相关的话题热度和情感倾向等特征。通过将这些数据整合并输入预测模型，提高预测的准确性。

（2）库存管理

① 库存水平优化。基于需求预测的结果，人工智能帮助亚马逊确定每个仓库中每种商品的最佳库存水平。对于高需求、高周转率的商品，确保有足够的库存，以满足订单需求；同时，避免过度库存导致的仓储成本增加和商品积压风险。对于低需求、季节性或易过时的商品，根据预测的销售时间窗口和数量，合理制订补货和库存清理计划。例如，在节日购物季，对于热门玩具的库存会根

据预测提前准备充足，而对于一些过季服装则会逐步减少库存。

② 优化库存布局。亚马逊的仓库遍布全球，人工智能会考虑地理因素、运输成本、配送时效等，优化库存的布局。根据不同地区的销售预测和市场需求特点，人工智能会合理分配商品库存到各个仓库。例如，对于在某个地区销量较大的商品，人工智能会增加该地区仓库的库存，减少长途运输时间和成本，提高配送速度，满足客户对快速配送的期望。

（3）物流配送优化

① 配送路线规划。人工智能利用 GIS 数据、实时交通信息、订单配送地址和货物重量体积等数据，通过路径规划算法（如 Dijkstra 算法的改进版本、蚁群算法等）为快递车辆和配送人员规划最佳配送路线。这些算法可以在复杂的道路网络和交通状况下，找到最短时间或最低成本的配送路径。例如，在城市交通高峰期，系统可以避开拥堵路段，优先选择畅通的道路，提高配送效率。

② 运输方式选择和资源分配。根据货物的性质、数量、配送距离和时效要求，人工智能会选择合适的运输方式，如航空运输、陆地运输或水路运输，并合理分配运输资源。对于急需的高价值商品，系统可能优先安排航空运输；对于大量的、时效性要求不高的商品，系统选择成本较低的陆地运输或水路运输。同时，对运输车辆、飞机等运输资源进行合理调度，提高资源利用率，降低运输成本。

3. 商品信息处理与优化

（1）商品信息生成

① 自然语言生成技术（NLG）。亚马逊的人工智能商品信息生成工具利用了 NLG 技术，其基于预训练的语言模型和大量的商品相关文本数据，如商品描述模板、用户评价、产品说明书等，对卖家输入的商品基本信息（如商品名称、品牌、主要功能等）进行系统分析，将这些信息和学习到的语言模式，自动生成高质量的商品标题、详细描述和要点条目。例如，对于一款新的智能手表，卖家只需要输入品牌、屏幕尺寸、电池续航时间等基本参数，系统就能生成如"时尚智能手表，高清大屏，长续航，满足你的日常运动和生活需求"这样的标题和详细的功能描述。

② 提高信息质量和效率。这种自动生成商品信息的方式为卖家，尤其是中小型卖家节省了大量的时间和精力。同时，由于系统是基于大量优质文本数据训练而成的，生成的信息在语法、逻辑和表达上更加规范和准确，提高了商品信息的专业性，有助于提升商品在搜索结果中的排名和吸引力，增加商品的曝光度和销售机会。

（2）图片与视频处理

① 图像识别与处理技术。在商品图片处理中，人工智能运用了图像识别、计算机视觉等技术。对于商品图片，首先进行物体识别，确定商品在图片中的位置和边界；其次根据预设的规则和美学标准进行裁剪，调整亮度、对比度，平衡色彩等操作，使商品在图片中更加突出和美观，如对于服装类商品，系统可以自动识别服装的轮廓，裁剪出合适的展示区域，并调整颜色使其更接近实物，提高图片的视觉效果。

② 视频内容优化。在视频处理方面，人工智能可以对商品宣传视频进行剪辑、添加字幕、特效等操作。通过分析视频内容，自动提取关键画面和信息，去除冗余部分，使视频更加紧凑和有吸引力。同时，根据视频的风格和目标受众添加合适的字幕和特效，增强视频的传达效果，帮助用户更

好地了解商品的特点和使用方法。

4. 客户服务

（1）智能客服

① 自然语言处理（NLP）技术应用。亚马逊的智能客服系统基于 NLP 技术，包括词法分析、句法分析、语义理解和对话管理等模块。当用户提出问题时，系统首先对问题进行词法和句法分析，将其转化为计算机可以理解的形式；其次通过语义理解模块，分析问题的意图，结合知识图谱和预定义的回答规则，生成准确的回答，如当用户询问"我的订单什么时候送达"时，系统会识别出这是一个关于订单配送时间的查询问题，然后根据订单状态和物流信息给出相应的回答。

② 多渠道接入和 7×24 小时服务。智能客服系统可以在多个渠道接入，包括网站、移动应用、电子邮件等，为用户提供 7×24 小时不间断服务。无论用户在何时何地遇到问题，都可以及时得到解答。这大大提高了客户服务的响应速度和可及性，减少了用户等待时间，提升了用户满意度。同时，智能客服系统可以同时处理大量用户的咨询，减少了人工客服的工作量，提高了客户服务的整体效率。

（2）客户反馈分析

① 情感分析和主题提取。人工智能对客户的反馈信息（如评价、投诉、建议等）进行情感分析和主题提取。情感分析可以判断客户反馈的情感倾向是积极的、消极的，还是中性的，帮助亚马逊了解客户对产品和服务的整体满意度。主题提取是从大量的反馈文本中找出客户关注的主要问题和热点话题，如产品质量问题、配送延迟、包装损坏等。例如，通过分析大量的客户评价，发现某个产品存在较多关于电池续航不足的负面评价，公司可以及时采取措施改进。

② 持续改进产品和服务。基于对客户反馈分析的结果，亚马逊可以有针对性地对产品和服务进行改进。对于产品质量问题，可以与供应商沟通改进生产工艺；对于配送延迟问题，可以优化物流配送流程；对于客户提出的新需求和新建议，可以作为新产品开发和服务升级的参考依据，从而不断提升产品质量和客户服务水平，增强企业竞争力。

5. 新产品开发与创新

（1）市场趋势预测

① 数据挖掘与分析方法。人工智能通过对海量的市场数据、消费者行为数据、技术发展数据等进行挖掘和分析来预测市场趋势。在数据挖掘方面，运用聚类分析、关联规则挖掘等方法，从大量数据中发现隐藏的模式和关系。例如，通过聚类分析对具有相似消费行为的用户群体进行分类，了解不同群体的消费趋势；通过关联规则挖掘，发现不同商品之间的关联购买趋势。

在分析技术发展趋势时，人工智能关注科技新闻、专利申请、行业研究报告等信息来源，利用文本分析技术提取关键信息，预测新技术对市场和产品的影响。例如，当发现某一领域的新技术专利申请数量大幅增加时，分析其可能给相关产品市场带来的变革。

② 为新产品开发提供方向。市场趋势预测结果为亚马逊的新产品开发提供了重要指导。在预测到智能家居市场将快速增长时，亚马逊可以加大在该领域的研发投入，开发新的智能家居产品，如智能音箱的新功能、智能摄像头等。通过提前布局符合市场趋势的新产品，亚马逊可以在竞争中占领先机，满足消费者不断变化的需求。

(2）产品设计与优化

① 虚拟建模与仿真技术。在产品设计阶段，亚马逊采用了人工智能驱动的虚拟建模与仿真技术。通过创建产品的虚拟模型，模拟产品在不同环境下的性能、功能和用户体验。例如，在设计一款新的电子书阅读器时，利用仿真技术模拟不同光线条件下的屏幕显示效果、电池续航时间在不同使用模式下的变化等。这种虚拟建模和仿真技术可以在产品实际生产之前发现潜在的问题和优化点，从而减少物理原型制作的成本和时间。

② 用户体验优化。人工智能可以分析用户在使用产品过程中的行为数据，以优化产品的用户体验。通过收集用户与产品交互的数据，如操作路径、使用频率、功能偏好等，发现用户在使用过程中的痛点和不便之处。如果发现用户在使用某个应用程序时，经常在某个操作步骤上花费较长时间，就可以对该步骤的设计进行优化，以提高产品的易用性和用户满意度。

6. 结论

人工智能在亚马逊公司的应用是全方位和深入的，涵盖了从前端的个性化推荐到后端的供应链管理，从商品信息处理到客户服务，再到新产品开发等各个业务环节。这些应用不仅提高了亚马逊的运营效率、降低了成本，还极大地提升了用户体验和企业竞争力。通过不断改进和创新人工智能技术的应用，亚马逊在全球电子商务和科技领域持续保持领先地位，并为整个行业的数字化转型和智能化发展提供了宝贵的经验。同时，随着人工智能技术的不断发展，亚马逊在未来有望进一步拓展其应用领域和深度，创造更多的商业价值和社会效益。然而，在应用人工智能技术的过程中，亚马逊还需要面对一些挑战，如数据隐私保护、算法公平性和伦理问题等，要在发展中不断寻求平衡和解决方案。

7.4.2 美的公司

在当今数字化、智能化高速发展的时代，人工智能技术已成为推动企业发展和创新的重要力量。美的公司作为家电行业的龙头企业，积极探索和应用人工智能技术，在生产制造、产品研发、供应链管理、智能家居等多个领域取得了显著成效。

1. 人工智能在美的公司的应用领域

（1）生产制造环节

① 质量检测。人工智能视觉检测系统是美的生产线上的重要应用。在美的众多工厂中，如洗碗机工厂，通过在生产线上设置摄像头，对产品进行全方位的扫描和实时监测，能够快速准确地识别出产品的外观缺陷、尺寸偏差、零部件缺失及标签贴错等问题。与传统的人工质检相比，人工智能质检大大提高了检测的效率和准确率，降低了人工成本和漏检风险。例如，美的洗碗机工厂通过人工智能视觉质检将一次装机不良率降至 1.1%。

② 自动化生产。美的积极引入机器人手臂和自动化设备，并利用人工智能技术实现智能化控制。机器人可以根据预设的程序和算法，精准地完成搬运、焊接、装配等重复性、高精度的工作任务。同时，通过对生产数据的实时监测和分析，人工智能系统能不断优化生产流程，提高生产的稳定性和一致性。2021—2022 年，美的部署智能设备 100 多套，并且计划进一步扩展至 1000 套。

③ 设备维护与预测性维护。生产设备的正常运行是保证生产效率的关键。美的利用人工智能技

术对设备的运行状态进行实时监测，收集设备的振动、温度、电流等数据，并通过分析建立设备的健康模型。当设备数据出现异常偏离时，人工智能系统能及时发出预警，提醒维护人员进行检修和维护，避免设备故障对生产造成影响。这种预测性维护方式大大降低了设备的维护成本和停机时间，提高了设备的使用寿命。

（2）产品研发设计

① 用户需求洞察。美的借助人工智能算法和大数据分析，深入了解用户的需求和使用习惯。通过收集和分析用户的反馈数据、市场销售数据、社交媒体数据等多源信息，美的精准把握了用户的痛点和期望，为产品的研发和设计提供了有力依据。例如，在研发洗碗机时，美的通过对用户反馈的中式餐具清洗难度大、费水费电等问题进行分析，有针对性地开展技术攻关，推出了更符合中国消费者需求的产品。

② 智能设计与优化。在产品设计过程中，人工智能技术可以辅助设计师进行方案的生成和优化。利用深度学习算法，人工智能系统可以根据输入的设计要求和约束条件，快速生成多种设计方案，并对这些方案进行评估和比较，选择出最优的设计方案。同时，人工智能技术可以对产品的性能进行模拟和预测，如家电的能耗、制冷制热效果、噪声水平等，以便在设计阶段进行优化和改进，提高产品的性能和竞争力。

（3）供应链管理

① 需求预测。准确的需求预测是供应链管理的核心。美的的人工智能算法服务平台通过对历史销售数据、市场趋势、政策变化、季节因素等的分析，结合机器学习模型和知识图谱模型，能够准确预测产品的市场需求。这有助于美的在生产计划、原材料采购、库存管理等方面做出更加科学的决策，避免需求预测不准确导致的过度采购或库存不足问题，实现供应链的快速流转和优化。

② 物流优化。在物流环节，人工智能技术可以对物流路径、运输方式、仓储布局等进行优化。通过对订单数据、货物信息、运输车辆信息等的分析，人工智能系统能够制定最佳的物流方案，提高物流效率，降低物流成本。例如，美的通过对物流数据的分析，优化了仓储布局和配送路线，提高了配送效率和吞吐量，降低了物流成本。

（4）智能家居领域

① 智能交互。美的推出了一系列搭载人工智能技术的智能家居产品，实现了智能语音交互、手势识别等功能。用户可以通过语音指令或手势操作方便地控制家电的开关、调节功能、模式切换等。例如，用户可以通过语音指令让美的空调调节温度、切换模式，让美的智能音箱播放音乐、查询信息等。这种智能交互方式提高了用户的使用便利性和体验感，满足了用户对智能家居的需求。

② 智能场景联动。人工智能技术能实现智能家居产品之间的联动和场景化应用。美的智能家居系统可以根据用户的生活习惯和场景需求，自动触发一系列家电操作，打造个性化的智能生活场景。例如，当用户回家时，智能门锁在识别用户身份后，自动开启灯光、空调、热水器等家电设备，为用户营造舒适的家居环境；当用户睡觉时，系统自动关闭不必要的电器，调整灯光和温度，为用户提供良好的睡眠环境。

（5）智能医疗领域

① 智能医疗存储。美的生物医疗利用人工智能识别技术，对生物样本、药品试剂等进行有效的智能化管理。在生物样本库场景中，人工智能对样本进行智能识别、分类和存储，提高样本的使用

效率；在药品试剂场景中，人工智能对药品的入库、使用、库存管理等进行精细化管理，提高医护人员的工作效率，降低医院运营管理成本。

② 医疗设备升级。在医疗设备方面，美的运用深度学习技术提升磁共振成像设备的成像技术。通过对大量医学影像数据进行学习和分析，人工智能系统提高了成像的准确性和清晰度，为医生的诊断提供更准确的依据，有助于提高医疗诊断水平和效率。

2. 人工智能在美的公司应用的优势分析

（1）提高生产效率和产品质量

① 生产制造环节。在生产制造环节，人工智能技术的应用使生产过程更加自动化和智能化，减少了人工干预，提高了生产效率和产品质量的稳定性。机器人手臂的精准操作和人工智能视觉检测系统的严格把关，确保了产品的一致性和合格率，降低了次品率和返工率，为美的公司带来了更高的经济效益。

② 预测性维护技术的应用。通过应用预测性维护技术，及时发现设备的潜在问题，避免设备故障给生产造成的影响，减少设备的停机时间，提高设备利用率和生产效率。

（2）增强产品创新能力

① 深入洞察和大数据分析。通过对用户需求的深入洞察和大数据分析，美的公司更好地了解市场需求和用户痛点，为产品的创新提供方向和灵感。人工智能技术辅助的设计和优化过程，快速生成多种设计方案，并对其进行评估和筛选，提高了产品创新效率和成功率。

② 智能化和个性化。在智能家居领域，人工智能技术的应用使家电产品更加智能化和个性化，满足了用户对高品质生活的追求，为美的公司在市场竞争中赢得了先机。

（3）优化供应链管理

① 准确的需求预测和物流优化。准确的需求预测和物流优化使美的公司更好地协调生产、采购和销售环节，降低库存成本和物流成本，提高供应链的协同性和响应速度。在市场需求变化频繁的情况下，美的公司能快速调整生产计划和物流配送方案，提高了企业的灵活性和抗风险能力。

② 供应链管理的优化。供应链管理的优化有助于提高美的公司的交付能力和客户满意度，增强企业市场竞争力。

（4）提升企业智能化水平和品牌形象

人工智能技术的应用推动了美的公司智能化转型，使企业在生产、管理、服务等各个环节实现了智能化升级。这不仅提高了企业运营效率和管理水平，也为企业可持续发展奠定了坚实的基础。

作为家电行业的领先企业，美的公司积极应用人工智能技术，为行业树立了榜样，提升了企业的品牌形象和行业影响力。另外，消费者对美的公司的智能化产品和服务的认可，也有助于提高企业的市场份额和品牌忠诚度。

3. 人工智能在美的公司应用面临的挑战

（1）数据安全和隐私保护

人工智能技术的应用需要大量的数据支持，包括用户的个人信息、生产数据、销售数据等，这些数据的安全和隐私保护是美的公司面临的重要挑战。如果数据泄露或被滥用，就会给用户和企业带来严重损失，影响企业信誉和形象。

美的公司需要加强数据安全管理，建立完善的数据安全防护体系，不仅需要采用加密技术、访问控制等手段，确保数据安全和隐私保护；还需要遵守相关法律法规，加强对用户数据的保护。

（2）技术人才短缺

人工智能技术是一项新兴技术，相关技术人才短缺是美的公司面临的另一个挑战。企业需要招聘和培养一批具有人工智能技术背景的专业人才，包括算法工程师、数据科学家、机器学习工程师等，以满足企业对人工智能技术的应用需求。

美的公司不仅可以加强与高校、科研机构的合作，开展产学研合作项目，共同培养人工智能技术人才；还可以通过内部培训、技术交流等方式，提高现有员工的技术水平，为企业的智能化发展提供人才支持。

（3）模型的准确性和可靠性

人工智能模型的准确性和可靠性是其技术应用的关键。在实际应用中，由于受数据质量、模型算法等因素的影响，人工智能模型可能会出现误判、漏判等问题，影响企业生产和决策。

美的公司需要加强对人工智能模型的训练和优化，提高模型的准确性和可靠性，不仅可以采用更多数据、更先进的算法和技术，对模型进行不断的训练和调整，以适应不同的应用场景和需求；还需要建立模型的评估和验证机制，对模型的性能进行定期评估和验证，确保模型的有效性和可靠性。

（4）成本投入较高

应用人工智能技术需要大量的资金投入，包括硬件设备、软件系统、数据采集和处理等方面。对于美的公司来说，这是一笔不小的开支，需要在技术研发和应用方面进行合理的规划和预算，以确保投资回报率。

美的公司不仅可以通过与合作伙伴共同研发、共享技术成果等方式，降低技术研发和应用成本；还可以积极争取政府支持和补贴，缓解资金压力，推动人工智能技术的应用和发展。

4. 未来发展趋势

（1）深化人工智能技术在各领域的应用

① 生产制造领域。在生产制造领域，美的公司将继续推广人工智能视觉检测、自动化生产、预测性维护等技术的应用，提高生产效率和产品质量；同时，探索人工智能技术在生产工艺优化、节能减排等方面的应用，推动制造业的绿色发展。

② 产品研发设计领域。在产品研发设计领域，人工智能技术将更加深入地融入产品的创新过程。美的公司将利用人工智能技术进行产品的智能化设计、个性化定制、虚拟仿真等，提高产品的创新能力和市场竞争力。

③ 智能家居领域。在智能家居领域，美的公司将进一步完善智能家居系统，提高智能交互的体验感和智能场景联动的智能化水平；同时，加强与其他智能家居设备厂商的合作，推动智能家居行业的标准化和互联互通。

（2）推动人工智能大模型的研发和应用

随着人工智能技术的不断发展，大模型已成为人工智能技术的重要发展方向。美的公司将加大对人工智能大模型的研发投入，开发出具有自主知识产权的家居领域人工智能大模型，为智能家居产品的智能化升级提供更强大的技术支持。

人工智能大模型的应用将使美的公司的智能家居产品能更好地理解用户的需求，提供更加智能、个性化的服务；同时，为美的公司的生产制造、供应链管理等业务提供更准确的预测和决策支持。

(3) 加强人工智能技术与其他技术的融合创新

人工智能技术将与物联网、大数据、云计算等技术进行深度融合，共同推动美的公司的智能化发展。例如，通过与物联网技术融合，美的公司的智能家居产品可以实现更广泛的互联互通，为用户提供更加便捷的智能生活体验；通过与大数据技术融合，人工智能模型可以获得更多的数据支持，提高准确性和可靠性；通过与云计算技术融合，美的公司可以实现人工智能技术的分布式部署和计算，提高计算效率和资源利用率。

(4) 拓展人工智能技术的应用场景

除了在家电、智能家居、医疗等领域的应用以外，美的公司还将探索人工智能技术在其他领域的应用，如智能交通、智能能源、智能制造等。通过拓展人工智能技术的应用场景，美的公司可以实现多元化的发展，提高企业的抗风险能力和市场竞争力。

5. 结论

当前，人工智能技术在美的公司生产制造、产品研发、供应链管理、智能家居等领域的应用已取得显著成效。通过应用人工智能技术，美的公司提高了生产效率、产品质量和创新能力，优化了供应链管理，提升了智能化水平和品牌形象。然而，人工智能技术的应用面临着数据安全、技术人才、模型准确性和成本投入等方面的挑战。未来，美的公司将继续深化人工智能技术在各领域的应用，推动人工智能大模型的研发和应用，加强人工智能技术与其他技术的融合创新，拓展人工智能技术的应用场景，为企业的可持续发展提供强大的技术支持。

章节练习题

一、选择题

1. 人工智能在企业数字化管理中被用于预测销售数据，主要依靠的是（　　）。

A. 图像识别技术　　B. 机器学习模型　　C. 语音合成技术　　D. 区块链技术

2. 以下各项中属于人工智能在企业数字化供应链管理中对供应商选择的应用是（　　）。

A. 根据供应商价格单一因素选择

B. 综合评估供应商的质量、价格、交货期等多因素

C. 随机选择供应商

D. 只考虑距离近的供应商

3. 在企业数字化客户服务管理中，人工智能聊天机器人的主要优势不包括（　　）。

A. 7×24小时不间断服务　　　　　　B. 完全理解复杂情感问题

C. 快速响应常见问题　　　　　　　　D. 同时处理多个客户咨询

4. 在企业数字化生产管理中，人工智能优化生产流程的方式是（　　）。

A. 根据实时数据动态调整生产参数　　B. 固定不变的生产指令

C. 忽略设备状态　　　　　　　　　　D. 不考虑原料供应情况

5. 在企业数字化财务管理中，人工智能被用于识别财务欺诈风险，主要是通过（   ）。
   A. 分析财务报表数据中的异常模式 B. 随机猜测
   C. 改变财务制度 D. 询问员工
6. 人工智能在企业数字化市场营销管理中被用于精准广告投放，是基于（   ）。
   A. 对目标客户的画像分析 B. 向所有客户投放相同广告
   C. 只考虑广告成本 D. 不分析市场趋势

二、简答题

1. 简述人工智能工具在企业数字化管理中的应用。
2. 简述常见人工智能工具及其功能。
3. 举例说明人工智能在企业数字化运营管理中的应用原理和优势。

第8章
数字化运营风险与安全

本章引言

随着数字化程度逐渐加深,企业面临的风险越发复杂。无论是网络攻击、数据泄露,还是系统故障等突发事件,都对企业的持续运营和数据安全构成严峻威胁。而数字化运营中的风险管理和安全防控体系,旨在帮助企业构建预警机制、识别潜在威胁并制定有效的应对措施,以保证企业在面对风险时能够快速响应、减轻损失、恢复业务。通过建立一套系统的危机管理与安全防护框架,企业能够在数字化环境中更具韧性与安全性,为未来发展奠定坚实的基础。

学习目标

1. 了解数字化运营风险的概念。
2. 掌握数字化运营风险的识别与评估方法,能够科学分析风险因素。
3. 掌握数字化运营风险的控制及应对措施。
4. 了解网络安全与数据保护的概念。
5. 掌握数据保护与隐私管理步骤,网络安全威胁与防护机制的构建。
6. 掌握危机管理与风险防控策略,应急响应计划的制订与实施。

8.1 数字化运营风险管理

多年来，企业风险管理问题一直备受关注，现代企业能否在各种不确定因素影响的环境中有序、有效地运转，在很大程度上取决于其风险管理的有效性。而随着企业数字化转型的深入，数字化运营风险管理成为确保企业稳健运营的关键手段。数字化运营风险管理旨在通过识别、分析和控制风险，提高企业在数字化环境中抵御各类突发事件和安全威胁的能力。其核心包括风险识别与分类、风险评估与分析、风险控制与应对、应急响应与恢复、持续监控与改进5个方面。

①风险识别与分类。首先，企业需要对数字化环境中的潜在风险进行全面识别，通常将数字化风险分为技术故障风险、数据风险、市场竞争风险、法律合规风险和操作风险等类别。通过系统分类，企业能够更有针对性地制定风险控制措施。

②风险评估与分析。对识别的风险进行分析与评估是数字化风险管理的重要步骤。企业可以采用定量或定性分析方法，评估风险发生的可能性及潜在影响，以确定应优先控制的高风险领域。常用的风险评估工具包括风险评估矩阵、定量风险分析和基于知识或模型的分析方法。

③风险控制与应对。针对评估确定的风险，企业需要设计和实施有效的控制措施，这些控制措施通常包括技术控制（如数据加密、访问控制、防火墙等）、操作控制（如标准化流程、员工培训）、财务控制（如网络安全保险）和沟通协作控制（如跨部门协作、供应商管理）。这些措施旨在降低风险发生的可能性或减少风险带来的损失。

④应急响应与恢复。当风险事件发生时，企业应快速启动应急响应计划。应急响应流程通常包括事件识别、隔离、处理、恢复和总结等步骤，以尽量减少风险对业务的影响。事件结束后，应对整个事件进行复盘，总结经验教训并改进应急计划，提升企业的风险应对能力。

⑤持续监控与改进。风险管理是一个持续的过程，企业需要建立监控系统，实时检测潜在风险的变化，并根据环境变化定期更新风险控制措施。通过大数据分析、自动化监测等技术手段，企业可以及时捕捉风险信号，提升风险防控的实时性和有效性。

做好数字化风险管理有助于企业在快速变化的数字化环境中保持敏捷性和韧性，不断提升应对不确定因素的能力，保障企业可持续发展。

8.1.1 数字化运营风险的识别与分类

数字化运营风险不仅包括传统的操作风险，还包括技术故障风险、数据风险、市场竞争风险、法律合规风险等。

1. 操作风险

操作风险一般涉及人、流程和系统的风险，如人为失误、流程不规范、外包管理不当等，常见于业务流程和系统操作中，可能对数字化运营效率和质量产生不利影响。

【案例8-1】

2021年10月9日，社交巨头脸书公司承认，由于一次错误的配置调整，全球各地的用户在本周内再次出现了数小时无法访问其服务器的问题。就在几天之前,类似的情况曾导致一场全球性的大规模宕机事故。脸书公司的一位发言人向法新社记者表示:"我们向在过去几个小时内无法访问我们产品的所有人致以诚挚的歉意。"

网站故障追踪软件 DownDetector 显示,在访问或使用脸书及其旗下的图片分享社交应用照片墙时出现问题的报告激增,而 Messenger 和 WhatsApp 的问题在此前约 3 个小时便出现。脸书公司将这一问题归结于其计算平台的又一次配置改变,并表示这影响到了该社交网络及照片墙、Messenger 和企业通信软件 Workplace 的全球用户。

资料来源:萧雨. Facebook 再次发生全球性宕机,被嘲笑一周工作三天 [EB/OL]. (2021-10-09). https://www.ithome.com/0/579/518.htm.

2. 技术故障风险

数字化运营依赖信息技术系统,任何系统故障都可能导致运营中断,企业需要对这些潜在风险进行全面识别。涉及信息系统和数字技术的风险,可能由系统故障、软件漏洞、数据丢失等原因引起。这类风险在数字化运营中最常见,具体包括硬件故障、软件缺陷、系统更新不当等。

【案例 8-2】

亚马逊的云计算服务 AWS 宕机发生在 2017 年 2 月 28 日,这是一次全球范围的服务中断事件,影响了亚马逊 AWS 的多个服务,包括 S3 存储服务。

发生该事件的原因最终被确定为,一名程序员在调试系统时运行了一条原本打算删除少量服务器的脚本,但其输错了一个字母,导致大量服务器被错误地删除。这些被错误移除的服务器中运行着两套 S3 子系统,从而导致 S3 不能正常工作,S3 API 处于不可用状态。

这次宕机事件对亚马逊 AWS 造成了严重影响,不仅 S3 存储服务无法使用,而且依赖 S3 存储服务的其他 AWS 的 S3 控制台、Amazon 弹性计算云(EC2)新实例启动、Amazon 弹性块存储(EBS)分卷及 AWS Lambda 均受到影响。为了修复这个错误,亚马逊不得不重启整个系统,导致服务中断持续了 4 个小时,对全球范围的用户产生了影响。

资料来源:IT168 企业级. AWS 中断对 Amazon S3 用户造成严重破坏 [EB/OL]. (2017-03-01). https://www.sohu.com/a/127553263_374240.

3. 数据风险

数据是数字化运营的核心要素,数据风险主要包括数据泄露、数据丢失、数据完整性缺失等,尤其在数据传输、存储、访问控制不当的情况下,这种风险可能带来重大的隐私和法律问题。

【案例 8-3】

2023 年 2 月,一位化名"netbox",自称 16 岁的黑客,声称成功入侵了任天堂的开发者门户网站,获取了包括文档、开发工具、源代码和后端代码等在内的机密信息。据报道,泄露的内容涉及 Nintendo Switch 的内部运作、游戏源代码和图形文件,总大小估计超过 50GB。该黑客表示,此次入侵是通过任天堂为可信任开发者提供的 NDI 工具实现的。

这起事件凸显了数字化运营中数据风险的重要性。企业应加强对开发者门户等关键系统的安全防护,定期进行安全评估和漏洞修复,确保数据的安全性和完整性。

资料来源:TOPSECFDUCATION. 任天堂游戏疑遭数据泄露?16 岁黑客声称破解任天堂 NX

[EB/OL］．（2023－02－04）．https：//www.secrss.com/articles/51580.

4. 市场竞争风险

进入数字化时代，市场竞争日渐激烈，新兴科技不断涌现，企业的业务生态发生改变，导致风险的形态、路径和安全边界也发生了变化。

【案例 8－4】

Netflix 在 20 世纪初期抓住了数字化流媒体的机会，而 Blockbuster 未能及时转型。随着消费者对线上流媒体的需求增加，Netflix 迅速扩大了市场份额；而 Blockbuster 依然依赖传统的 DVD 租赁业务，最终导致破产。由此可见，为应对市场竞争风险，企业需要及时评估市场趋势并调整战略，以保持竞争力。

资料来源：赫鹏程．复盘 Netflix 展史：如何用 20 年成为一家千亿美元公司？从中能学到什么？[EB/OL].（2018－05－05）．https：//www.36kr.com/p/1722482098177.

5. 法律合规风险

数字化运营涉及大量的用户数据收集和处理，必须遵守相关法律法规和隐私保护政策，否则将面临巨大的法律风险。随着数据隐私法规（如 GDPR、CCPA）和行业标准的不断完善，企业需要遵循的法规要求越来越多，如果不符合这些法规要求，则可能导致高额罚款及品牌声誉损害。

【案例 8－5】

2021 年 7 月 22 日，荷兰数据保护局（Autoriteit Persoonsgegevens）以侵犯儿童隐私为由，决定对字节跳动旗下短视频社交平台 TikTok（"抖音"国际版）处以 75 万欧元的罚款。这一事件意味着欧盟 GDPR 实施 3 年以来，中国企业（包括其控制的海外平台）第一次因违反 GDPR 相关条款遭受处罚。

荷兰数据保护局认为，2018 年 5 月至 2020 年 7 月，TikTok 未能采取措施，以儿童能够清晰了解的语言向其提供与个人数据处理有关的信息，忽视了儿童在 GDPR 项下享有的额外保护，这种行为是一种严重的侵权。根据荷兰颁布的《2019 年行政处罚管理规则》，TikTok 的行为属于附件二中第三类违法行为，处罚金额为 30 万~75 万欧元。由于 TikTok 的侵权行为持续时间长、影响人数众多，依照比例原则，荷兰数据保护局决定对 TikTok 处以 75 万欧元的顶格罚款。

资料来源：吴建安，张丹妮，吴若蘅．企业隐私政策中的 GDPR 合规风险——如何建立对未成年用户的特殊保护［EB/OL］．（2021－07－28）．www.dehenglaw.com/CN/tansuocontent/0008/022111/7.aspx？MID=0902.

8.1.2 数字化运营风险的评估与分析方法

风险评估是指及时识别、科学分析影响企业内部控制目标实现的各种不确定因素，并采取应对策略的过程。在实际操作过程中，可以把企业风险评估过程分为风险识别、风险分析和风险评价 3 个步骤。风险识别是识别企业面临的风险，并将风险归类；风险分析是将识别出的风险放进统一的模型中进行分析处理，进一步做出定性和定量的分析，包括风险对企业目标实现的可能影响、风险物化的多重情境分析和统计特性、可能的影响因素和方式；风险评价是评价风险对企业目标的影响，对企业影响最大的风险将成为企业风险管理的重点。

对数字化运营风险进行评估和分析是数字化风险管理的重要一步。要想有效评估与分析数字化运营风险，企业可以采用定量或定性分析方法，评估风险发生的可能性及其潜在影响，以确定应优先控制的高风险领域。具体需要综合运用以下多种方法（表8-1）。

表8-1 风险评估与分析方法对比情况

方法	描述	优点	缺点
基于知识的分析方法	通过对比类似组织的"最佳惯例"识别与评估风险，找出安全措施的不足并改进	简单易用，不需要大量资源和时间，适用于一般组织	依赖外部经验，创新性和灵活性有限
基于模型的分析方法	使用面向对象建模技术，如UML技术，进行系统化的风险评估，适用于复杂信息技术系统	提高了分析的精确性，结果质量高，图形化便于理解和沟通	复杂度高，实施成本较高，适用范围有限
定量分析方法	为风险要素赋予数值或货币金额，进行量化分析，包括计算EF、SLE、ARO和ALE	结果直观，易于理解，适用于数据充分的场景	依赖准确的数据，数据可靠性难保证，计算复杂
定性分析方法	通过经验和行业标准对风险进行主观分级，如"高""中""低"，包括小组讨论、问卷、人员访谈调查等方法	操作简单，无须复杂数据，灵活性高	主观性强，易受分析者经验和直觉的影响，结果不统一

1. 基于知识的分析方法

组织可以采用基于知识的分析方法找出目前的安全状况和基线安全标准之间的差距。基于知识的分析方法又称"经验方法"，涉及对来自类似组织（包括规模、商务目标和市场等）的"最佳惯例"的重用，用于一般组织。组织不需要付出很多精力、时间和资源，只需要通过多种途径采集相关信息，识别组织的风险所在和当前的安全措施，与特定的标准或最佳惯例进行比较，从中找出不符合的地方，并按照标准或"最佳惯例"的推荐选择安全措施，最终达到消减和控制风险的目的。

2. 基于模型的分析方法

2001年1月，由希腊、德国、英国、挪威等国的多家商业公司和研究机构共同组织开发了一个名为安全关键系统风险分析平台（Platform for Risk Analysis of Security Critical Systems，CORAS）的项目。该项目旨在开发一个基于面向对象建模，特别是UML技术的风险评估框架，评估对象是对安全要求很高的一般性系统，特别是信息技术系统的安全。CORAS考虑到技术、人员，以及所有与组织安全相关的方面。通过CORAS风险评估，组织可以定义、获取并维护信息技术系统的保密性、完整性、可用性、抗抵赖性、可追溯性、真实性和可靠性。与传统的定性和定量分析类似，CORAS风险评估虽沿用了识别风险、分析风险、评价并处理风险的过程，但其度量风险的方法完全不同，所有分析过程都是基于面向对象的模型进行的。CORAS的优点在于，提高了对安全相关特性描述的精确性，以及分析结果的质量；图形化的建模机制便于沟通，减少了理解上的偏差；提高了不同评估方法相互操作的效率；等等。

3. 定量分析方法

在进行详细风险分析时，除了可以使用基于知识的评估方法，最传统的还是定量分析方法和定性分析方法。定量分析方法的思想很明确，对构成风险的各要素和潜在损失水平赋予数值或货

币金额，当度量风险的所有要素（资产价值、威胁频率、弱点被利用程度、安全措施的效率和成本等）都被赋值时，风险评估的整个过程和结果就可以被量化了。简单来说，定量分析就是试图从数字上对安全风险进行分析评估的方法。定量分析中有几个重要概念：暴露因子（exposure factor，EF），即特定威胁对特定资产造成损失的百分比，或者说损失的程度；单一损失期望（single loss expectancy，SLE）也称"单次发生成本"（single occurrence costs，SOC），即特定威胁可能造成的潜在损失总量；年度发生率（annualized rate of occurrence，ARO），即威胁在一年内估计会发生的频率；年度损失期望（annualized loss expectancy，ALE）也称"预计年成本"（estimated annual cost，EAC），表示特定资产在一年内遭受损失的预期值。理论上讲，通过定量分析可以对安全风险进行准确的分级，但是有个前提，即可供参考的数据指标是准确的。事实上，在信息系统日益复杂多变的今天，定量分析依据的数据可靠性是很难保证的，再加上数据统计缺乏长期性，计算过程又极易出错，给分析的细化带来了很大困难。所以，目前的信息安全风险分析，单一采用定量分析已经比较少了。

4. 定性分析方法

定性分析是目前采用最广泛的方法，带有很强的主观性，往往需要凭借分析者的经验和直觉，或者业界的标准和惯例，为风险管理诸要素（资产价值、威胁的可能性、弱点被利用的容易程度、现有控制措施的效力等）的大小或高低程度定性分级，如"高""中""低"三级。定性分析的操作方法多种多样，包括小组讨论（如 Delphi 方法）、检查列表、问卷、人员访谈、调查等。定性分析操作虽然相对容易，但可能因操作者经验和直觉的偏差而使分析结果失准。

与定量分析方法相比较，定性分析方法的准确性稍好但精确性不够，定量分析方法则相反；定性分析方法没有定量分析方法那样多的计算负担，但要求分析者具备一定的经验和能力；定量分析方法依赖大量的统计数据，而定性分析方法没有这方面的要求；定性分析方法较为主观，定量分析方法基于客观；定量分析方法的结果很直观，容易理解，而定性分析方法的结果很难有统一的解释。组织可以根据自身情况选择定性分析方法或定量分析方法。

8.1.3 数字化运营风险的控制与应对

1. 数字化运营风险的控制与应对措施

针对评估确定的风险，企业需要设计和实施有效的控制措施，这些控制措施通常包括技术控制（如数据加密、访问控制、多层防火墙和入侵监测系统、自动化监控和报警等）、操作控制（如标准化操作流程、员工安全意识培训）、策略性控制（如风险管理政策、数据治理与合规管理、应急响应计划）、财务控制（如风险转移）及沟通与协作控制（如跨部门协作、供应商与外部合作方管理）。这些控制措施旨在降低风险发生的可能性或减少风险带来的损失（表 8-2）。

在评估了相关风险后，管理层要确定如何应对，包括风险回避、降低、分担和承受。在考虑应对的过程中，评估对风险的可能性和影响效果，以及成本效益，选择能够使剩余风险处于期望的风险容限以内的应对。识别所有可能存在的机会，从主体范围或组合的角度认识风险，以确定总体剩余风险是否在主体的风险容量内。

表 8-2 数字化运营风险的控制与应对案例汇总

风险控制与应对措施	详细说明	案例
技术控制措施	系统备份与恢复、数据加密、访问控制、多层防火墙和入侵检测系统、自动化监控和报警	金融公司定期备份核心数据库,IBM 数据中心采用多层防火墙与由人工智能驱动的入侵检测系统
操作控制措施	标准化操作流程、员工安全意识培训、测试环境隔离、变更管理流程	亚马逊实行标准化维护流程,金融机构定期开展网络"钓鱼"模拟训练,Netflix 使用"混沌猴"进行测试
策略性控制措施	风险管理政策、数据治理与合规管理、应急响应计划	谷歌的全球风险管理框架,脸书的 GDPR 合规政策,美国银行的应急响应方案
财务控制措施	风险转移、预算准备和拨备、成本效益分析	万豪酒店集团通过网络安全保险减少赔偿负担,制造企业预留应急预算
沟通与协作控制措施	跨部门协作、供应商与外部合作方管理、风险信息共享	美国运通的跨部门风险应对团队,苹果公司对供应商的安全审计
定期审计与测试	安全审计、压力测试和灾难恢复演练、漏洞扫描与修复	跨国银行邀请第三方进行安全审计,亚马逊进行压力测试
新兴技术手段	人工智能与机器学习、区块链技术、自动化工具	PayPal 用机器学习算法监测交易活动,食品供应链企业使用区块链追踪产品全过程,微软 Azure 平台使用自动化工具实现定期更新

(1) 技术控制措施

①系统备份与恢复。企业需要建立系统备份机制,定期备份关键数据和系统文件。例如,某金融公司每天对核心数据库进行多重备份,并在地理上分散存储备份数据,以防止灾难事件导致数据丢失。此举在一次严重的系统故障中发挥了作用,帮助公司在短时间内完成了数据恢复,避免了巨额损失。

②数据加密。数据加密是保护敏感信息的重要手段。例如,在大型零售公司 Target 的一次数据泄露事件中,黑客通过窃取支付信息对公司和消费者造成了极大影响。后来,该公司不仅完善了支付数据加密措施,还对客户敏感信息实施端到端加密,确保信息从收集到存储都处于加密状态。

③访问控制。企业应采取最小权限原则,对不同用户的访问权限进行精细化控制。例如,一家制药公司实施严格的权限管理系统,只有特定人员可以访问敏感实验数据,以防内部泄密风险。在一次内部审计中,该公司发现了不符合权限设置的访问请求,并迅速采取措施修正权限,保护了核心知识产权。

④多层防火墙和入侵检测系统。企业可以部署多层防火墙和入侵检测系统,有效防止网络攻击。例如,IBM 在数据中心布置多层防火墙,并使用由人工智能驱动的入侵检测系统,持续监测异常活动。当检测到可疑行为时,系统会自动触发安全响应,立即隔离风险源头。

⑤自动化监控和报警。企业可通过自动化监控系统实时监测关键系统状态,及时识别异常。例如,某电商公司采用自动化监控工具监测其网站和数据库运行情况,确保订单系统的高效运转。一旦发生延迟或错误,系统就会自动报警,运维团队可以立即干预,防止问题扩大。

(2) 操作控制措施

①标准化操作流程。企业可通过建立标准化操作流程,降低人为失误的概率。例如,亚马逊在数据中心实行标准化维护流程,每个维护步骤都由专业人员严格操作。这一措施不仅降低了系统故

障率，还提升了整体运营效率。

②员工安全意识培训。企业可定期对员工进行安全意识培训，帮助他们识别和防范常见的网络安全威胁。例如，某金融机构对全体员工定期开展网络"钓鱼"模拟训练，通过模拟"钓鱼"邮件测试员工的反应。一旦发现有员工点击了虚假链接，机构就会安排专项培训帮助其提升识别能力。

③测试环境隔离。企业要确保测试环境与生产环境隔离，以免在测试过程中对实际业务系统造成影响。例如，Netflix 的"混沌猴"工具允许工程师在测试环境中模拟系统崩溃，以此评估系统的韧性和恢复速度，但该工具被严格限制在测试环境中运行，避免对用户的实际体验造成干扰。

④变更管理流程。企业在进行系统更新或配置变更时，要执行严格的变更管理流程。例如，一家航空公司在进行应用升级前，首先通过变更评估流程确定风险，其次在测试环境中测试升级效果，以确保更新不会影响实际航班系统的正常运行。

(3) 策略性控制措施

①风险管理政策。企业可建立系统化的风险管理政策，涵盖风险识别、分析、控制的标准和流程。例如，谷歌公司建立了涵盖全球运营的风险管理框架，任何新项目在启动前均需要完成风险评估，并提出风险缓解方案。这样的政策帮助谷歌在全球范围内保持较高的运营标准。

②数据治理与合规管理。企业要确保组织的数据管理符合相关法规和行业标准，如欧盟的 GDPR。例如，脸书在面对 GDPR 的合规挑战时，增加了严格的数据管理政策，确保用户数据的采集、存储和使用都符合法规要求，从而避免高额罚款。

③应急响应计划。企业要针对不同的风险类型，设计应急响应计划。例如，美国银行制订了详细的应急响应计划，涵盖网络攻击、系统故障等多种场景。应急响应计划包括恢复时间目标（RTO）和恢复点目标（RPO），确保在突发事件发生时能够迅速响应，缩短客户业务的中断时间。

(4) 财务控制措施

①风险转移。企业可以通过购买网络安全保险，将部分财务风险转移给保险公司。例如，万豪酒店集团因数据泄露导致客户隐私信息泄露，支付了高额赔偿。为了减少财务负担，万豪酒店集团引入了网络安全保险，将未来可能的部分数据泄露风险转移出去。

②预算准备和拨备。企业可以预留应急资金以备不时之需。例如，一家全球制造企业每年为突发事件预留应急预算，确保在出现设备损坏或技术故障时能够快速获取资源修复，降低业务停机的影响。

③成本效益分析。企业在实施风险管理措施前，要进行成本效益分析。例如，微软在每次安全更新前都会评估成本与效益，确保投入的资源能带来显著的风险降低效果，而不是对低概率事件的过度防范。

(5) 沟通与协作控制措施

①跨部门协作。企业可以建立跨部门风险管理团队，以便在风险事件中迅速沟通和响应。例如，美国运通公司设有跨部门的风险应对团队，包括信息技术、安全、运营、法务等部门，确保在数据泄露等突发事件中迅速响应并妥善处理。

②供应商与外部合作方管理。企业在与外部供应商或合作伙伴合作时要审查其安全性。例如，苹果公司要求所有合作供应商都必须符合其严格的安全标准，并定期进行安全审计，以确保供应商

不会带来安全隐患。

③风险信息共享。企业要在组织内部定期分享风险信息,包括近期发生的风险事件及防范经验。例如,某科技公司通过内部沟通平台分享安全事件和应对策略,帮助各部门员工增强安全意识,从而提升整体风险防范能力。

(6) 定期审计与测试

①安全审计。企业可以定期进行内部和外部安全审计,评估企业风险管理措施的有效性。例如,一家跨国银行每年邀请第三方安全公司进行全面安全审计,确保其网络和系统符合最新安全标准,及时发现并修复潜在漏洞。

②压力测试和灾难恢复演练。企业可以定期开展系统压力测试和灾难恢复演练,以测试系统在极端情况下的稳定性。例如,亚马逊在每年购物季前都会进行一次大规模的压力测试,以确保其电商平台能够应对流量高峰,并在测试中验证灾难恢复能力。

③漏洞扫描与修复。企业可以定期扫描系统漏洞并及时修复。例如,一家大型医疗机构通过自动化漏洞扫描工具定期检测系统的安全状况,发现漏洞后立即修复,确保患者数据的安全性。

(7) 新兴技术手段

①人工智能与机器学习。企业可以通过人工智能和机器学习技术分析用户行为,识别异常模式。例如,PayPal采用机器学习算法监测用户交易数据,当发现可疑活动时,自动触发报警并冻结账户,以防止欺诈。

②区块链技术。企业可以在数据管理中应用区块链技术,以保障数据的完整性。例如,一些食品供应链企业通过区块链追踪产品从生产到销售的全过程,确保数据透明并防止被篡改,从而降低供应链中的信息风险。

③自动化工具。企业可利用自动化工具进行安全更新和数据备份等工作。例如,微软Azure平台使用自动化工具实现定期更新,确保用户系统始终保持在最新安全状态。

通过多层次的控制与缓解措施,企业可以构建一个系统化的风险管理体系,在数字化运营中有效识别、控制并降低风险,确保业务的连续性和安全性。这种全面的风险管理不仅有助于企业防范潜在威胁,还提高了企业应对复杂业务环境的韧性和灵活性。

2. 风险的持续监控与改进

为了确保企业在激烈的市场竞争中稳健前行,必须建立并实施一套高效的数字化运营风险持续监控与改进机制。

(1) 构建全面的风险监控体系

该体系应涵盖企业运营的所有关键环节,如供应链管理、财务管理、人力资源管理及信息技术系统等。通过应用先进的大数据分析工具和自动化监测技术等,企业能实时捕捉和分析运营数据中的异常波动,从而及时发现潜在风险。

(2) 持续改进和优化风险管理流程

企业应定期对风险管理机制的有效性进行评估,并根据评估结果及时调整和优化风险管理策略、监控指标和预警机制。

①及时调整风险管理策略。面对不断变化的市场环境和内部运营状况,企业需要保持风险管理策略的灵活性和适应性。若评估结果显示某些策略已无法有效应对当前风险,企业就要立即着手调

整，如从风险规避转向风险降低，或是增加风险转移的策略选择。

②优化监控指标。监控指标是风险管理机制中的"晴雨表"，其准确性和敏感性直接关系到风险预警的及时性与准确性。企业应定期审视现有监控指标的有效性，剔除过时或冗余的指标，同时根据新业务模式、新技术应用等引入新的、更具前瞻性的监控指标。

③完善预警机制。预警机制是风险管理流程中的关键环节，直接关系到风险应对措施的启动速度和效果。在评估过程中，企业应重点关注预警机制的触发条件、响应流程和反馈机制是否顺畅有效。若发现有预警信号传递不畅、响应延迟或反馈机制不健全等问题，企业就要立即着手改进，如优化预警信号传递路径、缩短响应时间、建立更完善的反馈和评估体系，确保预警机制能够迅速、准确地引导企业采取有效应对措施。

8.2 网络安全与数据保护

随着网络通信技术日渐普及，互联网空间变得纷繁复杂，网络安全与数据保护问题越来越为学术界所重视。

8.2.1 网络安全的概念与重要性

未来，网络安全和数据保护将更具挑战性，由人工智能驱动的威胁检测、区块链的分布式数据存储和零信任架构等将逐渐成为安全防护的新趋势。企业需要密切关注这些新兴技术，优化其安全系统，提高安全系统的自适应性和智能化水平。

网络安全是指通过采取必要措施，防范对网络的攻击、侵入、干扰、破坏和非法使用，以及意外事故，使网络处于稳定可靠运行的状态，并保障信息和系统的机密性、完整性和可用性，即防止未经授权的访问、篡改和破坏。这不仅包括技术层面，还包括人员和管理流程等方面。确保网络安全的有效性，需要一系列技术手段和管理措施的支持。而机密性、完整性、可用性等原则为企业的网络安全策略提供了基础框架，使企业在设计安全措施时有明确的目标和方向。

在现代网络环境中，企业面临着多种复杂的网络威胁，主要包括恶意软件、网络"钓鱼"、拒绝服务攻击、高级持续性威胁（APT）等。理解这些威胁并采取适当的应对措施，能够有效减少网络风险。

网络安全是国家安全的重要组成部分，而实现网络安全目标在一定程度上取决于国家对网络攻击的应对能力，建设具有弹性的信息系统已经成为我国强化网络安全的当务之急。

8.2.2 数据保护与隐私管理

互联网时代，数据是信息的载体，确保其安全已越来越重要。数据安全不仅关乎个人安全，而且关乎国家安全，还关乎重构全球经济结构。因此，数据保护至关重要。具体来说，数据保护是指保护个人和企业敏感信息免受泄露和滥用，确保在数据生命周期内的安全性。依据数据保护的法律要求，企业必须遵守全球和本地的数据保护法规，如 GDPR 和《中华人民共和国个人信息保护法》，并落实数据收集、处理和存储的各项规范。

有效的数据保护依赖一系列措施，企业在日常运营中可以部署"以信息为中心"的安全策略，从而实现对数据的存储、传输和处理环节的全面保护（图8-1）。

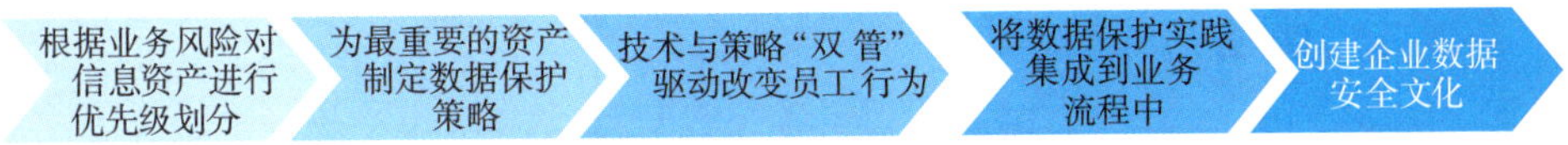

根据业务风险对信息资产进行优先级划分 → 为最重要的资产制定数据保护策略 → 技术与策略"双管"驱动改变员工行为 → 将数据保护实践集成到业务流程中 → 创建企业数据安全文化

图8-1　部署"以信息为中心"的安全策略流程

1. 根据业务风险对信息资产进行优先级划分

企业需要投入足够的时间和精力判断哪些数据对自己更具有价值，评估数据泄露可能造成的潜在业务风险。任何有关企业安全的措施都应从这一步开始，其最终目的在于，明确需要保护的数据及其业务价值。具体来说，企业首先需要识别最重要的信息资产，并进行优先级划分，这将在企业通过采取多层控制和保护措施的整体数据保护策略实施之下，覆盖整个数据生命周期。其次，安全团队需要与日常接触信息最多的业务领导者紧密协作，从而充分了解业务需求及其对日常运营、员工行为和企业文化的影响。

2. 为最重要的资产制定数据保护策略

企业机密信息可以被存储在企业的任何角落。要想做到全程跟踪，制定"一对一"保护政策极其困难。赛门铁克公司建议，企业需要对主要信息类型进行排名，如企业财务、工程计划、客户个人身份信息等，然后根据优先级重新排序，并监控电子邮件、网页、云应用和端点等高流量渠道。下一步，企业应确定策略的部署时间，根据实际情况留出充足的时间，帮助安全团队优化新策略并尽量减少误报，同时让各业务部门为适应流程变更做准备。

3. 技术与策略"双管"驱动改变员工行为

事实上，企业最大的安全漏洞是自己的员工。长期以来，许多员工对安全实践并不上心，如重复使用弱密码、点击恶意链接、随意共享文件等不良习惯屡禁不止。相较强制实施的法律法规和政策，技术与流程的恰当结合更加有效，能够引导正确的员工行为，降低业务风险，如在使用特定窗口之后部署密码管理策略，实施强制的密码要求。赛门铁克公司建议，企业不要局限于基本的网络和应用安全，如防火墙和入侵检测系统等，而应利用"以数据为中心"的安全策略为信息资产实施特定的保护，如多因素身份验证、数据防泄露防护、云访问安全、加密和数字权限管理等。

4. 将数据保护实践集成到业务流程中

如果与业务流程无交集，那么数据安全技术的有效性将会大打折扣。数据保护策略要想顺利实施，企业必须考虑哪些业务流程是管理信息资产用途的关键点，如产品开发、风险、合规和法律。企业需要将数据保护流程与业务流程和现行法规相融合，才能获得最佳的安全防护。

5. 创建企业数据安全文化

成功的数据保护策略不仅需要技术和流程支持，确保信息资产安全，还离不开企业内部的共同努力和责任共享。制定或加强企业内部的宣传战略十分重要，这将提高员工对敏感数据的理解，提升员工对数据保护的责任感，以及对数据泄露后果影响的进一步了解。可以说，树立正确的数据保护意识从未像现在这样重要。考虑到愈加严格的监管环境和严厉的惩罚，以及发生数据泄露事件所带来的品牌受损，构建全面的信息保护策略应成为所有企业的首要任务。

8.2.3 网络安全威胁与防护机制

在当今数字化浪潮的推动下，互联网和信息技术的飞速发展使网络成为人类社会不可或缺的一部分，然而相伴而生的网络安全威胁也在不断演化和升级。在这一背景下，面向未来的网络安全防护技术研究显得尤为重要，不仅涉及如何有效识别和防御日益复杂的安全威胁，也涉及如何在新兴技术的助力下，构建一个既安全又高效的网络环境，以支持社会的可持续发展。

1. 部署人工智能和机器学习系统

部署人工智能和机器学习系统需要构建一个综合性的数据收集框架，收集的数据被用作机器学习模型的训练材料，以便模型学习正常行为，并能识别偏离这一基线的潜在威胁行为。部署完成后，这些人工智能和机器学习系统能够在实时环境中监控网络活动，通过分析数据流和行为模式识别异常，一旦检测到潜在威胁，就会自动执行一系列预定的响应措施，并提供深入的威胁分析报告，从而帮助安全团队更好地理解攻击行为，优化未来的防护策略。为了确保这些系统有效运作，还需要建立一个反馈循环机制，并且安全团队应定期审查人工智能和机器学习系统的性能，根据分析结果调整模型参数，通过不断学习最新的威胁情报和攻击技术，进一步完善和细化安全模型，增强其预测和防御能力。虽然人工智能和机器学习系统是对抗复杂网络攻击形式的强大工具，但要意识到这一工具并非万能的，而应作为综合网络安全战略中的一部分，与其他安全措施如防火墙、入侵检测系统、安全策略审计等协同工作，以构建多层次的防御体系。

2. 开发反对抗性机器学习算法

开发反对抗性机器学习算法，需要在深度学习、模式识别和安全领域的交叉专业知识基础上进行。这些算法的目标是，提高模型对抗性攻击的识别能力，即能够准确识别那些被专门设计用来误导机器学习模型判断的恶意输入。数据处理和模型训练环节同样重要，需要收集大量正常与恶意的数据样本，其中恶意样本应覆盖广泛的对抗性攻击技术。使用这些数据对机器学习模型进行训练，不仅要使模型学会识别常见的恶意软件行为，还要让它辨识出利用机器学习模型漏洞设计的攻击。为了确保反对抗性机器学习算法长期有效，需要建立一个持续的监控和更新机制。因为随着攻击者技术不断进步，新的对抗性攻击手法会不断出现，安全团队需要持续跟踪最新的安全威胁和攻击技术，定期更新模型，以应对这些新挑战。

3. 实施物联网设备的全面安全生命周期管理

安全的硬件设计是物联网设备安全生命周期管理的基础，开发者需要在设备的最初设计阶段就考虑到设备的安全性，包括选用具有安全特性的微控制器和存储器件。另外，物理接口的安全也不能大意，应设计为防止未授权访问。确保软件更新的可行性是保护物联网设备免受已知漏洞攻击的有效手段，制造商应采用安全的固件更新机制，防止恶意固件的安装；在更新过程中，制造商还需要考虑到最小权限原则，确保更新操作仅限于必要的系统组件，减少潜在的安全风险。部署端到端加密技术可以保护物联网设备与服务器之间的数据传输安全，对于设备间的局部通信也应采用适当的加密措施，以确保数据的隐私和安全性。执行多方认证手段也是降低未授权访问风险的一个关键步骤,除了传统的用户名和密码外,还应为设备管理接口和用户接入增加额外的认证手段以增加安全层级。另外,全面的安全生命周期管理还需要定期进行安全评估和漏洞扫描,及时发现并修复安全漏洞。制造商和用户都应养成对物联网设备进行定期安全检查的习惯,确保设备软件保持最新状态,减少已知漏洞带来的风险。

4. 为云计算和边缘计算环境实施分布式防御系统

采用加密分割技术对数据进行保护时,在将数据上传到云或边缘计算环境之前,首先对其进行加密处理,然后将加密后的数据分割成多个部分,分散存储在不同的物理位置。实施细粒度的访问控制和身份验证机制,以限制对数据的访问权限,确保只有经过授权的用户才能访问特定的数据或应用,实现这一目标的技术通常有访问控制列表、角色基础的访问控制和属性基础的访问控制。身份验证机制的强化也是不可或缺的环节,采用多重因素认证来增加安全性,确保只有通过多个认证步骤验证的用户才能访问敏感信息或关键基础设施。对于云计算和边缘计算环境中的数据访问和传输,应采用传输层安全等加密协议来保护数据在传输过程中的安全,防止数据在传输过程中被截获或篡改。另外,实施分布式防御系统还需要建立持续监控和响应机制,包括对网络流量、用户行为、应用活动等进行实时监控,以及使用入侵检测系统和入侵预防系统识别与阻止恶意活动。

5. 研究和部署量子密钥分发和抗量子密码学算法

量子密钥分发是一种利用量子物理特性安全分发加密密钥的技术,其基于量子力学的基本原理,使任何试图监听密钥交换过程的行为都会留下可检测的痕迹,从而保证了密钥分发的安全性。抗量子密码学算法的研究与部署,是为了保证算法即使面对量子计算机的强大计算能力,也能保持安全性。实施这些算法需要进行广泛的理论研究、算法设计及实践测试来验证其安全性和可行性。为了实现这些算法的广泛部署,需要更新加密协议、密钥管理系统,以及其他相关安全基础设施,确保它们能支持新的算法。为了确保加密技术的未来安全,在研究、部署量子密钥分发和抗量子密码学算法的过程中,还需要考虑到与现有技术的兼容性、实施成本及操作的复杂性等因素。通过跨学科合作、国际标准化工作,以及与行业的紧密合作,可以加速这些先进技术的研发和部署,为加密技术在量子时代的安全提供坚实的基础。

6. 加强技术创新、标准制定和国际合作

技术创新不仅需要私营部门具有研发实力,也依赖公共研究机构和高等教育机构的科研能力。鼓励开放创新和跨界合作,可以促进技术知识的交流,推动安全技术发展。建立一套共通的、全球认可的网络安全标准和最佳实践,需要国际标准化组织、政府机构、行业领导者及学术界的共同努力。通过公开透明的过程制定和更新标准,不仅有助于提高产品和服务的安全性,也能促进国际贸易和技术交流,减少跨境运营的障碍。

随着网络技术的不断发展,网络安全威胁将呈现出更加智能化、更加复杂化的趋势,未来的网络安全防护需要结合人工智能、区块链、量子计算等新兴技术,构建更加灵活、智能、高效的安全防护体系。同时,提高公众的安全意识,加强国际合作,共同应对网络安全威胁,也是保障网络空间安全的关键。

【案例8-6】

Meta(前身为脸书)在2021年被爆出由于第三方应用和内部数据管理不当,数百万用户的个

人数据被泄露并用于未经授权的用途。该事件凸显了信息保护策略中的缺陷,即数据不仅需要网络边界保护,还需要在每个访问点和使用过程中进行全面管理和监控。

Meta 之后开始实施"以信息为中心"的安全策略,以防止未来的数据泄露事件。其引入了更严格的数据分类和敏感信息标记技术,以确保数据在存储、传输和使用各个环节都受到保护。此外,公司通过多层次的数据加密和访问控制机制,结合行为分析和用户活动监控识别异常访问行为。另外,Meta 还强化了与外部合作伙伴的数据共享协议,增加了审核机制,以确保第三方符合公司的数据保护标准。

此案例表明,在当今数字经济时代,传统防护措施已不足以提供防护,企业须采取"以信息为中心"的策略,保障数据在全生命周期中的安全和隐私。这也标志着一种全新信息安全保护措施的诞生。现在,许多数据保护系统都在专注于数据存储库(如网络存储)、数据传输机制(如电子邮件)或数据应用(如财务系统),而非数据本身。而以"信息为中心"的安全策略能够结合不同技术,利用自动化或基于用户的分类和识别技术,覆盖计算机、服务器、电子邮件系统、设备及云,发现闲置、使用或传输中的敏感数据和个人数据,并在集中的用户监控下,基于策略,通过自动加密和数字权限管理来保护数据。

资料来源:澎湃. Meta 收到巨额罚单,因超 5 亿用户数据被泄露 [EB/OL]. (2022-12-02). www.thepaper.cn/newsDetail_forward_20979734.

8.3 危机管理与应急响应

危机管理(crisis management)是一种系统性的管理流程,是企业建立的一系列制度、程序和措施,旨在帮助企业有效应对重大突发事件,保障信息系统的连续性和数据的安全性。数字化时代的危机管理特别关注应对网络攻击、数据泄露、服务中断等突发事件,重点在于通过快速反应和周密的准备,尽量减少危机对企业运营、品牌形象和客户信任的负面影响。

在当今不断变化的商业环境中,企业应重点关注危机管理与应急响应,从而在竞争激烈的市场中获得优势,并实现长期稳健的发展。

8.3.1 危机管理与风险防控策略

风险评估是危机管理的起点,有助于企业识别潜在的威胁源并分析其可能带来的影响。企业需从技术和管理层面进行全面风险识别,覆盖内部系统漏洞、外部网络威胁、数据隐私风险、法规合规性等多个方面。在此基础上,企业可以通过建立完善的网络安全机制(如入侵防御系统、数据加密、身份认证等),降低遭受攻击或数据泄露的可能性。同时,企业需要规范内部数据管理制度,建立强制的访问权限控制,并采取数据最小化原则,限制敏感信息的传播。除此之外,缓解措施还包括员工安全意识培训,定期进行漏洞扫描、系统更新,确保各项预防措施在动态环境中有效运行。危机管理与风险防控关键策略包括以下 4 个方面。

1. 提高企业对危机管理的认识

在完善企业的危机管理和风险防控策略过程中,提高企业对危机管理的认知是非常重要的。只有对危机管理有清晰的认知，企业才能有效地识别、评估和应对潜在的风险。为此，企业要组织员工培训，以提高他们对风险的认识和理解，更好地了解企业面临的各种风险，并知道如何应对和管理这些风险。同时，企业要建立有效的风险信息共享和沟通机制，如定期的风险报告、会议、沟通等，确保相关信息能够及时传达给各级别的员工。员工需要了解企业当前面临的危机、风险状况和趋势，以便做出适当的决策和行动。

【案例 8-7】

2017 年，美国征信巨头 Equifax 公司遭遇了严重的数据泄露事件，导致约 1.43 亿美国用户的个人信息被盗。该事件暴露了 Equifax 公司在风险评估和系统安全更新方面的漏洞，未及时更新其 Apache Struts 软件。此次事件提醒所有企业，全面风险评估和及时的软件更新是保护敏感数据的关键。事后，Equifax 公司加大了在网络安全方面的投资，并实施了更严格的内部控制和风险评估流程。

资料来源：新浪科技. 美征信巨头 Equifax 因数据泄露事件被罚 6.5 亿美元 [EB/OL]. (2019-07-22). www.secrss.com/articles/12448.

2. 制定科学的风险管控措施

针对每个风险分级，分析造成该风险的主要原因和影响因素，有助于制定切实可行的控制措施。与风险分级和分析结果相对应的管控策略主要包括以下 4 个方面。一是技术措施，即使用技术手段减少或消除风险。例如，使用安全设备、改进工艺、提升自动化程度等。二是管理措施，即通过制定、执行相应的管理规定和程序来管理、控制风险。例如，制定标准作业程序、建立安全管理制度、组织培训和教育等。三是个人防护措施，即为从事危险工作的人员提供个人防护装备和培训，确保其安全。四是紧急应急措施，即制定应急预案和救援措施，以应对风险发生时的紧急情况。企业可以根据制定的管控策略，实施相应的控制措施，并确保措施的正确执行和有效性。

【案例 8-8】

2013 年，零售巨头 Target 公司遭受了大规模支付信息泄露事件，导致 4000 多万客户的支付卡信息被泄露。黑客通过 Target 公司的第三方 HVAC 供应商侵入其系统，表明供应链中的安全薄弱环节是一个潜在威胁。此事件发生后，Target 公司加强了网络安全机制，包括引入多因子认证、网络分段等措施，并进行了全面的员工安全意识培训，以减少未来被攻击的风险。

资料来源：韩莎莎. 美国 4000 万银行卡资料被盗 黑客可能已破解银行卡密码 [EB/OL]. (2013.12.25). http://world.people.com.cn/n/2013/1225/c1002-23942133.html.

3. 实施内部控制评价机制

在完善企业内部控制和风险管理策略中，实施内部控制评价机制非常重要。内部控制评价是指对企业内部控制体系的有效性、合规性进行评估和审查的过程。通过内部控制评价，企业可以识别和解决潜在的控制问题，提高风险管理和控制效能。确定内部控制评价的框架和流程，包括评价的范围、目标、方法和时间表，需要参考相关内部控制评价标准和指南，并结合企业实际情况制定。内部控制评价需要明确评价的对象和重点区域，包括关键业务流程、关键控制环境、关键风险点等，帮助企业集中资源和精力，提高评价的效率和效果。完善内部监督系统首先需要确保企业建立全面的风险监督系统，包括实时数据收集、风险识别、评估和报告。这个系统应能够监测市场变化、供应链问题、法规变化及其他潜在的财务风险。利用大数据分析工具和技术，对数据进行深入分析，以识别潜在的风险信号。大数据可以提供更加全面、多维度的数据，有助于更加准确地评估业务风险。其次，企业需要基于大数据分析结果建立风险的预警系统，帮助企业及早发现潜在的风险事件，并采取适当的措施进行干预。企业不仅要制定明确的风险管理政策，包括规定如何识别、评估和应对风险，这些政策应涵盖各个层面，包括市场风险、供应链风险、信用风险等；针对不同类型的风险，企业还要制定具体的应对策略，包括规避风险、降低风险、转移风险或接受风险。

【案例 8-9】

大众汽车在 2015 年爆出"柴油门"丑闻，公司被发现安装软件以规避排放检测。这一事件揭示了大众汽车的内部控制和风险管理中存在重大缺陷。之后，大众汽车加强了内部控制评价，建立了新的合规的风险管理机制，并在全球范围实施了更严格的内部审查程序，以确保类似问题不再发生。

资料来源：经济参考报．"排放门"揭秘：大众的失控与失信 [EB/OL]．(2015-09-28)．http://finance.people.com.cn/n/2015/0928/c1004-27640505.html.

4. 搭建完善的网络体系

随着数据的增多和网络的扩展，网络安全成为关注点。企业应完善网络安全保护措施，包括加密技术、身份认证、访问控制和安全监测等，以保护数据的机密性、完整性和可用性。企业需要建立健全数据治理框架，确保数据的质量、准确性和合规性，包括制定数据管理政策、标准和流程，明确数据的归属和责任，遵守相关法规和隐私要求。

【案例 8-10】

2014 年，摩根大通银行遭遇了一次严重的网络攻击，黑客获取了超过 8300 万客户的账户信息。尽管摩根大通银行在网络安全方面投入了巨资，但此次攻击表明，即便是大型金融机构也有改进的空间。事后，摩根大通银行投入了更多资源用于网络安全，包括部署基于人工智能的威胁检测系统和加强数据加密技术，确保客户信息的机密性和完整性。

资料来源：罗伯特．摩根大通数据泄露影响 8300 万客户 [EB/OL]．(2014-10-03)．https://www.chinanews.com.cn/fortune/2014/10-03/6649666.shtml.

8.3.2 应急响应计划的制订与实施

在数字化运营中，企业面对的数据安全威胁和突发性网络事件愈加复杂，制订和实施有效的应急响应计划成为保障业务持续性的关键步骤。应急响应计划有助于企业在危机发生时迅速行动，控制风险、减轻损失，并确保业务恢复。一个翔实的应急响应计划应包含明确的步骤、团队分工、沟通机制和改进机制，以实现快速有效地应对。

1. 应急响应计划的定义与目标

应急响应计划是为了应对突发事件（如数据泄露、网络攻击、系统中断等）而设计的行动方案，旨在保护企业关键资产，保持业务连续性，恢复系统的正常运行，并预防类似事件的再次发生。

应急响应计划的目标包括：最小化事件造成的损失，即通过及时发现和响应，防止事件进一步恶化；加快业务恢复，即确保在危机结束后尽快恢复正常运营，减少停工时间；保障数据和系统安全，即采取必要的措施保护数据的完整性、机密性和可用性；提高组织的危机应对能力，即通过执行和复盘，不断完善应急响应流程，提高未来的应急管理水平。

2. 应急响应计划的主要组成部分

（1）事件识别与分级

根据事件的影响范围、严重性和潜在损失，将事件分为高、中、低三个风险级别，以便采取相应的响应策略。事件分级有助于决策层快速确定优先级，并调配适当的资源。

（2）响应团队的组建

应急响应团队通常包括信息技术安全专家、业务部门代表、法律和合规人员、公共关系专家及管理层成员。每个团队成员必须具备明确的职责，能够在事件发生时协同工作。

（3）事件处理流程

定义事件发生时的响应流程，包括事件识别、通报、隔离、处理、恢复、后期评估等环节。每个环节的具体步骤和完成标准必须明确，以确保响应过程高效。

（4）沟通与通知机制

在危机事件中，信息传递至关重要。在应急响应计划中，应制定内部和外部的沟通机制，包括客户、供应商、监管机构的通知程序，确保信息流畅，避免信息混乱或信息泄露。

（5）业务恢复策略

在控制事件后，应尽快恢复核心业务。恢复策略应包含数据还原、系统重启、业务流程重建等，保障企业能够恢复正常运营。

（6）培训和演练机制

通过定期的应急演练，确保团队成员熟悉应急响应流程，并不断改进薄弱环节，提升组织的危机处理能力。

3. 应急响应计划的制订步骤

应急响应计划的制订需要系统化的流程，主要包括以下步骤。

（1）风险评估与优先级设定

分析企业在数字化运营中面临的主要风险，并对各类风险进行评估，确定最可能发生的突发事件类型（如网络攻击、设备故障等），据此优先安排响应资源。

（2）制定响应流程和规范

在风险分析基础上，制定适合的应急响应流程，对事件的每个阶段进行详细描述，包括事件识别、隔离、根源查找、修复和恢复等。

（3）确定资源需求和配置

根据风险类型，分配充足的资源，包括技术设备、备用服务器、数据备份存储、应急资金等，以支持各类突发事件的响应。

（4）制定内部沟通和外部报告机制

确保在事件发生时，内部各部门信息畅通；外部利益相关者，如客户、监管机构，及时获得事件的相关信息，减少误解和负面影响。

（5）建立绩效评估机制

制定应对危机的绩效标准，用于评估响应速度、损失控制效果和恢复时间等指标，为应急响应的效果提供可量化的数据支持。

4. 应急响应计划的实施过程

应急响应计划的实施包括一系列严密的步骤，以确保在危机发生时能够快速有序地应对。

（1）日常监测和预警机制

利用实时监测工具和自动报警系统，持续监控企业的网络安全状况。一旦监测系统检测到异常，就会立刻通知应急响应团队，并启动预警程序。

（2）启动应急响应流程

当确认突发事件发生时，立即启动应急响应流程。应急响应团队须快速评估事件的严重性，确定响应级别，并根据分工开展各项应对措施。

（3）事件隔离与损失控制

应急响应团队应迅速隔离受影响的系统或区域，防止危机蔓延；同时，采取保护措施保护数据和业务功能，确保企业核心系统的安全。

（4）恢复关键业务

在事件被控制后，优先恢复核心业务功能。在业务恢复过程中应保持监测，并根据情况调整修复方案，确保恢复进展顺利。

（5）应急响应总结与改进

在事件结束后，全面总结应急响应过程，包括识别薄弱环节，记录恢复时间、损失数据及响应中的问题，并据此调整和优化应急响应计划。

5. 应急响应计划的优化与更新

应急响应计划需要随着环境变化而不断优化和更新，保证其在任何情况下都具有有效性。

（1）定期审查与改进

企业应定期对应急响应计划进行审查，识别并修复计划中的不足之处，通过分析技术发展、业务结构调整等因素，及时更新应急响应计划，以确保其前瞻性。

（2）技术更新和培训

企业应引入新的安全工具和技术，保持应急响应手段的先进性；同时，对团队成员进行新工具的操作培训，提高响应效率。

（3）事件复盘与持续改进

通过每次事件发生后的复盘，深入了解危机发生原因和响应中的薄弱环节。总结经验教训，为未来的应急响应提供改进依据，不断提升企业整体的风险应对能力。

8.3.3 危机后的恢复与修复机制

危机发生后，企业的首要任务是尽快恢复正常运营，修复系统和数据，并总结经验防止同类事件再次发生。恢复与修复机制不仅是对危机后续的操作，更是增强企业韧性和优化应急能力的关键环节。一个完善的恢复与修复机制应涵盖故障分析、数据恢复、系统修复、业务流程恢复及事后改进与优化等内容。

1. 恢复与修复机制的核心目标

（1）恢复业务连续性

恢复业务连续性，即保障企业在危机后尽快恢复核心业务，减少停工时间。

（2）保障数据完整性与系统安全

保障数据完整性与系统安全，即确保受影响的数据和系统恢复到危机前的状态，保护企业的数字资产。

（3）建立改进与预防机制

建立改进与预防机制，即在危机发生后总结经验教训，制定防范措施，以降低未来类似事件的发生概率。

2. 恢复与修复机制实施的核心步骤

恢复与修复机制实施的核心步骤如下。

（1）故障分析与诊断

危机发生后，首先对事件发生的根本原因进行全面分析，包括日志记录、监控系统、设备状态等，以定位问题的源头，确保修复措施有的放矢。对于故障分析应翔实记录，方便后续总结和优化。

（2）数据恢复与验证

数据恢复是恢复过程中最关键的环节之一，是指利用备份数据恢复系统中的丢失信息。数据恢复不仅要确保信息完整，还要进行数据的有效性验证，以防止数据错误或不一致的情况。

（3）系统修复与重新配置

针对危机中暴露出的系统漏洞、配置缺陷或硬件故障等进行彻底的修复和重新配置。例如，升级软件补丁、重新配置网络访问权限、重置防火墙规则等，以确保系统恢复后的稳定性和安全性。

（4）业务流程恢复

在完成技术层面的恢复后，逐步恢复被中断的业务流程，优先恢复影响较大的关键业务功能。在业务恢复初期，应对关键环节进行密切监控，确保恢复的连续性和顺利完成。

3. 支撑恢复与修复的措施

为了提升恢复与修复的有效性，企业需要配备相应的支撑措施，包括多层次的数据备份系统、灾备中心建设、团队培训与应急演练、客户与利益相关者沟通机制。

（1）多层次的数据备份系统

数据备份是数据恢复过程中不可或缺的环节。企业应建立多层次的数据备份系统，涵盖本地备份、异地备份和云端备份，并根据数据的重要性和恢复需求确定备份的频率与策略。

（2）灾备中心建设

灾备中心可以在主数据中心遭遇破坏或不可用时提供业务接管和数据恢复服务。通过异地灾备中心，实现关键业务的异地恢复，确保企业在重大危机下仍能保持基本的业务运作。

（3）团队培训与应急演练

技术团队的技能水平直接关系到危机恢复的速度和质量。通过定期的技能培训和模拟演练，使团队熟悉恢复流程，提升其在实际危机中的应对能力。

（4）客户与利益相关者沟通机制

危机发生后，及时、透明的沟通有助于维护企业声誉。企业需要制定完善的沟通机制，在恢复过程中向客户、合作伙伴及其他利益相关者告知恢复进展，增强信任并缓解不安情绪。

4. 危机发生后恢复与修复的改进机制

在恢复阶段结束后，企业需对整个恢复与修复过程进行评估和改进，确保下次危机来临时的应对能力得到提升。

（1）危机复盘与总结

组织各部门对危机事件的应对过程进行复盘，包括故障分析、响应流程、恢复效果等，找出执行过程中的薄弱环节和需要改进之处，制定改进措施。

（2）更新恢复与修复方案

根据复盘结果，调整恢复与修复方案，补充新的流程、技术和工具。例如，在此次危机中，发现某备份策略不够高效，需要升级备份策略，或者考虑采用新的数据还原技术。

（3）定期审查与测试

作为数字化运营的一部分，需要对恢复与修复机制进行定期审查和测试。通过有计划的演练和压力测试，验证恢复流程的可靠性，确保恢复与修复机制在面对不同危机情境时都能有效运行。

（4）投入新技术和安全升级

随着技术的进步，新的恢复与安全技术不断涌现。企业应积极引入新的安全监控和防护技术，如基于人工智能的实时监控和自动响应系统，提升恢复与修复的效率和响应速度。

章节练习题

一、选择题

1. 在数字化运营风险中，主要涉及系统故障、软件漏洞和数据丢失的是（　　）。
   A. 市场竞争风险　　　　　　　　　B. 数据风险
   C. 技术故障风险　　　　　　　　　D. 法律合规风险

2. 通常由于不当的数据传输、存储或访问控制产生，可能带来隐私和法律问题的是（　　）。
   A. 数据风险　　　　　　　　　　　B. 操作风险
   C. 市场竞争风险　　　　　　　　　D. 技术故障风险

3. 在风险评估中，风险评价的主要目的是（　　）。
   A. 识别风险的根源　　　　　　　　B. 对风险进行分级并设定控制优先级
   C. 选择最合适的应对措施　　　　　D. 评价风险对企业目标的影响程度

4. 在数字化运营风险评估方法中，CORAS 风险评估的优势不包括（　　）。
   A. 图形化建模便于沟通　　　　　　B. 增强了不同评估方法的互操作性
   C. 提高了风险评估的精准性　　　　D. 减少了定量分析的工作量

5. 在数字化运营中，通过数据加密、访问控制和多层防火墙等手段防范风险属于（　　）。
   A. 操作控制措施　　　　　　　　　B. 技术控制措施

C. 策略性控制措施 D. 财务控制措施
6. 在应急响应中,事件隔离与损失控制的目的是( )。
A. 确保数据完整性 B. 防止风险蔓延
C. 提升系统性能 D. 提高客户满意度

二、简答题

1. 简述数字化运营风险的控制与应对措施。
2. 简述数字化运营中建立完善的应急响应计划的原因,及其主要组成部分和作用。

参考文献

［1］BORGES A F S，LAURINDO F J B，MAURO M，et al. The strategic use of artificial intelligence in the digital era：systematic literature review and future research directions［J］. International journal of information management，2020，57(17).

［2］DE MENEZES L M，KELLIHER C. Flexible working，individual performance，and employee attitudes：comparing formal and informal arrangements［J］. Human resource management，2017，56(6).

［3］MIROWSKA A，MESNET L. preferring the devil you know：potential applicant reactions to artificial intelligence evaluation of interviews［J］. Human resource management journal，2021(2).

［4］RUDOLPH C W，KATZ I M，LAVIGNE K N，et al. Job crafting：a meta–analysis of relationships with individual differences，job characteristics，and work outcomes［J］. Journal of vocational behavior，2017，102(10)：112–138.

［5］SHRIVASTAVA S，NAGDEV K，RAJESH A. Redefining HR using people analytics：the case of Google［J］. Human resource management international digest，2018，26(2)：3–6.

［6］VRONTIS D，CHRISTOFI M，PEREIRA V，et al. Artificial intelligence，robotics，advanced technologies and human resource management：a systematic review［J］. The international journal of human resource management，2021(3)：1–30.

［7］曹虎，王赛，乔林，等. 数字时代的营销战略［M］. 北京：机械工业出版社，2017.

［8］陈维政，程文文，廖建桥，等. 人力资源管理与开发高级教程［M］. 北京：高等教育出版社，2019.

［9］陈益材，王健楠. SEO网站营销推广全程实例：第2版［M］. 北京：清华大学出版社，2015.

［10］陈媛先. SEO搜索引擎优化：技巧、策略与实战案例［M］. 北京：人民邮电出版社，2018.

［11］樊华，邓凤仪. 营销数据分析：市场分析与软件应用［M］. 成都：西南财经大学出版社，2020.

［12］冯苗苗. H市税务系统数字人事管理优化方案研究［D］. 哈尔滨：哈尔滨工程大学，2021.

［13］工商管理. 数字化转型背景下K民营医院绩效管理体系构建研究［D］. 太原：太原理工大学，2023.

［14］何勤. 大数据驱动的平台型组织灵活就业人员绩效管理创新研究［J］. 北京联合大学学报（人文社会科学版），2019，17(1)：7.

［15］胡冬梅，陈倩. 数字人力资源管理：量表开发及其对工作绩效的影响［J］. 中国人力资源开发，2024，41(7)：21–33.

［16］黄晟洁. 加快财务数字化转型助推现代企业高质量发展［J］. 活力，2024(19)：13–15.

［17］姜敬. 数字化时代下企业财务管理转型研究［J］. 市场周刊，2024(26)：100–103.

［18］金楠. SEO搜索引擎实战详解［M］. 北京：清华大学出版社，2014.

［19］李豆. 新时代加强企业财务管理的策略分析［J］. 中国集体经济，2024(28)：161–164.

［20］李娟. 数字化时代下的企业财务管理创新策略分析［J］. 老字号品牌营销，2024(20)：

59-61.

[21]李军. 实战大数据[M]. 北京:清华大学出版社,2015.

[22]李燕萍,李乐,胡翔. 数字化人力资源管理:整合框架与研究展望[J]. 科技进步与对策,2021,38(23):10.

[23]梁艳琴. 2005—2010年数字化资源组织管理研究综述[J]. 晋图学刊,2012(1):3.

[24]廖秉宜. 数字内容营销[M]. 北京:科学出版社,2019.

[25]刘凡平. 大数据搜索引擎原理分析及编程实现[M]. 北京:电子工业出版社,2016.

[26]刘红莉. 企业财务数字化转型研究[J]. 财会学习,2024(28):44-46.

[27]刘璞,于璐,徐志德. 智能终端操作系统比较分析与应用研究[J]. 移动通信,2013,37(5):11-14.

[28]刘昕. 正确理解人力资源管理的数字化转型[J]. 金融言行(杭州金融研修学院学报),2022(10):38-42.

[29]刘应波,陈如华,李娟. 新媒体数据分析[M]. 哈尔滨:哈尔滨工程大学出版社,2021.

[30]刘玉萍. SEO网站营销[M]. 北京:清华大学出版社,2015.

[31]鲁洋. 大数据背景下企业财务管理的挑战与变革[J]. 老字号品牌营销,2024(18),129-131.

[32]马二伟. 数字平台营销[M]. 北京:科学出版社,2019.

[33]马海刚. HR+数字化:人力资源管理认知升级与系统创新[M]. 北京:中国人民大学出版社,2022.

[34]马丽丽. OKR落地,想用"执着"和"极致"说话[J]. 人力资源,2015(11):3.

[35]科特勒,长塔加雅,塞蒂亚万. 营销革命4.0:从传统到数字[M]. 北京:机械工业出版社,2018.

[36]帕门特. 关键绩效指标KPI的开发、实施和应用:第4版[M]. 北京:机械工业出版社,2023.

[37]宁阿姨. 信息流广告入门[M]. 北京:人民邮电出版社,2020.

[38]彭淑英. 数字化转型中现代制造业财务管理发展研究[J]. 市场周刊,2024(29):115-118.

[39]齐云涧. 广告数据定量分析:如何成为一位厉害的广告优化师[M]. 北京:机械工业出版社,2019.

[40]曲海佳. 互联网DSP广告揭秘:精准投放与高效转化之道[M]. 北京:人民邮电出版社,2016.

[41]社宝信息科技(上海)有限公司. 现代企业人力资源数字化管理的趋势探索[M]//余兴安,李志更. 中国人力资源发展报告:2020. 社会科学文献出版社,2020.

[42]史雁军. 客户管理[M]. 北京:清华大学出版社,2012.

[43]苏朝晖. 客户关系管理:理念、技术与策略:第5版[M]. 北京:机械工业出版社,2024.

[44]苏朝晖. 客户关系管理:客户关系的建立与维护[M]. 北京:清华大学出版社,2018.

[45]孙莹. 数字化时代背景下人力资源绩效管理分析[J]. 中国周刊,2020(10):42.

[46]汪楠,王妍,李佳洋. 电子商务客户关系管理[M]. 北京:中国铁道出版社,2017.

[47]王广宇.客户关系管理:第3版[M].北京:清华大学出版社,2013.

[48]王嘉琦.OKR绩效管理的应用与落地[J].企业改革与管理,2018(14):2.

[49]王楗楠,王洪波.SEO网站营销推广全程实例[M].北京:清华大学出版社,2013.

[50]王俊.企业绩效管理的数字化变革及应用策略探析[J].全国流通经济,2022(35):60-63.

[51]王瑞永.房地产企业人力资源规范化管理[M].北京:人民邮电出版社,2010.

[52]翁学锋.Z县税务系统数字人事管理优化对策研究[D].昆明:云南财经大学,2024.

[53]邬伟娥,潘敏,周春蕾.人力资源管理[M].北京:经济科学出版社,2009.

[54]吴泽欣.SEO教程:搜索引擎优化入门与进阶[M].北京:人民邮电出版社,2009.

[55]伍京华.客户关系管理[M].北京:人民邮电出版社,2017.

[56]西楠,彭剑锋,曹毅,等.OKR是什么及为什么能提升团队绩效:柔性导向绩效管理实践案例研究[J].科学学与科学技术管理,2020(7):23.

[57]肖土盛,孙瑞琦,袁淳,等.企业数字化转型、人力资本结构调整与劳动收入份额[J].管理世界,2022,38(12):220-234.

[58]谢意群.供电企业实施绩效管理考核的若干思考[J].中国高新技术企业,2011(1):2.

[59]许一.目标管理理论述评[J].外国经济与管理,2006,28(9):8.

[60]许子明,田杨锋.云计算的发展历史及其应用[J].信息记录材料,2018,19(8):66-67.

[61]阳翼.大数据时代的营销传播[M].北京:社会科学文献出版社,2016.

[62]杨帆.SEO攻略:搜索引擎优化策略与实战案例详解[M].北京:人民邮电出版社,2009.

[63]杨河清.人力资源管理[M].北京:高等教育出版社,2017.

[64]杨家诚.数字化营销[M].北京:中华工商联合出版社,2021.

[65]杨磊.人才战略:人才发展体系的数字化搭建[M].北京:中国科学技术出版社,2023.

[66]杨韧,程鹏,姚亚锋.SEO搜索引擎优化:基础、案例与实战[M].北京:人民邮电出版社,2016.

[67]杨志杰,李思达.数字化广告运营:智能营销时代的精准投放法则[M].北京:人民邮电出版社,2018.

[68]姚志国,鹿晓龙.智慧旅游:旅游信息化大趋势[M].北京:旅游教育出版社,2013.

[69]易明,邓卫华.客户关系管理[M].北京:科学出版社,2020.

[70]余锋,朱晶裕.数字化时代的增长营销[M].杭州:红旗出版社,2024.

[71]余兴安,李志更.中国人力资源发展报告:2021[M].北京:社会科学文献出版社,2021.

[72]元创.SEO实战:核心技术、优化策略、流量提升[M].北京:人民邮电出版社,2017.

[73]昝辉.SEO实战密码:第2版[M].北京:电子工业出版社,2012.

[74]张华,李凌.智慧旅游管理与实务[M].北京:北京理工大学出版社,2017.

[75]张煌强,苏波.电子商务客户关系管理:第2版[M].北京:人民邮电出版社,2022.

[76]赵晨,高中华,吴春波,等.人力资源管理角色:研究综述与本土化启示[J].中国人力资源开发,2013(17):7.

[77]赵晨.数字人力资源管理[M].北京:中国人民大学出版社,2024.

[78]赵君,廖建桥,文鹏.绩效考核目的的维度与影响效果[J].中南财经政法大学学报,2013(1):8.

[79]赵曙明,高素英,耿春杰.战略国际人力资源管理与企业绩效关系研究:基于在华跨国企业的经验证据[J].南开管理评论,2011(1):8.

[80]赵曙明.人力资源管理研究[M].北京:中国人民大学出版社,2001.

[81]郑红,颜苗苗.智慧酒店理论与实务[M].北京:旅游教育出版社,2020.

[82]郑晓明.现代企业人力资源管理导论[M].北京:机械工业出版社,2002.

[83]周茂君.数字营销概论[M].北京:科学出版社,2019.

[84]朱晶裕.增长法则:巧用数字营销,突破企业困局[M].北京:电子工业出版社,2022.

[85]朱静静,郭晋宇.数字化技术在人力资源信息管理系统优化中的应用[J].集成电路应用,2023,40(12):300-301.